上海商界与民国灾荒救济研究

陶水木　著

浙江大学出版社

图书在版编目(CIP)数据

上海商界与民国灾荒救济研究 / 陶水木著. —杭州：
浙江大学出版社，2020.9
ISBN 978-7-308-20529-0

Ⅰ.①上… Ⅱ.①陶… Ⅲ.①商业史－关系－自然灾
害－社会救济－研究－上海－民国 Ⅳ.①F729.6

中国版本图书馆 CIP 数据核字(2020)第 165180 号

上海商界与民国灾荒救济研究

陶水木　著

责任编辑	蔡　帆	
责任校对	吴　庆	
封面设计	周　灵	
出版发行	浙江大学出版社	
	（杭州市天目山路 148 号　邮政编码 310007）	
	（网址：http://www.zjupress.com）	
排　　版	浙江时代出版服务有限公司	
印　　刷	浙江新华数码印务有限公司	
开　　本	710mm×1000mm　1/16	
印　　张	16.5	
字　　数	253 千	
版印次	2020 年 9 月第 1 版　2020 年 9 月第 1 次印刷	
书　　号	ISBN 978-7-308-20529-0	
定　　价	68.00 元	

目　录

1

引　论
上海商界——民国灾荒救济中心的支柱[①]

我国疆域辽阔,地理和气候条件复杂,自古是个多灾国家。民国时期,水、旱、蝗、风、雹、疫、地震等各种自然灾害频发,而且因政局动荡、政权频更,战争连绵,土匪肆虐,天灾人祸相乘,使灾荒更为惨烈,危害更为深重。据夏明方研究,从1912年到1948年,全国各地(不包括今新疆、西藏和内蒙古自治区)共有16698县次发生一种或数种灾害,年均451县次,按民国时期县级行政区划最高数(1920年有2108县,1947年有2246县)计算,每年有约1/4的国土笼罩在各种自然灾害的阴霾之下,而其极值年份如1928、1929年,竟高达1029县和1051县,几乎占全国县数之半。如果将每年每省有10万以上灾民的灾害计为1次来统计,总计有235省次,灾民总数达85213万人,年均6.35省次、2303万人。[②] 灾害造成的各种损失无以计数,仅就各种农作物损失而言。1934年苏、浙、皖、湘、鄂、赣、冀、鲁、豫、晋、陕11省的旱灾损失就达135715万

---

① 1914年,民国北京政府颁布的《商人通例》界说"商人'即"商业之主体之人",凡从事买卖业、赁贷业、制造业或加工业、供给电气煤气或自来水业、出版业、印刷业、银行业、兑换金钱业或贷金业、承担信托业、作业或劳务之承揽业、设场屋以集客之业、堆栈业、保险业、运送业、承揽运送业、牙行业、居间业、代理业并呈报该管官厅注册者一律称为商人(《大总统公布商人通例令》,中国第二历史档案馆编《中华民国史档案资料汇编》第三辑,"农商"二,江苏古籍出版社1991年版,第780页)。该《商人通例》所说的"商业",仅仅反映了当时商品经济的发展水平。随着经济,尤其是商品经济的发展,新"商业"也不断产生。1949年上海解放前夕,已成立的工商业同业公会就达306个(朱英主编《中国近代同业公会与当代行业协会》,中国人民大学出版社2004版,第149页),可见当时上海工商业行业之广。本书所说的"商界",泛指民国时期各类"商业"即各类工商业企业,及其经营主体——"商人",也包括各种工商业同业团体。"支柱"之说,借用了国民政府赈务委员会委员长许世英对著名慈善商人王一亭的评语。许氏称王一亭是民国救济事业支柱人物(《许世英电请优恤王震》,《申报》1938年11月15日第9版)。

② 夏明方:《民国时期自然灾害与乡村社会》,中华书局2000年版,第35页,第73页。

1

元[①]，1931 年的江淮大水损失达 220000 万元。[②] 如果将死亡万人以上的灾害列为巨灾，则民国时期发生这样的巨灾 75 次，其中 10 万人以上 18 次，50 万人以上 7 次，100 万人以上 4 次，1000 万人以上 1 次。[③] 所以，民国时期是无岁无灾，无灾不重，救灾成了民国时期常态性的、攸关民众生命财产与社会稳定发展的重大问题。

近代以前，中国历届政府在灾荒救济中起着主要作用。进入近代以后，由于国力的衰弱，政府财政日显拮据，官方对于灾赈越来越力不从心。另一方面，随着五口通商以后中国经济结构的变化、新兴社会力量的逐渐壮大，民间社会力量在灾荒救济中的作用日益彰显，晚清义赈的兴起，就充分显示了"民间"在灾荒救济中的力量与重要作用。晚清时期，正是中国救灾主体由"官方"为主向官、民二元主体转化的时期。到了民国北京政府时期，因政权更替频繁，军阀混战不已，军政费用浩繁，政府财政拮据达于极点，官方越来越依赖于民间救灾。每遇各种灾荒，各级官厅总是函电纷驰"为民请命"，乞赈于绅商团体，而推卸自身的救灾主体责任。当时《申报》就评论说：救灾之举，"官厅之责繁重而无可辞。盖筹办荒政头绪万端，款项之如何筹措，发放之如何符实，一切善后之程序如何能缓急适宜，不偏枯、不敷衍，皆赖官厅扼要提挈，通盘筹划。……然而今日之官厅，每于大灾起后，或开一会议乞助于地方团体，或发一急电求援于慈善团体，此外则绝鲜表示"。[④] 此说虽然略带感情色彩，说北洋时期各级官厅每遇灾荒，对于救灾"绝鲜"表示，未免有些为"过"，但还基本上符合事实。南京国民政府建立后，学习借鉴了西方模式，逐渐建立健全了新型赈灾制度，加强了政府对灾赈工作的"扼要提挈、通盘筹划"，在灾荒救济中的作用有所加强，但民间社会力量依然在灾赈中起着举足轻重的作用。

作为民国时期最大的都市，上海在民国灾荒救济中起了极其重要的作用，是民国时期全国灾荒救济中心。这可以从几方面略予以说明。

---

① 实业部中央农业实验所：《实业部中央农业实验所特刊》，第 13 号，1936 年 8 月。
② 国民政府救济水灾委员会编：《国民政府救济水灾委员会报告书》，1933 年铅印本，第 4 页。夏明方的《民国时期自然灾害与乡村社会》说 228349 万元，中华书局 2000 年版，第 53 页。
③ 夏明方：《民国时期自然灾害与乡村社会》，中华书局 2000 年版，第 42 页。
④ 讷：《办赈与官厅》，《申报》1922 年 9 月 19 日第 14 版。

　　第一,上海是民国时期赈灾机构集聚中心,既是常态性全国重要赈灾机构所在地,也是临时性全国重要赈灾组织常设地。

　　中国红十字会是中国近代最重要的慈善救护组织,1904 年由沈敦和、施子英等创办于上海。虽然辛亥革命后的红十字会首次全国会员大会议决总会迁北京,但同时议决设常议会及总办事处于上海,而且一切会务由总办事处办理。① 在随后的红十字会实际运行中,常议会对红十字会各重要事件做出决策,行使立法权,"红十字会总办事处担当了全局性的几乎全部的具体行政事务,而总会则处于象征性的位置",会长为完全之名誉职。② 红十字会实际创办人沈敦和作为副会长兼常议会议长、总办事处主任率总办处驻上海,成为红十字会会务实际负责人。1922 年修订的红十字会章程仍明确规定:以北京总会专任外交及对于政府交接事宜,以上海总办事处专任一切会务。③ 尽管北京政府几次欲取消红十字会上海总办事处并拟将红十字会常议会移驻北京,但上海方面沈敦和、盛竹书等都以总办事处和常议会在红十字会会务发展中的重要作用而据理力争,红会总办事处和常议会始终设于上海,上海一直是红十字会的决策中心、会务组织中心和款项募集中心。④南京国民政府建立后,红十字会北平总会降为分会,以上海总办事处为总会,实现了常议会、总会和总办事处同驻上海。

　　1916 年创设于上海的中国济生会,是民国时期最具活力和影响力的全国性慈善机构之一。该会的慈善范围极其广泛,有施医赠药、发粟授衣、给棺助殓等普通慈善事业,有水旱灾害及意外被难灾民赈济的临时性慈善事业,有设立贫民学校、露天学校、夜校等以施行义务教育的教育慈善事业,有通过以工代赈办理矿业、工厂、垦荒、浚河、森林、畜牧等凡是能维护贫民生计、振兴地方实业、增进国家收入的实业慈善事业。⑤ 该会章程规定设总会于上海,在各省

---

　　①　《红十字会移北京》,《民立报》1912 年 10 月 15 日。

　　②　周秋光:《红十字会在中国(1904—1927)》,人民出版社 2008 年版,第 188 页。

　　③　《中国红十字会修正章程》(1922 年 6 月 27 日),马强、池子华主编《红十字在上海资料长编》,上卷,东方出版中心 2015 年版,第 106 页。

　　④　可参见红会第二次全国会员大会上杨晟的讲话,《中华红十字会全国大会纪》,《申报》1922 年 6 月 26 日、27 日。

　　⑤　《上海中国济生会暂行章程》,《中国济生会试办章程》,1918 年铅印本。

重要城镇设立分会,至 20 年代末,济生会已在全国建立 20 余处分会。《申报》评其慈善救济业绩及影响说:"本埠中国济生会创立以来已十三寒暑矣,于创办重要善举,如各省水旱、兵匪等灾,十余年来,急赈、工赈①以及冬春各赈、粥厂、难民及幼孩收容所等等,⋯⋯凡种种有益社会者,无不竭力进行,故历年以来,海上慈善同志闻风加入,为东南名誉素著之慈善机关。"②

1920 年在华北旱灾救济中成立的华洋义赈救灾总会,是民国时期最大的救灾防灾组织。上海华洋义赈会的成立早于总会和其他各处分会,它的成立使此前每遇灾荒而设立的临时性华洋义赈机构,从此成为永久性慈善救济团体。总会成立后,上海华洋义赈会一度成为其分会之一,但因其所处特殊区位和经济实力,一直独立从事慈善救济活动,1928 年正式声明脱离总会。③ 上海华洋义赈会成立后,不但自身积极参与全国各种灾荒救济,而且在资金上支持和补助其他省市华洋义赈会和慈善救济团体,形成一个独立于总会的救灾网络。南京国民政府建立后,华洋义赈救灾总会也动议从北京南迁。1937 年 4 月,华洋义赈救灾总会正式迁址上海。

1927 年 4 月由王一亭、王晓籁、顾馨一等发起成立的上海慈善团体联合会,既是上海规模最大的慈善团体,也是慈善救济界的联合与协调机构,是上海慈善网络的中心。该会成立时就包括了上海慈善团、中国济生会、仁济善堂、闸北慈善团、中国救济妇孺总会、联义善会、普善山庄、同仁辅元堂等 30 余个上海重要慈善团体,加入团体最多时达 41 个。上海慈联会不但从事上海各种常态慈善事业,于全国各种救灾事业,也"无不踊跃从事"。1936 年 12 月又专门成立了"以办理灾区救济事宜为宗旨"的上海慈善团体联合救灾会(也称上海慈善团体联合会救灾会),在灾荒赈济中发挥了更重要的作用。

渊源于清同治初年"文明局"的上海仁济善堂,是近代最著名的慈善团体之一,所从事慈善事业包括施衣给米、施医给药、恤嫠赡老、义塾义冢、施材掩埋及全国各种灾荒救济,也是民国时期全国灾荒救济的一支重要力量。

---

① 此处"急赈""工赈"原为"急振""工振",近代文献常"赈""振"通用,以下为规范、统一起见,径改"振"为"赈",不再一一作注。

② 《济生会昨开改组大会》,《申报》1929 年 3 月 4 日第 14 版。

③ 中国华洋义赈救灾总会丛刊(甲种第 27 号);《民国十七年度赈务报告书》,1928 年 7 月,第 5 页。

　　然而仁济善堂对于全国灾荒救济的作用和影响，不仅在于其自身的赈灾活动，更在于它是民国时期临时设立的诸多全国性赈灾机关所在地。这里仅举二三十年代若干例：1921年夏秋，江、浙、皖、鲁等多省大水为灾，上海成立了江浙皖水灾义赈会，兼募山东水灾赈款，假仁济善堂为会所；①1931年江淮水灾发生后，上海各界发起成立上海筹募各省水灾急赈会，也以仁济善堂为会所；②1932年一·二八事变后，上海各慈善公益团体于1月30日发起成立上海战区难民临时救济会，又以仁济善堂为会址；③1932年8月23日，上海9大慈善救济团体中国红十字会、华洋义赈会、中国济生会、世界红卍会、辛未救济会、中国道德总会、联义善会、惠生慈善社、普善山庄联合成立上海各慈善团体赈济东北难民联合会，也以仁济善堂为会所；④一个多月后，为救济鄂豫皖战区灾民，上海各慈善团体成立上海筹募豫皖鄂灾区临时义赈会，也以仁济善堂为会址；⑤1933年8月，黄河因暴雨成灾，多处决口，上海各慈善团体又发起成立上海筹募赈济黄河水灾急赈联合会，也以仁济善堂为会所；⑥1934年甲戌大旱发生后，上海各界又成立上海筹募各省旱灾义赈会，也以仁济善堂为会所；⑦1935年入夏以后，长江、黄河流域连续发生水灾，上海各界成立上海筹募各省水灾义赈会，又以仁济善堂为会址。⑧

　　不仅如此，仁济善堂还是国民政府赈灾机构或其驻沪总办事处所在地。1928年4月，国民政府为赈济山东、直隶战区灾民成立了直鲁赈灾委员会，同

　　① 《江浙皖水灾义赈会成立》，《申报》1921年9月23日第15版。
　　② 《上海筹募各省水灾急赈会启示》，《申报》1931年8月8日第2版。
　　③ 《上海战区难民临时救济会紧要启事第一号》，《申报》1932年2月1日第2版。
　　④ 《上海各慈善团体赈济东北难民联合会宣言》，《申报》1932年9月11日第6版。
　　⑤ 《豫皖鄂义赈会大会纪》，《申报》1932年10月12日第15版。1932年8—10月，蒋介石坐镇武汉，调集30万大军及4个航空队对鄂豫皖根据地发动第四次围剿，由于张国焘采取错误的战略战术，根据地核心区鄂之黄安、麻城、罗田、沔阳、监利，豫之商城、光山、固始，皖之英山、霍邱、六安、霍山等被国民党军"克复"，红四方面军被迫放弃鄂豫皖根据地向外线转移。战争及国民党军的掳掠，使战区"疮痍几千里，流亡数百万"。
　　⑥ 《上海各慈善团体筹募黄河水灾急赈联合会为黄河灾区难民请命》，《申报》1933年10月1日第7版。
　　⑦ 《上海筹募各省旱灾义赈会征求棉衣棉被及米麦启事》，《申报》1934年11月12日第2版。
　　⑧ 《筹募各省水灾义赈会昨日举行成立大会》，《申报》1935年8月9日第9版。

年 7 月更名河北山东赈灾委员会,两会的总事务处就直接设在了仁济善堂;[①]
1928 年 11 月底,国民政府为赈济豫陕甘旱灾成立了豫陕甘赈灾委员会,并于
次年 1 月初在仁济善堂设立了驻沪总办事处。[②] 一个月后,国民政府为赈济晋
冀察绥旱荒、寒灾,又在北平成立了晋冀察绥赈灾委员会,也于次年 1 月初在
仁济善堂成立了驻沪办事处;[③]1929 年 3 月,国民政府合并河北山东赈灾委员
会、豫陕甘赈灾委员会、晋冀察绥赈灾委员会等机构,成立国民政府赈灾委员
会,仍在上海仁济善堂设立了驻沪办事处。[④]

所以,20 世纪二三十年代的仁济善堂,不但是上海慈善团体联合会所在
地,是上海慈善界的联络中心、善务筹商中心,也是官方、民间筹赈全国灾荒的
赈灾机关"合署"办公处所,成了筹赈全国灾荒的大本营。

以上仅是民国时期部分常设于上海的全国性重要赈灾机构,至于民国时
期设上海的临时性全国赈灾机构,不胜枚举,仅从上述列举设于仁济善堂的
赈灾机构就已可见一斑,这里不再作更多举证。此外还有设于上海、面向全国
某省地市县的无以计数的临时赈灾机构。笔者在查阅相关资料时的感知是:
只要全国各地发生灾荒,上海都会成立相应的救灾团体。通常情况是,一旦发
生跨多个省区的灾荒,上海会设立面向整个灾区的救灾组织,同时会成立一个
或多个面向某省的救灾团体,又会成立多个面向该省相关市县的救灾团体。
如灾荒限于一省或仅及若干县,上海也会成立面向该省及相关受灾县的赈灾
机构。以 1931 年水灾救济中的江苏为例,上海不但在仁济善堂成立了面向各
省灾区的上海筹募各省水灾急赈会,还同在仁济善堂成立了面向苏省的江苏
水灾义赈会,同时还设立了面向地市(级)的江宁六县旅沪水灾协赈会[⑤]、江淮

---

① 《本会启示(一)》,直鲁赈灾委员会编印:《直鲁赈灾委员会旬刊》第 2 期,1928 年 5 月 21 日,第
1 页;《直鲁赈灾委员会启事》,《申报》1928 年 7 月 19 日第 5 版。

② 《豫陕甘赈灾委员会驻沪办事处通告第一号》,《申报》1929 年 1 月 16 日第 6 版。

③ 《晋冀察绥赈灾委员会驻沪办事处通告》,《申报》1929 年 1 月 27 日第 2 版;《请王一亭等为本
会驻沪办事处正副主任由》,晋冀察绥赈灾委员会编:《晋冀察绥赈灾委员会报告书》"函",第 13 页,
1929 年。

④ 《国民政府赈灾委员会驻沪办事处启事》,《申报》1929 年 4 月 17 日第 3 版;《豫陕甘晋冀察绥
赈灾委员会驻沪办事处启事》,《申报》1929 年 5 月 11 日第 2 版。

⑤ 《江宁六县旅沪水灾协赈会开会通告》,《申报》1931 年 9 月 5 日第 5 版。江宁六邑即江宁、溧
水、句容、江浦、六合、高淳 6 县。

旅沪同乡会水灾急赈会[①],及面向受灾县的六合水灾救济委员会、高邮水灾急赈会、溧阳水灾义赈会等。[②]

　　第二,上海是赈款筹募中心。赈灾以筹款为第一要务,筹赈实质上就是筹款。民国时期,全国重要的慈善救灾团体、国民政府赈灾机构或其总办事处、全国性临时赈灾机关以及面向各省市县的临时性赈灾团体,之所以纷纷设于上海,主要是因为上海是赈款筹募中心,具有超强的筹赈能力。在民国北京政府时期筹募赈款中,上海一捐成千上万元的个人,一募上万、几十万元的工商团体、公司行号,已屡见不鲜。到南京国民政府时期,上海为助赈一捐几万、十几万元,一募几十万、上百万元,也已成为常态。1915 年珠江流域水灾发生后,上海洋药公所助赈 2 万元,[③]赣籍盐商周扶九捐银 7000 元,[④]个人助赈 2000 银元以上的为数甚多。1920 年 9 月 16 日,上海华洋义赈会召开直鲁豫旱灾紧急筹赈会,傅筱庵提议与会各董先行筹垫赈款以采办米粮,并首先借垫 10 万元,与会者纷纷认垫,会上即筹 50 万元。[⑤] 1921 年 3 月,为筹华北旱灾春赈,上海华洋义赈会举行联合急募赈款大会,3 月 11 日大会开幕当天,就筹赈款 72 万元![⑥]《申报》因此评论说:"联合急募赈款大会一呼而集七十余万,沪人之急公好义、踊跃捐输亦可以概见矣!"[⑦]1922 年浙江壬戌水灾发生后,华洋义赈会北京总会发起浙灾急募赈款大会,以总统黎元洪为会长,以 12 月一个月为期举行大募集,后推迟至次年 2 月 15 日才结束,募集赈款 46341.56 元。[⑧] 上海华洋义赈会也从 12 月 1 日始进行为期一月的"浙灾征募大会",截至 1923 年 1 月 6 日,募得赈款 581000 元,[⑨]是北京总会 2 个多月募款数的 10 倍多。在

---

　　① 《江淮旅沪同乡会水灾急赈会启事》,《申报》1931 年 9 月 12 日第 6 版。江淮旅沪同乡会成立于 1918 年 3 月 3 日,系淮安 6 邑即淮安、淮阴、盐城、阜宁、涟水、泗阳旅沪同乡团体。

　　② 分别见《申报》1931 年 8 月 15 日第 8 版、11 月 14 日第 11 版、10 月 15 日第 6 版。

　　③ 《鸣谢大善士乐助广东水灾二次收款列》,《申报》1915 年 8 月 11 日第 5 版。

　　④ 《旅沪赣人之办赈热》,《申报》1915 年 8 月 13 日第 10 版。

　　⑤ 《华洋义赈会紧急筹赈会》,《申报》1920 年 9 月 17 日第 10 版。

　　⑥ 《联合急募赈款大会开幕会记,已募得七十二万余元》,《申报》1921 年 3 月 12 日第 10 版。

　　⑦ 讷:《联合急募赈款会》(杂评),《申报》1921 年 3 月 12 日第 11 版。

　　⑧ 中国第二历史档案馆藏"浙灾急募赈款大会报告书",全宗号:573,案卷号:14。

　　⑨ 《纪浙灾征募会之闭幕礼》,《申报》1923 年 1 月 8 日第 15 版。浙灾征募大会原定以征募百万赈款为目标,一个月届期后经济"浙灾募款委办会"决定展期征募,至 1923 年 6 月结束,共募赈款1209252 元。《华洋义赈会谢函》,《申报》1923 年 9 月 20 日第 15 版。

1931 年水灾赈济中,上海筹募各省水灾急赈会总计募集赈款达 260 余万元,[①]其中银行业、钱庄业、信托公司捐赈 106 万元,煤炭商韩芸根捐裁兵公债 10 万元,[②]纱业巨商吴瑞元捐银元 4 万元。[③] 八一三淞沪抗战爆发后,吴瑞元一次助救国捐统一公债达 15 万元。[④]

第三,上海也是赈灾物资筹集和输运中心。赈灾物资范围极其广泛,但面向灾民的赈济物资主要是衣食所需的衣被尤其是棉衣、棉裤等服用品,米麦、面粉、饼干等食用品,以及痢疾散(片、丸)、人丹(圣宝丹)、霍乱散、时疫水、臭药水、痧药水等之类的防疫药品。这些物品中,衣服、被子之类有很大部分来自捐助,而主要捐自城市居民。上海是中国人口最多的都市,又是受西方慈善思想文化影响最深的城市,所以每遇灾荒,各大慈善赈灾机构都能征募到为数甚巨、其他城市难以企及的旧衣被。施赈的赈米主要采办自越南、泰国、缅甸、印尼等东南亚国家及国内芜湖等地,经上海再输运各灾区。如因 1934 年旱灾,像江西这样盛产大米并常年大量出口的传统产米区"反恃洋米救灾",[⑤]所以上海各赈灾机构在筹赈中,纷纷向东南亚订购洋米,仅甲戌全浙救灾会就向南洋暹罗、爪哇等地采办洋米 10 万石,"分批运沪转运内地办理冬赈"。[⑥] 据米业公会 1935 年 1 月的调查,上海采办的洋米,已到埠者 150400 吨,已起运在途的 53700 吨,已订定未装运的还有 345300 吨,总额达 549400 吨。[⑦] 其中相当大部分应该是赈灾机构所购的赈米。仅上海筹募各省旱灾义赈会运江西的第一批赈米就达金额 8 万元,"运赣北灾重各地散发"。[⑧] 其他主要赈济物品,主要由沪上相关企业捐助或赈灾团体从上海采购。民国时期,历次筹赈中的面粉主要筹自(包括企业捐助或采购)上海福新、茂新、华兴、阜丰、申大等面粉厂,饼干主要筹自上海泰丰食品公司(泰丰罐头饼干公司)等企业,防疫药品则

---

① 《上海筹募各省水灾急赈会工作报告·许世英序》,1934 年 5 月,第 1 页。
② 《冬赈刻不容缓》,《申报》1931 年 11 月 4 日第 11 版。
③ 上海筹募各省水灾急赈会编:《上海筹募各省水灾急赈会赈款赈品收支报告册》,第 1 页。
④ 《吴瑞元助救国捐十五万》,《申报》1937 年 8 月 14 日第 7 版。
⑤ 《赣省各种出产锐减百分之九十八》,《申报》1935 年 4 月 23 日第 8 版。
⑥ 《甲戌救灾会筹募巨款办洋米十万石》,《申报》1934 年 10 月 18 日第 11 版。
⑦ 《米业市场昨日结束停斛》,《申报》1935 年 1 月 29 日第 9 版。
⑧ 《赈米先运赣北散发》,《申报》1935 年 1 月 18 日第 10 版。

主要筹自上海五洲大药房、中法大药房、中西药房、中英药房、新亚制药厂等。在 1931 年水灾赈济中，仅上海筹募各省水灾急赈会就筹募到捐助衣裤 94156 件，面粉 12904 包，饼干 75740 磅，棉被 1800 余条；[①]并用赈款购置棉衣 82000 余套，赈米 5000 包，面粉 20000 余包，[②]输运全国各灾区散放。

所以，20 世纪二三十年代，报刊舆论常有这样的评论："我国每值灾荒，无不以上海为筹赈之要区"；[③]"比年来吾国各省何岁无灾，有灾必须筹赈，筹赈必首及上海，盖以上海为通商大埠，慈善家多而集款较易也"；[④]"上海为中外通商巨埠，物力雄厚，而好善之士又多荟萃海滨，故凡南北各直省遇有水旱偏灾，兵戈疫疠，则上海慈善之士必出其雄才大略，筹款救济，故中国言慈善者，必以上海为中心也。"[⑤]

上海何以成为民国时期的灾荒救济中心？原因很多，比如，上海特有的行政格局与治理体系；作为近代最早开放的国际都市，受西方慈善思想文化的影响特别深；等等。但最重要、最根本的原因，还是上述评论已道及的上海为"中外通商巨埠，物力雄厚，而好善之士又多荟萃海滨"。

1843 年开埠以后，上海迅速崛起并持续超常发展，1900 年其人口已超过百万，1915 年超过 200 万，1930 年突破 300 万，1948 年突破 500 万，是中国特大都市。[⑥]它是中国的外贸中心，抗日战争前，在外国对华进出口贸易和商业总额中占 80％以上，直接对外贸易总值占全国一半以上；对全国各通商口岸贸易总额占全国 75％。它是中国的金融中心，1930 年代拥有外国对华银行业投资的 80％，中国几乎所有主要银行的总部都设于上海。它是中国的工业中心，是民族资本最集中的地方，1933 年民族工业资本占全国的 40％，1948 年的工厂数、工人数占全国一半以上。[⑦]它是中国的航运中心，1931 年上海港进出

①　上海筹募各省水灾急赈会编：《上海筹募各省水灾急赈会赈款赈品收支报告册》，第 927 页、第 903 页、第 904 页、第 929 页。
②　上海筹募各省水灾急赈会编：《上海筹募各省水灾急赈会工作报告》，第 42 页。
③　随：《助赈与办赈》，《申报》1920 年 10 月 4 日第 16 版。
④　《赈灾感言》，《申报》1922 年 9 月 10 日第 14 版。
⑤　《湖南义赈会报告赈务》，《申报》1918 年 10 月 21 日第 10 版。
⑥　邹依仁：《旧上海人口变迁的研究》表 1，上海人民出版社 1980 年版，第 90—91 页。
⑦　熊月之：《〈上海通史〉总序》，《学术月刊》1999 年第 5 期。

轮船吨位达 3797 万吨,仅次于纽约、伦敦、神户、洛杉矶、汉堡、大阪,居世界第 7 位;①中国及外商重要的轮船公司几乎都设于上海,1947 年上海的轮船总吨位占全国总吨位的 75%。② 它也是中国文化产业中心,全国重要的出版公司、报刊、电影公司、剧社剧场、游艺娱乐公司主要集中在上海。这些使上海成为民国时期商人(是工商、金融、交通运输、文化出版、公共事业等各业经营者的统称)队伍最庞大、实力最雄厚之地,成为社会财富最集中之地,这是上海成为民国时期灾荒救济中心的社会经济基础。

早在 1919 年就有评论指出:沪上为慈善渊薮,"试问各省水旱偏灾,何一年不在上海募捐?而募捐办赈之人,又皆不出于沈(沈敦和,引者注)朱(朱葆三,引者注)诸公"。③

的确,民国时期的上海,涌现出一批像沈敦和、朱葆三这样的"诸公",他们是商界巨子,又是慈善救济领袖人物。

沈敦和创办中国红十字会,并任副会长兼上海办事处主任 10 余年,主持红会"集三万会员,劝二兆善款,国内国外天灾人祸,无役不从"。④ 自 1912 年起至 1920 年去世为止,他还曾任中华全国义赈会董事、中国妇孺救济总会董事、安徽义赈会干事部长、湖北义赈会会长。朱葆三创办上海华洋义赈会并一直任华会长,其他慈善救济机关若堂、若局、若医院、若学校、若山庄、若公会公所、若筹赈会协赈会,或为其手创,或他人所主办,必推其董理其事。⑤ 仅 1920 年前后,他就曾任上海仁济善堂总董、中国妇孺救济总会会长、位中善堂总董、中华慈善团合办筹赈处干事长、湖北义赈会副会长、浙东温黄风灾义赈会干事长、江浙皖水灾义赈会会长、湖南急赈会干事主任、中国协剂日灾义赈会会长、上海协济湖北水旱灾义赈会会长等,是闻名中外的大慈善家,"受其惠者无虑

---

① 金立成:《近代上海港是怎样成为远东航运中心的》,《中国港口》1996 年第 6 期。

② 《全国航业界会萃一堂 船联会隆重展幕》,《申报》1947 年 7 月 4 日第 4 版。另据研究,解放前夕,上海共有轮船公司 315 家,船只 1333 只,船舶吨位 950702 吨,占全国总吨位的 80%。见邹荣庚主编:《历史巨变 1949—1956》,上海书店出版社 2001 年版,第 104 页。

③ 《湖北义赈会董事会纪事》,《申报》1919 年 11 月 14 日第 11 版。

④ 《红十字会常议会纪事》,《申报》1919 年 5 月 5 日第 10 版;《沈仲礼来函》,《申报》1919 年 7 月 18 日第 11 版。

⑤ 参见《朱葆三追悼会之盛况》,《申报》1926 年 10 月 25 日第 10 版。

千万数"。① 王一亭"一生从事慈善事业,诸凡救灾恤贫,社会公益事宜,靡不参
预,数十年如一日"。② 其先后创办(包括参与创办)或主持的慈善救济团体达
百余个③。仅南京政府前 10 年间,他一直任上海慈善团体联合会会长(委员
长)、仁济善堂总董(委员长)、中国济生会会长,中国红十字会常务理事、常议
会议长,中国救济妇孺总会会长、联义善会会长、普山庄总董,并先后任上海筹
募各省水灾急赈会常驻常委、辛未救济会副董事长、上海各慈善团体赈济东北
难民联合会副董事长、上海筹募豫皖鄂灾区临时义赈会副委员长、上海筹募赈
济黄河水灾急赈联合会副委员长、上海筹募各省旱灾义赈会副会长、上海筹募
各省水灾义赈会副会长、上海各慈善团体联合救灾会副委员长、上海慈善团体
救济战区难民委员会委员长等,并任国民政府直鲁赈灾委员会、河北山东赈灾
委员会、豫陕甘赈灾委员会、晋冀察绥赈灾委员、国民政府赈灾(赈务)委员会
驻沪办事处主任等职。许世英称其经手捐募的赈款赈品达一万万元,是救济
事业支柱人物。④ 秦润卿抱定"取之于社会,月之于社会"宗旨,仅"以每月薪资
收入,作为家庭开支,而将年终所得红利,悉数充为各项捐款,不留锱铢"。一
生"创立和资助多项慈善公益事业,仁风所至,受其泽者何可胜数。举凡办学
校、创实业、兴医院、恤孤贫,靡不竭力以赴"。⑤ 他还曾任中国济生会董事、上
海华洋义赈会董事、上海筹募各省水灾急赈会常委、上海筹募各省旱灾义赈会
理事、上海筹募黔灾义赈会常务理事等职,对于全国灾荒救济也是无役不从。
王晓籁曾任中国红十字会常务执行委员兼总务科主任、上海筹募各省水灾急
赈会常务委员、上海救济东北难民游艺大会会长、上海各慈善团体筹募黄河水
灾急赈联合会常务委员、甲戌全浙救灾会副主席、上海筹募各省旱灾义赈会常
务委员、上海筹募黔灾义赈会副会长、国民政府赈委会常务委员等,于各项水
旱兵疫灾荒赈济均竭力以赴。宋汉章曾任宁绍义赈会、京直奉水灾义赈会、中
国义赈会、中国济生会、中国红十字会、华洋义赈会等多个慈善赈灾团体董事,

---

① 《朱葆三先生昨日作古》,《申报》1925 年 9 月 3 日第 13 版。
② 《王一亭氏昨晨逝世》,《申报》1938 年 11 月 14 日第 9 版。
③ 尹芳:《王一亭与近代慈善事业》,杭州师范大学专门史专业硕士论文,2012 年。
④ 《许世英电请优恤王震》,《申报》1938 年 11 月 15 日第 9 版。
⑤ 孙善根、邹晓升编:《秦润卿史料集》,天津古籍出版社 2009 年版,第 129 页、第 130 页。

并从 1926 年始一直任上海华洋义赈会会长，对于全国灾荒救济也不遗余力。虞洽卿"热心公益、慈善为怀"①，曾任中国救济妇孺总会会长、宁绍义赈会会长、救济东北难民游艺会会长、中国红十字会常务执行委员兼副会长、上海筹募各省水灾急赈会常驻常委、上海难民救济协会理事长、上海民食调节协会及上海平粜委员会主席等，于水旱灾害、特别是抗战爆发后的难民救济也多有贡献。徐乾麟手创多个慈善、赈灾团体，曾任中国妇孺救济总会总干事、中国济生会副会长、河南义赈会会长、中华慈善团合办筹赈处副干事长、中国道德总会会长、甲戌全浙救灾会常委等，生前有媒体评其"对慈善事业抱着'鞠躬尽瘁，死而后已'观念"，"一生精力贡献于慈善公益事业"。② 陈润夫曾任中国济生会会长、仁济善堂总董、复善堂总董、中国红十字总会议董、佛教公会会长等，一生从事善举及赈务数十年，"凡属各地灾区赈济，尤为尽力捐助，活人无算，造福人群，实无限量"。③ 陆伯鸿手创新普育堂，并曾任中华公教进行会总会长、上海华洋义赈会董事、上海慈善团联合救灾会常委兼河南旱灾查放主任等职，"办理各种慈善事业达数十年"，被称为"慈善界领袖"。④ 盛竹书热心慈善救济事业，曾任中国红十字会常议会副议长、董事，中国协济日灾义赈会副会长、江浙皖水灾义赈会董事、中国济生会董事、湖北水旱灾义赈会会长、中国救济妇孺总会董事等，奔赴于各种灾荒赈济。杜月笙也是"乐善好施，盛名久著"，曾任上海筹募江西急赈会主席、江苏水灾义赈会常委、浦东风灾救济会委员长、上海筹募各省水灾义赈会常务理事、中国红十字会副会长、上海慈善团体联合救灾会副会长等职，"对于各省灾赈，无不竭力担任劝募并慷慨捐输"。⑤其他如施子英、李平书、聂云台、钱新之、席立功、刘鸿生、闻兰亭、傅筱庵、穆藕初、荣宗敬、史量才、徐静仁、杨信之、陈炳谦、沈联芳、姚慕莲、袁履登、秦砚畦、严味莲、顾馨一、姚紫若、朱吟江、叶鸿英、赵晋卿、张兰坪、黄延芳、叶惠钧、陆维镛、冯仰山、张啸林、韩芸根、邱渭卿、徐懋棠、顾吉生、吴瑞元，等等，或创办

---

① 《各国发起庆祝虞洽卿七十寿启》，《申报》1936 年 6 月 14 日第 12 版。

② 《徐乾麟先生德行感人》，《宁绍新报》1947 年第 16 期第 14 页。

③ 《各公团筹备公葬陈润夫》，《申报》1926 年 6 月 16 日第 15 版；《上海各界同人公葬陈润夫大善士筹备处通告》，《申报》1926 年 11 月 25 日第 2 版。

④ 《教皇颁赐陆伯鸿勋位昨日举行授勋典礼》，《申报》1937 年 1 月 7 日第 13 版。

⑤ 《赈委会赠送杜祠匾额》，《申报》1931 年 6 月 4 日第 15 版。

赈灾机关,或主持灾赈团体,或认募巨款,或捐款捐物,或查灾放赈,都在民国灾荒救济中起了积极作用。① 如果说上海商界是支撑上海灾荒救济中心的主要力量,那么这些商界巨子则是其一个个大小不一的支柱。

---

① 需要指出的是,笔者无意美化这些商人——资本家,他们的"商德"与政治态度及他们从事灾荒救济的目的各不相同,有的在抗战时期还变节投敌,有的长期持反共立场,但他们确实在民国灾荒救济中起了重要作用,不客观反映、评述他们的赈济活动与作用,中国近代的灾荒救济史将是不全面、不完整的。

上　篇

上海商界与民国旱灾救济

第一章　上海商界与1920年华北旱灾救济

一、四十年未有之奇灾

从 1919 年夏秋至 1920 年秋,中国北方直隶、山东、山西、河南、陕西等省大部分地区出现持续严重干旱,造成比之"丁戊奇荒"有过之而无不及的"四十年未有之奇灾"。[①]

关于这次奇灾的灾情灾象,当时各级赈务部门、赈灾机关团体有大量调查统计,报刊也有大量报道。就受灾区域而言,当时《申报》报道:大概灾区由保定以下直达河南南部,约长 2000 里,由东至西平均 500 里,最宽之处,为由陕西边境至山东潍县,计达 1000 里,灾区面积 9 万方英里。[②] 具体各省受灾县数及比例,"总计直隶全省一百三十九县中,受灾之县计多至七十余所,灾区面积约占全省面积十分之三,受灾状况在直鲁豫三省中为最重。总计山东全省百零七县中,受灾之县凡五十四,灾情面积约当全省面积三分之一,受灾状况,其重亚于直隶。总计河南全省百零八县中,受灾之县凡三十七,灾区面积约占全省四分之一,其中受灾最重之地,尤以河北道所部诸县为最,不独冠于本省,即在三省中,亦以该地为重"。[③]

我们再看下各省的具体灾况灾象。直隶冬县二麦实收平均 5 分余,宁津、庆云、丰润等 24 县实收仅 1 至 3 分,交河全县"二麦实收不及分",阜城、衡水

---

① 《北方四十年未有之奇灾》,《申报》1920 年 9 月 14 日第 6 版。
② 《北方四十年未有之奇灾》,《申报》1920 年 9 月 14 日第 6 版。
③ 《直鲁豫灾区分道调查记》,《大公报》(天津)1920 年 10 月 14 日第 2 版。

两县"阖境因二麦均已枯死,实无收"。① 南部的大名道,"年余无雨,遍野尽成飞尘,井竭泉枯,河畔几无青草。赤贫者束手待毙,中户人家争鬻子女以求食。青春少妇,十龄幼娃,代价不及十元。甚至专为求食,甘心随人作奴婢,而莫肯收留。……昔孟子之论凶年曰:父子不相见,兄弟妻子离散。今则父子相食,兄弟妻子相夺,较之不相见与离散者,相去又几何? 盖自古饥馑之惨,未有甚于此时者"。②

河南更是无处不旱,豫西各县年余未雨,烈日炎风,赤地无埂,"二麦仅收三分,秋禾一粒未成"。③ 豫北"旱状更加厉害,卫辉、彰德一带几乎没秋禾可收,而且这一带麦秋也一点未收。……由磁钟过观音堂、渑池、新安、洛阳、磁涧、汜水等地,一直到郑州,连陕州以东,就连那雨尾都未见过,四望无垠,一片赤土,秋苗全行枯死,百姓们只有唉天怨地的份儿。一路上讨饭吃的,每过一站,总是几十"。南部 13 县则旱、水、虫多灾叠加。上年 5 月全境山洪暴发,泛滥成灾,白河、沙河、唐河等河沿岸数十里"人畜庐舍,漂没一空"。7 月以后继以大旱,秋禾收成"平均不及十之一二"。是年春后,则风虫旱灾并乘,夏收减去十之七八,早秋仅及一二,晚秋颗粒未收。④ 华洋义赈会河南查灾员报告说:"汴省灾区以河北各县为最甚,各县又以安阳、汤阴、临漳、内黄、武安、淇县、涉县为最苦,林县、溶县、汲县等次之。"这些地区民"本鲜盖藏,一遇凶荒,上中等户亦均变为贫,以致家家颗粒无存,演出极端惨状,树皮榆实,采取将尽,皮[秕]糠青草争食惟先,牛犬已绝,末粮全无,尤其甚者,尸横于床而不能殓,棺停于家而不能葬,老者龙钟而不能逃,幼者号啼而不能顾,有逃于晋鄂等省者,有宁死故土而不出境者,鸠形鹄面,满目疮痍"。⑤

山东"除胶东外,余悉被灾"。地瘠的鲁北、鲁西一带灾情尤重,东临道属县灾情尤重,"自客秋至今,雨泽愆期。二麦既寸粒未获,秋禾亦收获无望。米价昂贵,民苦艰食,饿殍遍野,逃亡载道。全区二十九县,竟有临清、馆陶、武

---

① 北洋政府内务部印行:《赈务通告》,1920 年 11 月 15 日,第五期,《公牍》,第 1—4 页。

② 中国第二历史档案馆编:《中华民国史档案资料汇编》农商(一),江苏古籍出版社 1991 年版,第 376 页。

③ 《豫西灾情之报告》,华北救灾协会:《救灾周刊》第 8 期,1920 年 12 月 12 日,第 15—17 页。

④ 杨钟键:《北四省灾区视察记》,《东方杂志》1920 年第 17 卷,第 19 号,第 116 页。

⑤ 《各方面之筹赈声·河南灾况》,《申报》1920 年 10 月 27 日第 10 版。

城、夏津、邱县、德县、平原、恩县、陵县、德平、禹城等十余县,迄今尤赤地千里,
野无青草,树皮草根,觅食已尽,典妻鬻子,相习不讳。更有堂邑、清平、冠县、
寿张、阳谷、范县、濮县、朝城、博平、高唐、茌平等十余县,虽间有播种植苗之
田,灾似稍轻,然因秋深落雨,种植逾期,非属苗而不秀,即属秀而不实。加以
蝗虫、冰雹踵至纷来,收获仍复无望,饿死决难幸免”。①

陕西省多灾并发,以旱灾、兵灾为主。陕西义赈会 1920 年 10 月的灾情报
告说:“兵灾自六年秋至八年春,陕西血战三年,蹂躏七十余县,灾民百余万,公
私财产损失约一万万元,人民死于兵匪者二万余人。旱灾自八年九月至今年
七月,将近一年,未落透雨,灾区五十余县,极重者二十五县,次重者十八县,稍
轻者十一县,饥民总数二百余万。灾民总数合兵旱灾民总计约三百余万人。”
该会把陕灾分成紧急灾区及一、二、三等灾区。紧急灾区是兵旱灾兼备又有雹
灾,灾情最惨之区,主要有耀县、同官、淳化、泾阳、三原、高陵、临潼、渭南、澄
县、蒲城、白水、富平、乾县、麟游、韩城、郃阳、凤翔、岐山、宝鸡、商县、大荔、朝
邑、洛南、醴泉、兴平等 25 县。一等灾区是兵灾旱灾兼备而重者,包括咸阳、鄠
县、盩厔、汧阳、陇县、蓝田、永寿、扶风、武功、华县、华阴、潼关、南郑、城固、安
康、柞水、山阳、镇安等 18 县。二等灾区是受兵灾或旱灾之一而稍重者,包括
凤县、留坝、褒城、沔县、宁羌、磇坪、紫阳、汉阴、石泉、洋县、白河、洵县、佛坪、
略阳、栒邑、邠县、长武等 17 县。三等灾区是受兵灾或旱灾之一而稍轻者,包
括宜川、宜君中部、洛川、延川、延长、清涧、长安、鄠县、郿县、肤施、镇巴、平利
等县。②

山西平常年份属粮食输出省份,但该年春“雨少风多,统计一百五县,除百
分之二十土田向资河渠灌溉(者),尚能因时下种,余尽干燥,耕具难施”,直到
农历五月初旬,才有濡土之雨,但“二麦已失长养之机,天时已逾布谷之候”,即
便雨调适时,违时下种之禾,最多也就一半收成。“孰料炎炎长夏,雨泽未沾,
赤野千里,魃鬼横行,伏已尽矣,禾苗盈尺,地如焚矣,蔓草同枯。”③至 9 月中

---

① 中国第二历史档案馆编:《中华民国史档案资料汇编》农商卷(一),江苏古籍出版社 1991 年版,
第 377 页。
② 《各方面之筹赈声·陕西义赈会报告》,《申报》1920 年 10 月 18 日第 10 版。
③ 《山西旱灾救济会之发起》,《申报》1920 年 9 月 20 日第 7 版。

旬,山西"南北中三路,荒灾已成,百余县内颗粒未收者,占四分之一,有一二成收获者,占四分之二,半熟者不过仅十余县"。① 像灾情较重的安邑、芮城、新绛、夏县、稷山、河津、荣河、虞乡等8县,"每亩收麦一斗四五升不等,秋季粒米未收"。②

当旱情进入1920年盛夏,酷旱已致荒象严重显现、救灾已十万火急之时,北洋军阀派系间却为争权夺利再启战端,直系军阀联合奉系军阀与执掌中央政权的皖系军阀爆发了一场大规模的直皖战争,战区范围恰好在旱灾严重的京畿及河南、山东部分地区。天灾复遇人祸,旱灾叠加兵灾,灾区再遭涂炭,大大加剧了此次饥荒的严重程度。京畿地区在战场范围者"房屋早化灰烬,流离失所,无家可归";在战场范围之外者"亦备受败兵之蹂躏,虽居屋未遭焚烧,而牛驴什物,则皆化为乌有"。③ 另有报告说,京兆地区"迨军事告终,溃兵四窜,百十为群,肆行劫掠,衣服、财物、牲畜、用具,被抢之家,百无一存"。④ 山东德县、陵县、平原、恩县、禹城诸县,"因直皖之争,横罹蹂躏之惨。微论战线以内,几尽焦土,即兵车所至,亦鸡犬一空。延袤数百重[里],村舍荡然,流离载道"。⑤ 河南各处至该年9月亢旱本已成巨灾,饥民相聚抢掠,粮坊囤户,被搜括无余,"树叶草根,均已罗掘净尽"⑥,豫南豫西各县,复"迭遭兵燹,流离转徙,十室九空,满目疮痍,不堪言状"⑦。

北洋政府内务部直言,各种天灾与兵灾导致3000万灾民,"此等灾民生活状况,始犹采摘树叶,参[掺]杂粗粮以为食;继则剥掘草根树皮,和秕糠以为生;近则草根树皮搜掘殆尽,耕牛牲畜屠鬻无遗,遂至典卖儿女,青年女子不过十数元,不及岁者仅值二三元。又其甚者,或因出外逃荒,将幼儿抛弃,或因饥饿不能出门户,合家投缳自尽。此外,逃赴未被灾各地者,经过京汉、津浦、京奉、京绥各路站,日又数起,扶老携幼,露宿风栖,嗷嗷待哺之声,尤属惨不忍

① 《满目灾荒之京讯》,《申报》1920年9月20日第6版。
② 北洋政府内务部印行:《赈务通告》,1920年12月5日,第四期,《报告》,第35—36页。
③ 《农部发起农民救济会》,《申报》1920年8月5日第7版。
④ 《王瑚详报京兆所属各县遭直皖战争损失情形呈》(1920年11月13日),中国第二历史档案馆编:《中华民国史档案资料汇编》军事(三),江苏古籍出版社1991年版,第49页。
⑤ 《再纪山东战后之惨况》,《申报》1920年8月10日第7版。
⑥ 《河南旱荒中之筹赈声》,《申报》1920年9月5日第7版。
⑦ 《豫督长之乞赈电》,《申报》1920年9月1日第10版。

闻"。① 至次年春,北洋政府财政部盐务署致内务部的一份公文中说灾民已达 4000 万人。② 北京国际统一救灾总会根据中外人士分投报告的数据核实统计,被灾的 317 县受灾贫民为 19895114 人(专指依赈济为生者),死亡 50 万人左右,赈济此 20000 灾民,以每人每月 1 元计,仅至秋收时也至少需款 1.2 亿银元。③

图 1-1　吴待为北方遍野灾民作画乞赈

① 北洋政府内务部印行:《赈务通告》,1920 年 12 月 25 日,第六期,《公牍》,第 37—39 页。

② 北洋政府内务部印行:《赈务通告》,1921 年 4 月 15 日,第十二期,《公牍》,第 44 页。

③ 北京国际统一救灾总会编:《北京国际统一救灾总会报告书》,第 10 页、第 16 页,1922 年印行。

二、上海商界的急赈

旱荒奇重，灾民嗷嗷，饿殍载途，救灾急如星火。直皖战后，直奉两系共撑的北洋政府始考虑救灾事宜。9月11日，北洋政府发布大总统令："着内务、财政两部，会同各该省长官，迅筹款项，赶办急赈。"①但北洋政府的财政既如署财政总长周自齐在呈总统文中所说，已十分"危迫"，"破产之祸立见眉睫"，②根本没有财力赈济如此严重的灾荒。一时，社会舆论纷纷呼吁民众、特别是商民自救。《申报》"杂评"指出：政府无力赈灾，势将任灾民宛转以毙，"欲救此劫余之民，惟在吾民自救而已，尚能望之执政之当局耶？"③新闻出版界著名人士杨瑞六更是直接呼吁："政府既无望矣，吾不得不希望商民之努力！"④

这一呼吁代表了时人的热切期望，也反映了一客观历史事实，即进入民国以后，由于民初政府制定了诸多鼓励资本主义发展的法律法规，特别是由于第一次世界大战的影响，中国资本主义进入持续发展的黄金时期，中国资产阶级或者说"商民"队伍迅速壮大，他们在慈善救济领域发挥着日益重要的作用。上海是全国经济中心，是杨瑞六所说的"商民"最集中、实力最雄厚的地区，进入民国以后上海逐渐成为全国灾荒救济中心。⑤ 正如时论所说"上海为中外通商巨埠，物力雄厚而好善之士又多荟萃海滨，故凡南北各直省遇有水旱偏灾，兵戈疫疠，则上海慈善之士必出其雄才大略，筹款救济，故中国言慈善者，必以上海为中心也"。⑥

此次华北旱荒渐现后，各受灾省区当局、相关团体、名流贤达函电交驰，纷纷向上海、特别是上海商界乞赈。例如，8月31日，旅沪浙商王一亭、徐乾麟任正副会长的中国济生会接河南督军赵倜、省长张凤台乞赈电说："豫省本年六

---

① 《大总统令》(1920年9月11日)，《政府公报》第1645号，1920年9月12日。
② 《署财政总长为共筹挽救财政困难致总统呈稿》(1920年冬)，财政科学研究所、中国第二历史档案馆：《民国外债档案史料》(一)，档案出版社1990年版，第19页。
③ 讷：《饥荒与兵祸》，《申报》1920年9月10日第11版。
④ 杨瑞六：《饥馑之根本救济法》，《东方杂志》1920年第17卷，第19号，第15页。
⑤ 《湖南义赈会报告赈务》，《申报》1918年10月21日第10版。另参见陶水木：《上海，近代中国的慈善中心》，《文汇报·文汇学人》2018年3月21日。
⑥ 《湖南义赈会报告赈务》，《申报》1918年10月21日第10版。

旱成灾,河北尤烈,二麦无收,秋禾未种,树皮草根,剥掘净尽,沿途饿殍,鹄面鸠形。豫南豫西各县,迭遭兵燹,流离转徙,十室九空,满目疮痍,不堪言状","上年豫省水患侵寻,蒙贵会拨放巨款,惠救灾黎,义粟仁浆,至今感荷。此次灾情更甚于前,呼吸倒悬,虽郑侠流民图不能尽其惨状。贵会恒以慈善为怀,仍乞婆心毅力,迅赐派员携款来豫,庶能起死回生。"①9 月 11 日,著名商人朱葆三、王一亭、施子英等主持的仁济善堂接天津畲桂笙乞赈函说:"直省旱荒,赤地千里,饿殍载道,殊深悯恻。查今岁春夏未雨已将半载,田亩干裂有七十余县之谱。逃荒难民,扶老携幼,纷纷来津求生。"请求仁济善堂遍告上海各慈善团体,速筹救济之方。② 同时,仁济善堂、中国济生会又接陇海铁路督办施肇曾给其家兄施子英电,说"豫中旱荒已成,河朔洛西尤甚,开属如汜水、荥阳、密新及郑州之西南均已成灾,仓无粒米,库无分文",请施子英代为呼吁乞赈。③

在纷驰的乞赈函电中,1920 年 9 月 16 日旅京江浙名流的乞赈电颇具代表性。这份由田文烈、孙宝琦、曹汝霖、颜惠庆、钱能训、王克敏、吴鼎昌、冯耿光、张嘉璈等官宦名流署名的乞赈电,说:"上海周翼云局长乞分送唐少川、唐蔚芝、陆伯鸿、沈子[志]贤、盛泽臣、盛泮臣、盛华[苹]臣、许秋帆、贝润生、徐冠南、庄得之、王儒堂、余日章、施子英、管趾卿、杨信之、朱志尧、刘柏生、刘厚生、徐乾麟、秦润卿、朱葆三、宋汉章、王一亭、沈联芳、刘澄士、钱新之、叶揆初、盛筱珊、李寿山、李馥荪、钟飞斌、荣宗敬、荣瑞馨、邵子瑜、傅筱庵、谢仲生、陈竹琴、周扶九、虞洽卿、闻兰亭、周金箴、刑蕊轩、张让三、顾馨一、唐露园、黄任之、沈信卿、叶桐生、锺紫垣、任筱珊、赵燧山、史量才、田新[祈]原、王子和、席子佩、汪汉溪、张乐君、朱吟江、祝兰舫、谢蘅窗、顾子盘、费鸿生、沈田莘、陈光甫、沈蘅甫、陈景安、狄南士、狄楚青、潘静波、陈炳谦、田汝霖、席立功、叶子衡、薛宝润、邱渭卿、乐振葆、汤节之、冯筱三、黄伯平、吴麟书、薛文泰、沈润揖、张云伯、陈瑞梅、张延钟、李柏葆、黄楚九、张彝仲、杨汉汀、徐宝琪诸先生同鉴:本年北方直豫鲁等省亢旱成灾,赤地千里,哀鸿遍野,惨不忍言。据外人调查,灾民竟逾二千多万,荒像之烈,从来所未有。现经江浙人士特约同十省同志,发起

---

① 《豫督长之乞赈电》,《申报》1920 年 9 月 1 日第 10 版。
② 《筹办直省灾赈之集议》,《申报》1920 年 9 月 12 日第 10 版。
③ 《豫省旱灾之乞赈》,《申报》1920 年 9 月 12 日第 10 版。

组织北省急赈协会,各就心力,先行认捐,或筹垫凑集巨款,切实赈济,以补官赈之不及。惟灾区太广,全赖各处募捐源源接济,方能普救灾黎。夙仰诸公福善为怀,……务恳慷捐巨款,鼎力维持,俾资救济。"①

　　上述电文所列达90余人,其中绝大多数为上海商界名流(见表1-1),其中曾任上海总商会会董、会员就达54人,内中又有31人曾任上海总商会议董(会董),其他如周扶九、朱志尧、刘厚生、叶揆初、沈田莘、陈光甫、叶子衡、薛宝润、吴麟书、潘静波、荣瑞馨、王子和、任筱珊、沈子贤等,虽未曾任总商会会董、会员,但都是上海工商金融界著名人士。史量才、狄南士、狄楚青则都是报业、书业巨商。王正廷此前虽一直在北南政府外交、财政部门任要职,但1920年、1921年在上海创办多家棉纺、银行、交通企业,并担任董事长、总经理。从表中可以看出,该电文所列要人中,工商界人士达80%以上。这则电文寄托了旅京江浙名流对上海商界救灾的众望,也是上海商界已成为全国灾赈主要力量的历史反映。

表1-1　1920年9月16日旅京江浙名流乞赈电所列人员身份简况

姓名	身份	资料来源	姓名	身份	资料来源
周翼云	中国电报沪局局长	《申报》1921年4月19日第11版	张彝仲	内河招商局董事,曾任招商局积余产业公司经理	顾廷龙等《汉冶萍公司》3,第832页;《招商局总管理处汇报》,1929年,第18页
唐少川	民国首任内阁总理,金星人寿保险公司董事会主席	《申报》1919年2月28日第4版	顾馨一	四届总商会会董	组织史资料第287页
唐蔚芝	原清季商部、农工商部左侍郎	组织史资料第60页	唐露园	四届总商会会董	组织史资料第287页
沈子贤②	新沙逊洋行买办,中华懋业银行华经理	《申报》1917年10月9日第11版,1920年9月19日第1版	黄任之	江苏教育会副会长,中华劝工银行发起人、董事	《申报》1920年8月21日第10版,1920年7月18日第10版,1921年11月29日第14版

① 《筹办北省灾赈汇闻》,《申报》1920年9月18日第10版。
② 从以下两史料可知,沈子贤即半淞园主沈志贤,新沙逊洋行买办。"半淞园即将开放　沪商沈志贤君得书画家姚伯鸿君之赞助,在本埠沪杭火车站东首高昌庙路辟地半顷,建园一座(取名半淞园),经营两载,业已告成,花木溪山应有尽有。兹定旧历九月初一日(星期六)上午七时开放。"《申报》1918年10月1日第11版。"半淞园开始售票　南火车站南首原有荒地一坵,去春由沪商沈子贤君得书画家姚伯鸿之赞助,组织花园一所,定名半淞园,其地适临黄浦,风景绝佳,园内布置亦颇古雅。现已规模大备,于昨日开园买票,每客收取游资小洋二角,并由高昌庙警区李巡官于是日派警两名前往照料云。"《申报》1918年10月6日第11版。

续表

姓名	身份	资料来源	姓名	身份	资料来源
陆伯鸿	县商会会董、华商电气公司总经理	《申报》1920 年 1 月 10 日第 10 版,1920 年 8 月 17 日第 10 版	沈信卿	江苏省教育会干事,中华书局董事	《申报》1920 年 4 月 4 日第 10 版,1917 年 12 月 17 日第 10 版
盛泽臣	盛宣怀第四子,总商会会员	民国九年总商会同人录	叶桐生	曾任江苏卷烟税局办事处主任	《申报》1929 年 2 月 3 日第 14 版
盛泮臣	盛宣怀第五子,总商会会员	民国九年总商会同人录	锺紫垣（文耀）	上海造币厂筹备主任、首任厂长	《申报》1920 年 8 月 30 日第 10 版,1921 年 9 月 22 日第 14 版
盛苹臣	盛宣怀第七子,招商局、汉冶萍公司大股东	《申报》1919 年 6 月 2 日第 12 版,1920 年 2 月 9 日第 10 版	任筱珊	前沪宁沪杭甬路局局长	《申报》1918 年 12 月 1 日第 10 版,1920 年 9 月 2 日第 11 版
许秋帆	江苏特派交涉员,全国道路建设协会副会长	《申报》1920 年 6 月 18 日第 10 版《申报》1922 年 9 月 22 日第 15 版	赵燧山	沪杭铁路局局长、总商会会员	《申报》1920 年 9 月 25 日第 10 版;总商会同人录 1918 年 6 月
贝润生	第七任商务总会协理	组织史资料第 95 页	史量才	《申报》总经理,全国道路建设协会副会长	《申报》1919 年 6 月 22 日第 18 版,1922 年 9 月 22 日第 15 版
徐冠南	总商会会员	民国九年总商会同人录	田新原[①]	上海钱业公会副会长,五届总商会会董	《上海钱庄史料》第 648 页;组织史资料第 352 页
庄得之	五届总商会会董	组织史资料第 350 页	王子和	上海著名烟土商,公兴烟膏店主	《申报》1916 年 12 月 7 日第 11 版
王儒堂	前南京临时政府工商部长,华丰纺织公司总理、中华捷运总公司总董、中华劝工银行董事长	《申报》1920 年 8 月 2 日第 10 版,1921 年 9 月 29 日第 15 版;1921 年 1 月 23 日第 1 版;1920 年 7 月 18 日第 10 版,1921 年 11 月 29 日第 14 版	席子佩	六届商务总会议董	组织史资料第 95 页
余日章	中华青年会总干事、中华劝工银行发起人	《申报》1919 年 12 月 20 日第 10 版,1919 年 12 月 23 日第 2 版	汪汉溪	《新闻报》总经理	《申报》1917 年 9 月 17 日第 10 版;1923 年 7 月 21 日第 8 版

① 应是田祈原之误。《申报》常将田祈原误作田新原。如 1923 年 5 月 24 日第 13 版《临城事件之昨讯》报道说:"昨日午后五时,总商会为临城大劫案,特开临时会董会,讨论办法。到者方副会长暨会董庄得之、冯少山、袁履登、徐乾麟、赵晋卿、石运乾、徐冠南、王鞠如、沈润挹、田新原、盛筱珊、谢韬甫、闻兰亭、朱吟江诸君,由副会长主席。"查时任总商会会董名录,文中田新原即为田祈原之误。该报 1932 年 1 月 13 日第 1 版关于上海旅沪同乡会改选的报道也将日祈原(浙江上虞小越人)误作田新原。

续表

姓名	身份	资料来源	姓名	身份	资料来源
施子英	二届商务总会议董	《上海总商会历史图录》第 24 页	张乐君	四届总商会会董	组织史资料第 288 页
管趾卿	总商会会员	民国九年总商会同人录	朱吟江	四届总商会会董	组织史资料第 287 页
杨信之	四届总商会会董	组织史资料第 287 页	祝兰舫	四届总商会会董	组织史资料第 287 页
朱志尧	东方银行华经理,求新机器厂主	《申报》1919 年 8 月 30 日第 2 版《申报》1919 年 8 月 29 日第 10 版	谢蘅牕	四届总商会会董	组织史资料第 287 页
刘柏生	三届商务总会议董	组织史资料第 94 页	顾子盘	五届总商会会董	组织史资料第 350 页
刘厚生	大达公司总理、宝源造纸公司董事	《申报》1919 年 8 月 30 日第 2 版《申报》1920.2.24 第 3 版	费鸿生	招商局金利源码头账房	《申报》1920 年 9 月 4 日第 10 版
徐乾麟	总商会会员	民国九年总商会同人录	沈田莘	著名丝商	《申报》1919 年 10 月 3 日第 10 版
秦润卿	五届总商会副会长	组织史资料第 350 页	陈光甫	上海商会储蓄银行总经理	《上海银行家书信集》第 16 页
朱葆三	四届总商会会长	组织史资料第 287 页	沈蕙甫	航运商	《南汇县志》,1992 年,第 375 页
宋汉章	四届总商会会董	组织史资料第 287 页	徐宝琪	上海永亨银副理,上海交通银行副行长	《申报》1918 年 1 月 4 日第 1 版,1916 年 3 月 2 日第 10 版
王一亭	首届总商会协理	组织是资料第 140 页	陈景安		身份暂无查考
沈联芳	四届总商会副会长	组织史资料第 287 页	狄南士	《时报》社,著名报人,招商局股东	《申报》1912 年 6 月 8 日第 7 版,顾廷龙等《轮船招商局》第 857 页
刘澄士		身份暂无查考	狄楚青	上海日夜银行董事,《时报》创办人、总理	《申报》1921.8.2 日第 14 版,1924 年 8 月 26 日第 14 版
钱新之	五届总商会会董	组织史资料第 350 页	潘静波	怡和洋行买办	《申报》1918 年 11 月 1 日第 10 版

续表

姓名	身份	资料来源	姓名	身份	资料来源
叶揆初	浙江兴业银行董事长	《申报》1917年3月23日第10版	陈炳兼	总商会会员	民国九年总商会同人录
盛筱珊	总商会会员	民国九年总商会同人录	田汝霖①	五届总商会会董	组织史资料第350页
李寿山	总商会会员	民国九年总商会同人录	席立功	三届总商会会董	组织史资料第246页
李馥荪	总商会会员	民国九年总商会同人录	叶子衡	日商台湾银行买办,日晖织呢厂董事	《旧上海的外商与买办》第75页;《上海民族毛纺工业》第26页
钟飞斌	总商会会员	民国九年总商会同人录	薛宝润	上海厚生纱厂董事长	《申报》1919年3月6日第11版,1931年12月15日第16版
荣宗敬	五届总商会会董	组织史资料第350页	邱渭卿	总商会会员	民国九年总商会同人录
荣瑞馨	无锡巨商	《申报》1916年10月12日第7版	乐振葆	五届总商会会董	组织史资料第350页
邵子瑜	总商会会员	民国九年总商会同人录	汤节之	五届总商会会董	组织史资料第350页
傅筱庵	四届总商会会董	组织史资料第287页	冯筱三		身份暂无查考
谢仲生	总商会会员	民国九年总商会同人录	黄伯平	五届总商会会董	组织史资料第350页
陈竹琴	后曾任招商局总局局长	《申报》1928年2月23日第13版	吴麟书	纱业公所董事,统益纱厂总经理	《申报》1920年3月13日第11版,1920年9月6日第11版
周扶九	著名盐商,华昌炼矿公司董事长,大陆制铁公司创办人	《申报》1916年5月25日第10版,1919年9月13日第7版,1919年12月8日第11版	薛文泰	五届总商会会董	组织史资料第350页
虞洽卿	四届总商会会董	组织史资料第287页	沈润邑	五届总商会会董	组织史资料第350页
闻兰亭	四届总商会会董	组织史资料第288页	张云伯	总商会会员	民国九年总商会同人录

① 即田时霖(1876—1925),浙江上虞人,名世泽,字时霖,澍霖,汝霖,中央信托公司主要创办人、董事长,震升恒木号主,震巽木商公所总董。

续表

姓名	身份	资料来源	姓名	身份	资料来源
周金箴	首届总商会总理	组织史资料第 140 页	陈瑞梅		身份暂无查考
刑蕊轩		身份暂无查考	张延钟	总商会会员	民国九年总商会同人录
张让三	上海商业会议公所议员	上海总商会史,第 44 页	李柏葆	四届总商会会董	组织史资料第 288 页
黄楚九	总商会会员	民国九年总商会同人录	杨汉汀	总商会会员	民国九年总商会同人录

附注:(1)组织史资料即上海市工商业联合会等编《上海总商会组织史资料汇编》(上),上海古籍出版社 2004 年版。(2)五届总商会会董即上海总商会 1920 年 9 月 1 日改选后任职会董,此前曾任多届总商会会董的,资料出处只标注最近一届任职,如四届总商会会董。(3)为节省篇幅,系总商会会董、会员者,不再列执业企业,不是总商会会董、会员者,只列时任或曾任主要企业任职。

面对严峻的灾情和纷驰沪上的乞赈函电,上海商界联合其他中外救灾力量,筹组赈灾团体,募集赈灾款物,组织堪灾散放,立即掀起大规模的急赈活动。以下笔者仅罗列 9 月中下旬上海商界的筹赈活动略作说明。

9 月 11 日,施子英、陆伯鸿、沈志贤、管趾卿及唐少川约请朱葆三、王一亭、宋汉章、朱志尧、盛丞泽、唐露园、庄得之等中西绅商 40 余人集议直省旱灾赈务,议决成立专门筹赈机构,朱葆三、唐少川为临时干事长,推施子英、陆伯鸿、孙仲英、庄得之、徐乾麟、管趾卿、王正廷为筹备员,初定名为中华七省义赈会,后朱葆三、陆伯鸿等与英、美、法各领事及英美等商会联系,觉得仍用华洋义赈会名义较为妥善。[①]

9 月 16 日,上海华洋义赈会因直鲁豫旱灾在仁济善堂召开紧急筹赈会,"到会董事有宋汉章、傅筱庵、陆伯鸿、秦润卿、唐少川、施子英、谢衡[蘅]窗、孙仲奚、朱葆三等二十余人"。傅筱庵在会上提议,因北方灾民急待赈济,请与会各董先行筹垫若干万元以采办米粮,并自告奋勇首先借垫 10 万元,银行公会

---

① 《筹办直省灾赈之集议》,《申报》1920 年 9 月 12 日;《福开森来沪报告北赈》,《申报》1920 年 9 月 16 日。上海华洋义赈会正式成立大会虽在 9 月 25 日才召开,但 9 月 11 日的会议事实上已宣告了该会的成立。

会长宋汉章、钱业公会会长秦润卿以及陆伯鸿、朱葆三等纷纷认垫，总数即达 50 万元之巨。①

9 月 20 日，商务印书馆发行所全体同人 200 余人假东亚酒楼开同乐大会，期间演讲北方灾情，全体同人表示愿一致捐助，并于 22 日组队筹募，待集有成数，拟交华洋义赈会转放。② 华洋义赈会于同日接上海内地自来水公司全体同人函，以北方灾情奇重惨不忍言，特将中秋节筵资 40 元移助赈款。③ 福建路商界联合会也于当日召开第 51 次常会，会议主席邹志豪提议救荒办法，指出此次各省区灾荒范围颇大，本路各商号应尽力捐输，将捐集之款送商会承办救济。④

9 月 21 日，上海中孚银行行长孙景西、谢芝庭，东陆银行行长方椒伯、林斗南，华孚银行行长洪念祖、徐起凤等提议将上海商界各业习俗的中秋月饼酒筵等资移作赈款。上海丝茧业总公所总董沈联芳也在同业中发起移中秋宴资作为赈款。⑤ 该日《申报》报道：中华银行亦移助中秋宴资 24 元，并报道说名商黄楚九助华洋义赈会办事经费 3000 元，外商英美烟公司慨助 10 万元，并已备经费 4.5 万元在"在北方已独设粥厂"。⑥

9 月 24 日，上海中国银行、上海商业储蓄银行各职员开始节减每天膳食，预计每月可节省 300 元，悉数充赈，并将当年中秋节酒宴资充赈。同日，上海证券物品交易所理事长暨棉纱、棉花、证券、杂粮各部经纪人，召开大会磋议筹款赈灾办法，公决将 10 月 1 日至 9 日间交易额最大的 2 天该交易所及各部经纪人应得佣金利益全部助赈，预计可得赈款数万元。⑦

同日，上海最具影响的三同业公会华商纱厂联合会、银行公会、钱业公会召开联席会议，宋汉章、吴寄尘、叶扶霄、徐静仁、史良才、钱新之、黄任之、沈信卿、郑培之、穆藕初、刘伯森、秦润卿、陈光甫、林康侯、倪远甫、薛文泰等出席。因北省灾情重大，议决三团体联合成立北方工赈协会，筹募赈款，以八成办工

① 《华洋义赈会紧急筹赈会》，《申报》1920 年 9 月 17 日第 10 版。
② 《各方面之筹赈声》，《申报》1920 年 9 月 22 日第 10 版。
③ 《各方面之筹赈声》，《申报》1920 年 9 月 21 日第 10 版。
④ 《两联合会开会纪》，《申报》1920 年 9 月 21 日第 10 版。
⑤ 《各方面之筹赈声》，《申报》1920 年 9 月 22 日第 10 版。
⑥ 《各方面之筹赈声》，《申报》1920 年 9 月 21 日第 10 版。
⑦ 《各方面之筹赈声》，《申报》1920 年 9 月 26 日第 10 版。

赈治本,二成办急赈治标。①

上海各路商界总联合会也于同日召开第四十次董事会,邬志豪提议:本会为上海商界最巨之团体,应该组织灾赈会,以救灾区生命。会议选举产生了 7 人组成的委员会,全权办理灾赈,并议决与南洋烟草公司合作办赈。② 两天后,商界总联合会正式成立商界筹赈协会,由南洋兄弟烟草公司每销纸烟一箱助赈 5 元,以 10 万元为度,作为该会赈灾基础。③

图 1-2　上海华洋义赈会首任会长、
上海总商会会长朱葆三

9 月 25 日,上海华洋义赈会举行正式成立大会,王一亭为会议主席,公推朱葆三为义赈会干事长,余日章为总书记,宋汉章、傅筱庵为经济董事。会议通过了华洋义赈会简章,确定筹款 500 万元。至会议召开时,已有上海纱厂联合会、面粉业、铁业、钱业、银行业等联合筹款 100 万元,专事工赈。总商会会员邱渭卿拟出 10 万元,独办河南急赈。上海银炉公会也于同日召开临时会议,议决筹赈款 1000 元,一俟汇集成数即当送华洋义赈会转放。④

9 月 26 日,上海先施公司召开全体职工大会,有多人演说北方灾情,职工踊跃捐输助赈,一时即得 1530 元,并将 26、27 日两天中秋习俗宴资 380 元节省捐赈,公司还特捐 2000 元,送华洋义赈会作"赈灾之用"。⑤ 商务印书馆发行所同人至该日也已筹赈捐 500 余元,该馆总务处及编译、印刷两处同人仍在积极筹募,预料可得 3000 余元。同日,上海福建路商号萃丰庄、正泰庄、勋纪号、元裕庄、

①　《各方面之筹赈声·北方工赈协会》,《申报》1920 年 9 月 26 日第 10 版。
②　《商界总联合会开会记》,《申报》1920 年 9 月 25 日第 10 版。
③　《上海商界筹赈协会通告》,《申报》1920 年 9 月 26 日第 1 版。
④　《华洋义赈会成立会纪》,《申报》1920 年 9 月 26 日第 10 版。
⑤　《各方面之筹赈声》,《申报》1920 年 9 月 27 日第 10 版。

第一章　上海商界与 1920 年华北旱灾救济

德泰庄、宝成庄、邓仁泰号邓元廷同人等致函上海商界筹赈协会,将中秋节筵资移作灾区赈费。[1]

9 月 28 日,由纱厂、银行、钱业三同业公会组建的北方工赈协会召开理事会,议决内部组织案,并根据该案推举张謇、张督为名誉会长,推举沈信卿、黄任之、史量才、秦润卿、宋汉章、王俊臣、穆藕初、荣宗敬、聂潞生、刘厚生、张则民为名誉理事,推徐静仁为总务理事,钱新之为会计理事,刘伯森为文牍理事,吴寄尘、方椒伯为审查理事,武棣森、盛筱珊为交际理事,王杏塘、田祈原为庶务理事,并议决先拨 2 万元汇交天津中国银行聂管臣放赈。[2]

9 月 30 日,上海面粉交易所因北省灾荒,召开会议筹议赈灾办法,理事长王一亭及荣宗敬、顾馨一及全体经纪人到会,决定以面粉每千包应得佣金 2.5 两提取五钱充赈款,从 8 月份开始提取。[3]

仅从上述 9 月中下旬并不完整的史料罗列,就可以看出上海商界筹募华北旱灾急赈的一些特点。一是参与的工商团体、企业商号广泛。既有银行公会、钱业公会、华商纱厂联合会等这样上海最具实力的同业团体,也有各马路商号组成的各马路商界总联合会;既有南洋兄弟烟草公司、先施公司、上海中国银行、上海商业储蓄银行等这样的大企业,也有上海各马路的众多小商号。与此相应的是,参与筹赈的商人群体也十分广泛,既有朱葆三、王一亭、沈联芳、秦润卿、宋汉章、傅筱庵、穆藕初、荣宗敬、徐静仁、钱新之、施子英、陆伯鸿、陈光甫、聂潞生、田祈原、刘厚生、林康侯、倪远甫、薛文泰、刘柏森、吴寄尘、方椒伯、黄楚九、庄得之、朱志尧等这样的巨商大贾,也有还名不见经传的小商人。二是筹赈力度大,反映了上海作为全国经济中心,也是全国赈灾中心的特点。上海华洋义赈会一成立就确定筹募赈款 500 万元,而且仅仅在一次筹赈会上,仅仅与会人员就能垫款达 50 万元,仅南洋兄弟烟草公司一家企业就能捐赈 10 万元,这样的筹赈速度与力度在其他地区恐是难以想象的。三是筹款助赈形式多样。有商界名流专为赈济北省旱灾设立灾赈机关如华洋义赈会,通过垫款、劝募等形式筹款筹物的;有多个既有工商团体联合设立专门灾赈机

①　《各方面之筹赈声》,《申报》1920 年 9 月 27 日第 11 版。

②　《各方面之筹赈声·北方工赈协会》,《申报》1920 年 10 月 1 日第 10 版。

③　《各方面之筹赈声·面粉交易所》,《申报》1920 年 10 月 1 日第 11 版。

构筹赈的,如纱业、银钱业成立北方工赈协会;还有依托原有某一工商团体设立赈灾组织筹赈的,如上海各马路商界总联合会创设商界筹赈协会等;更有大量中小商号及商民节省日常开支捐资助赈的,如福建路多家马路商号等节省中秋习俗宴资助赈等。虽然有的商号节省的宴资仅仅几元、几十元,但真如当时报刊所评论的,"聚少集腋,积少成多,当亦可活哀鸿无算也"。① 正是因为上海商界如此筹募急赈,所以仅仅至 1920 年 12 月,在上海的华洋义赈会就已筹集赈款百万元,北方工赈协会 40 万元,广仁堂 30 万元,中华慈善团 10 万元,商界筹赈协会 20 万元,总数即达 200 余万元。②《大公报》不无赞叹地评论道:"就上海一隅而论,华洋义赈会已近百万,北方工赈协会四十万,广仁堂三十万,中华慈善团十万,商界筹赈协会二十万,即此数团,已募集二百余万,现仍继续进行,不遗余力。"③各类物品助赈无以计数,而商居其大半。如上海纱厂一业捐款就达数十万,该会北运的"急赈之品,厄于津浦之车"。④

三、上海商界的工赈:以北方工赈协会为中心

工赈尽管古亦有之,但直到民国时期,随着救灾思想的近代化,工赈才被普遍重视,并被诸多赈务专家誉为"最具科学原则及最适于应用之救灾办法"。⑤ 不少上海商界人士在筹募华北旱灾急赈过程中,认为赈灾"有急赈与工赈之别,为一时救急计,则以急赈为宜,若为增进社会生产力及铲除灾源并筹备地方永久福利计,则工赈当务之急"。而且从灾民情况看,任何一次灾荒所致的灾民,都可以分为三类,"一为老弱孤寡,二为强壮而有技艺者,三为强壮而无技艺者。其属于第一类者,既乏谋生能力,惟有施放衣食,救其生存。其

① 《各方面之筹赈声》,《申报》1920 年 9 月 21 日第 10 版。
② 上海市工商业联合会编:《上海总商会议事录》(1920 年 12 月 10 日),第 2 册,上海古籍出版社 2006 年版,第 1395 页。赈款主要来自商界,江苏全省商联会 12 月电文中曾有"上海义捐数达二百余万,他处亦逾百万元,何一非商民膏血"之说(《全省商会电请取消加征赈捐》,《申报》1920 年 12 月 14 日第 10 版),此说无疑略有夸张,但赈款主要出自商界应是无疑的。
③ 《沪商会反对加收赈捐》,《大公报》(天津)1920 年 12 月 13 日第 6 版。
④ 《请求取销加征赈捐之函电·纱厂联合会电》,《申报》1920 年 12 月 5 日第 10 版。
⑤ 《北京国际统一救灾总会报告书》,1922 年,第 29 页。

属于第二类者,宜各授以工业,使能自食其力。其属于第三类者,则以容纳于筑路、浚河、开垦等事为相宜,而各类之中,尤以此类灾民为最多数,若一律施以急赈,不特使经济消耗于无着,且易养成灾民之惰性"。① 急赈属治标之计,工赈为治本之策,急赈、工赈不可偏废。所以,上海商界在对灾民施以急赈之时,也致力于工赈,其中北方工赈协会致力尤勤。

如前所述,北方工赈协会主要由华商纱厂联合会、上海银钱业公会专为赈济华北旱灾而设。纱厂联合会张謇的灾赈思想中非常注重工赈,提出赈灾"因本及标,非以工代赈不可"。② 9 月 24 日,华商纱厂联合会、上海银行公会、上海钱业公会及铁业召开联席会议,宋汉章、吴寄尘、叶扶霄、徐静仁、史量才、钱新之、黄任之、沈信卿、郑培之、穆藕初、刘伯森、秦润卿、陈光甫、林康侯、倪远甫、薛文泰等出席,讨论直、豫、鲁等省灾况,商议救济办法。会议采纳张謇的意见,决定发起成立北方工赈协会,在银行公会设立事务所;会议议决筹集赈款,以八成办工赈,二成办急赈。会议通过的宣言指出:"客有归自直鲁豫诸省者,慨述各地旱灾惨状,同人等恻然心动,转联合纱厂、银行、钱业等公会,共筹救济。金以为此次灾情奇重,灾区广被百万方里,灾民多至数千万人,区区数团体之棉力,何异以杯水济车薪,用是权衡利害,冀得一当,与其抱普济之宏愿,而反不能实济一人,不如就一部分力所能尽者为之,或可使一二地方,得受其实益,此意当为明达者之所许也。近顷以来,我国各地,水旱之灾,几无岁无之,虽曰天灾,讵非人谋不臧之所致,不早图之于灾未实现之时,坐待其灾重而始济之,灾无已时,济无已时,弭灾之术不计,济灾之力将穷。苟非至愚,岂宜出此? 弭患之根本计划,无如以工代赈。惟当兹灾情急迫,势不得不标本兼治,因是屡经集议,决定以所筹赈款,八成办工赈,二成办急赈。工赈治本也,急赈治标也。同人等所见如此。如或各赈团赞同本会宗旨,愿加入本会,遇事提挈,互相维助者,皆所欢迎。若或别有嘉谟鸿猷,则本会愿与分工而事。"其初定办法规定:该会因北省灾情之重大与近年偏灾之迭见,为根本之救济,急赈以外,特重工赈,故名北方工赈协会;该会所有赈款以二成办急赈治标,八成

----

① 《北方工赈协会通电》,《大公报》(天津)1921 年 1 月 7 日第 3 版。

② 张謇:《致熊希龄、汪大燮函》(1920 年 9 月 14 日),李明勋、尤世玮主编:《张謇全集》3,上海辞书出版社 2012 年版,第 797 页。

办工赈治本;工赈从调查入手,其种类包括开河、凿井、建闸、浚陂、种树、筑路等。① 后来通过的正式章程规定:该会"以兴办工业、救济灾民为宗旨";凡与该会宗旨相符并赞助该会之进行者均得为会员;该会工赈包括安置灾民进行介绍职工,筹办各种制造、土木工、垦植造林事项,劝办各种工业及谋便利进行起见得代任设计、测绘调查、预算事项;该会经费由会员担任筹集,但不零星募捐。② 9月28日该会召开的第一次理事会,公推张謇、张督为名誉会长,徐静仁为总务理事,钱新之为会计理事,刘伯森为文牍理事,吴寄尘、方椒伯为审查理事,武棣森、盛筱珊为交际理事,王杏塘、田祈原为庶务理事。公推沈信卿、黄任之、史量才、秦润卿、宋汉章、王俊臣、穆藕初、荣宗敬、聂潞生、刘厚生、张则民为名誉理事。该会一成立即"由纱厂、银行、钱庄认捐巨数者,为数颇多,并由铁业公会向同业中募集六千元交入该会"。上海华兴面粉公司也捐入杂面100箱。③

北方工赈协会成立后,即根据章程着手推进筑路、浚河、招收灾民到上海等地工厂企业做工等工赈事宜。张謇在该会成立给熊希龄的电文中说:"拟筹百万元,择北省二三县实行工赈,其目分辟建闸、凿井、造林","更拟一移民办法,招壮丁千人南来,分作治河、筑路等工,运河局、南通工程处,各居其半",另找童男女二三百人,以为将来工厂之备。④

关于以工代赈的具体工程,北方工赈协会内部一时并没有达成共识,形成明确的集体决策。纱厂业穆藕初从一开就明确提出以工代赈修筑豫西至陕境内道路,并且切实从事筑路工程的调查、勘测等工作。

穆藕初是沪上新一代极具开拓创新意识的企业家。他壮年留学美国,1914年获塔克塞斯农工专修学校硕士学位后回国,仅仅几年内就创办了德大(1915)、厚生(1917)、豫丰(1919)三纱厂及中华劝工银行(1920)等实业,参与发起纱厂联合会并任该会下属植棉委员会委员长,成为颇具影响的实业人士。华北亢旱成灾后,他积极倡导并着力推进工赈,《申报》称"近来上海穆藕初氏

---

① 《各方面之筹赈声·北方工赈协会》,《申报》1920年9月26日10版。
② 《各界筹赈之办法》,《申报》1920年10月12日第6版。
③ 《各方面之筹赈声·北方工赈协会》,《申报》1920年10月1日第10版。
④ 张謇:《致熊希龄函》(1920年9月30日),《张謇全集》3,第805页。

倡以工代赈说最力"。① 关于工赈协会的具体事项他主张实施"路工"。

北方工赈协会甫一成立,穆藕初即于 10 月 2 日前往河南灾区调查灾情、勘测工赈事宜。10 月 5 日抵达郑州后,通过与豫丰纱厂同事、开封总商会会长杜秀升及吴佩孚等交谈,并阅《灾况调查表》《赈荒议案》后,初步形成以工代赈续修陕县至潼关大道的设想,并于 6 日电北方工赈协会。② 7 日,他又函致北方工赈协会徐静仁、宋汉章、秦润卿、史量才、黄任之、钱新之、陈光甫、刘伯森、荣宗敬、田祈原等,详细阐述了工赈筑路计划。他在函中说:山东德州南直隶及豫北彰德一带灾情之重,固为数十年所未见,沿陇海路经陕州至潼关一线,灾情也重。他指出:"豫西赈济,固以以工代赈为最善。现观音堂至陕州之路,已由陇海路即日开工,以工代赈,惟自陕州迄潼关,为通陇秦晋豫之大道,只以年久失修,行旅维艰,致于交通大受障碍。"因此,他提出以工代赈修筑此路,并阐述其有"八利"。他说:

自灾荒与兵事并乘,良民流为匪者日多,若能以工代赈而救济之,则盗风或可稍戢,而良民亦得安枕,其利一。现拟修筑之路,本属原有大道,计长一百八十里,依原路而修理之,可免旷日持久,从事测量之烦劳,亦可使灾民即获工赈之实益,其利二。此路既为陇秦晋豫往来大道,一旦修整完善,商民咸均称便,四省商务,当能日有起色,其利三。陇海东线,现将动工,如西路能修整通行,则陇秦晋豫之土货,可以直达海口,其利四。数年前,德大纱厂曾在陕西之同州、朝邑,河南之陕州等处购花,只以汇兑不通,旋即中止,苟此路一旦构通之,于银行、钱业之营业,定多拓展,其利五。陕花质美,甲于他省,此路修整后,陕花之运申较便,则其价定可较廉,实于纱业前途大有裨益,其利六。陕西受不良政治之结果,以致土产臃积,无可输运;甘肃素称富饶,亦因交通不便,致商业停滞。现潼关至西安一路平阳计二百九十里,长途汽车已有不日开车信息,则自西安至兰州,亦可互通声气,如陕州至潼关之大道修整完备,与之衔接,是陇秦晋豫四省商务定必日见发达,其利七。上海银行公会、钱业公会及华商纱厂联

---

① 《沪省通信·救济北方灾歉之计划》,《申报》1920 年 10 月 16 日第 7 版。
② 《郑州穆藕初来电》,《申报》1920 年 10 月 8 日第 5 版。

合会,发慈悲大愿,提倡以工代赈,今若修筑此路,便益商民,不但副三会提倡之苦心,并可使全国人民留一模范,作真正福国利民之举,其利八。

穆氏在电文最后说:修筑此路经费约需 20 万元,自己所经营的豫丰纱厂有 4 名曾参修洛潼铁路的工程师,可义务担任修路工作。"至调查灾况详情及筹拟修路方法,俟弟到潼关再行电告。尚请诸公先行集议,决定预备款项,以便早日兴工,而使此邦灾民,得即沾惠泽,如荷决定照准,即请电示穆郑州,俾得即行招募灾民,从事工作。"① 10 月 10 日穆藕初一路勘察至陕县后,又长函北方工赈协会徐静仁、宋汉章、秦润卿、吴寄尘、史量才、钱新之、陈光甫、刘柏森、荣宗敬、田祈原等,除续告沿途灾情外,对前述修筑陕州至潼关大道提出修改意见,即延长原线路,改从观音堂经陕州直达潼关。他说"原拟自陕州而至潼关,惟查观音堂至陕州之路,即使陇海即日开工修筑,而沿途灾民甚众,恐不能悉数容纳。陇海所筑之路,系属轨道,其间建桥梁、开山洞,种种大工程,计非三四年不克全路告竣,现待赈之灾民,既不能任听坐守以待毙,而将来陕州至潼关之大路工先毕事,如观音堂至陕州之轨道不能通行,是犹五脏病愈而喉疾为梗,出纳不灵,经络阻塞,斯仍无补于事。……是以弟现改变方针,拟自观音堂大路修通陕州而直达潼关,以期灾民得多容纳,而全路获早日畅行,实于工赈、交通两有裨益"。因路线加长,穆氏测算经费也由 20 万增至 30 万元,他希望工赈协会竭力筹款 30 万元,"集议许可,成此伟举"。② 工赈协会理事刘厚生在调查北方灾情报告书中提出,如欲办理工赈,修筑一有裨于工商业的道路较为可行,因为如在北方开浚,非大举不可,区区数万元无济于事。③

工赈协会两名誉会长张謇、张詧一直是工赈的积极倡导者,他们就工赈协会的工赈事项,都倾向"河工"。张詧认为水利不兴是灾荒之源,不弭致灾之源,终无停赈之岁,所以他倡议工赈协会兴修水利。④ 张謇则在华北大旱成灾后,即自行筹资,调拨河海工程学校有经验学生,前往北方调查,以便开展疏

① 《穆藕初自洛阳来函》,《申报》1920 年 10 月 12 日第 7 版。
② 《穆藕初自陕州来函》,《申报》1920 年 10 月 16 日第 11 版。
③ 《各方面之筹赈声·北方工赈协会》,《申报》1920 年 10 月 13 日第 11 版。
④ 《张詧启事》,《申报》1920 年 10 月 16 日第 11 版。

浚、开挖河道等工赈事宜。[①] 为使有限的经费用于确实可行且最为有益的工赈项目，工赈协会第7次理事会再次讨论，有人为“据调查所及，觉筑路之利，似不如修河之溥”。讨论后议决：因现工赈工程均在河南境内，事关河南利害，请由河南省议会及督军省长公决。工赈协会随即发出的致豫省省议会及督军省长电称，“敝会前经专员调查贵省工赈办法，据分别报告到会，豫北卫、淇、洹诸河流域沟渠，及豫西观潼大道，均有施工之必要。惟敝会现已筹集预备贵省工赈之款，约仅三十万元，势难兼营并进。事关贵省利害，应请就渠工、路工两项办法，详加讨论，决定其一”。同时，工赈协会就“豫之沟渠，直鲁之河工”等适宜的水利工赈提出了详尽调查报告。[②] 12月2日，河南督军省长回电说“无论渠工路工，同为救苦救难。……豫西灾匪交迫，水火益深，未免向隅，拟请从速先修豫西路工。……路工完竣以后，如有余款，或另筹的款，再办豫北渠工”。[③] 但工赈协会随后即以豫西观潼大道既已由河南省请公款修筑，决定专办河南水利，并电告河南督军省长“即当延请义绅来豫布署，尚希随时匡助”。[④]

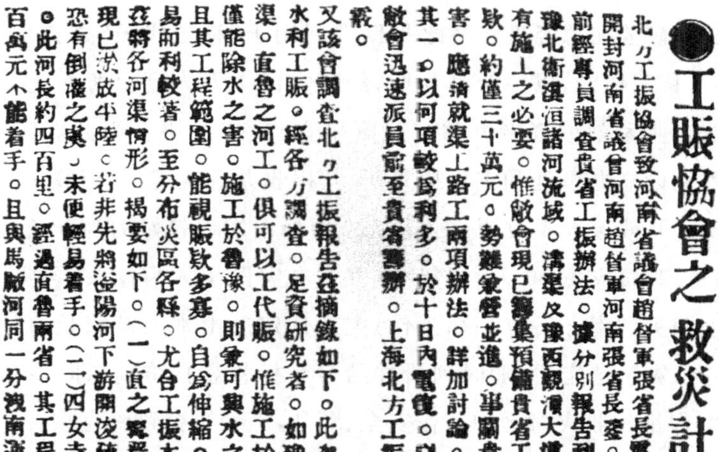
工賑協會之救災計畫
北方工振協會致河南省議會趙督軍張省長電云。開封河南省議會河南趙督軍河南張省長鑒。敝會前經專員調查貴省工振辦法。據分別報告到會。豫北衛淇洹諸河流域。溝渠及豫西觀潼大道。均有施工之必要。惟敝會現已籌集預備貴省工振之款。約僅三十萬元。勢難兼營並進。事關貴省利害。應請就渠工路工兩項辦法。詳加討論。決定其一。以何項較爲利多。於十日內電復。以便由敝會迅速派員前至貴省籌辦。上海北方工振協會霰。
又該會調查北方工振報告並摘錄如下。此次籌辦水利工賑。經各方調查。足資研究者。如豫之溝渠。直魯之河工。俱可以工代賑。惟施工於直。僅能除水之害。施工於魯豫。則兼可興水之利。且其工程範圍。能視賑款多寡。自爲伸縮。似事易而利較著。至分布災區各縣。尤合工振本旨。茲將各河渠情形。揭要如下。(一)直之冀晉泊。現已淤成平陸。若非先將滏陽河下游開浚疏暢。恐有倒灌之虞。未便輕易着手。(二)四女寺減河。此河長約四百里。經過直魯兩省。其工程約非百萬元不能着手。且與馬頰河同一分洩南運之異

图1-3　工赈协会救灾计划(《时报》1920年11月21日第3张5版)

① 《各方面之筹赈声》，《申报》1920年9月25日10版。

② 《各方面之筹赈声·北方工赈协会》，《申报》1920年11月21日第11版。

③ 《各方面之筹赈声·北方工赈协会消息》，《申报》1920年12月3日第11版。

④ 《北方工赈协会消息》，《申报》1920年12月9日第10版。

工赈协会说不能兼营豫西观潼大道而专事水利，但实际上，随后开展的工赈事项仍是河工、路工兼顾，不过以河工为主。该会在豫西洛阳、宜阳、洛宁、孟津、偃师、巩县、新安、渑池、伊阳、嵩县、临汝、郏县、宝丰诸县以工代赈治河渠 22 条，修建堤坝 4 项，修建石水闸 3 座，并修筑了一些沿河道路。如在巩县，工赈协会"派员分赴各区察勘赡济，巩民蒙惠数约六七千元，除筑城内外堤，余修沿河道路"。[①] 在新安县，工赈协会派施雄飞携款 1 万元，修龙头山、安集村、李家园、筱村各渠道。[②] 其中重建洛阳天津桥是一项重要的路桥工赈工程。唐时洛河上始建"天津"石桥，后被毁，仅存兀兀一孔。工赈协会采欧西建筑法，历时 10 个月，用银元 7 万余元，把它重建成钢筋混凝土大桥，桥长 206 米，宽 6.1 米，23 孔，中间 21 孔单跨 9.2 米，两边孔各 6 米，为中原地区第一座现代化大型桥梁。工赈协会会长张謇评此桥说，其"费亦云巨，工亦云致"。[③]

上海北方工赈协会的工赈还有"移工代赈"。所谓"移工代赈"就是组织招收灾民（主要是豫直两省灾童）进上海的棉纺、面粉、缫丝等工厂学艺，艺成之后仍回北方，分派当地各工厂工作。工赈协会第 6 次理事会议决拨专款 4 万元（系贾汪煤矿公司总经理袁述之捐助专门用于"移工代赈"之款），会同京津各团体合办移工代赈，以 6 个月为期，约移灾民 1 万人到上海学艺，并推该会理事、棉纺企业家刘伯森专办移工代赈事宜。[④] 工赈协会为此专门派人在天津、郑州等地设立办事处和灾童招集所，其招收办法规定：只招收 13—18 岁的灾童；有疾病及残废者不收；每 10 名灾童中择以知识较好的为什长，其余 9 人受其约束管理；每灾童 50 人，招年 30 岁左右灾民 1 人为棚头，各灾童均应听其管理，该棚头到南方后应一律工作；灾童选定后由本人及家长、保护人出具志愿书存查；灾童选定后，随时列册并给号名标签悬挂胸前，即入招集所静候启程。[⑤] 为保证招收灾童运沪工作安全、顺利，工赈协会致函直隶、河南两省省长、天津警察厅长，希望帮同招集，一体妥为保护。直隶省公署随即训令各县

---

① 民国《巩县志》卷二十，1929 年，转引郑州市地方志编纂委员会编：《郑州经济史料选编》，中州古籍出版社 1992 年版，第 452 页。

② 李庚白修，李希白纂：《新安县志》卷三，1939 年，第 35 页。

③ 张謇：《重建洛阳天津桥记》（1921 年 11 月 23 日），《张謇全集》6，第 512—513 页。

④ 《北方工赈协会消息》，《申报》1920 年 12 月 3 日第 11 版。

⑤ 《灾童招集所之设立》，《大公报》（天津）1920 年 11 月 17 日 第 6 版。

遵照保护,①天津警察厅也通令各警区署一体遵照。②

　　与筑路、架桥、治河类工赈需要调查设计、厚集赈款,因而进展需时不同,工赈协会招收灾童赴上海等地学艺一事启动早,进展快。至 11 月中旬,豫北已有数千人通过铁路从郑州运至汉口,再乘轮船至上海。直隶方面,也已有 2 批 400 余人从天津轮运赴沪。③ 因大批灾童至沪,一时难以全部落实进厂学艺,工赈协会充分利用《申报》等媒体刊发"启白",请需要灾童做工的厂商前去接洽收领,所以也有不少上海之外的厂商领用此项灾童。例如,1921 年 3 月 23 日《申报》就报道,苏州宝通纱厂赴沪选招了 82 名灾童进厂工作。④

　　工赈协会招灾童赴沪工厂习艺,把赈、养、教结合起来,拓展了工赈内涵,收到很好的实际效果。时人有评论说,"北方旱灾,沪上诸慈善家除筹办急赈外,更办工赈,拯救无衣无食之灾童,安顿于沪上,鼓吹各业工厂收充艺徒⋯⋯使无数儿童将来谋生有术"。⑤

　　上海商界赈济灾童当然不仅仅只有北方工赈协会,大昌烟公司也颇具成效。大昌烟公司是著名旅沪浙商黄楚九创办、经营的工商兼营商号,除了经营英美烟公司等厂商"天坛"等牌号香烟外,自产"婴孩牌"等香烟,畅销市场。北五省旱灾发生后,黄氏鉴于直豫鲁三省灾民衣食无着,论斤计值鬻其子女,决定出资设立收抚灾孩所,收抚灾区儿童,运注南方各埠孤贫苦儿等院留养,或入工场习艺,均由黄氏按月给予每名四五元之用费。⑥ 该公司 10 月 2 日召集的灾孩收抚会议推举席立功、史量才、汪汉溪、周金箴、狄楚青、陆伯鸿、吴寄尘、席子佩、陆维镛、沈田莘、倪远甫、刘厚生、庄得之、盛泽臣、朱葆三、傅筱庵、叶山涛等 40 人为议董,其中绝大多数为著名商人。会议还确定了上海及江浙地区相关慈善机构、企业行号收抚灾孩数量,即新普育堂收一二百名,闸北惠儿院收四五十名,联义善会收 100 名,栖流所收 30 名,镇江苦儿院收三四十

---

　　① 《省令保护灾童》,《大公报》(天津)1920 年 11 月 27 日第 9 板。

　　② 《收集灾童训令》,《大公报》(天津)1920 年 11 月 26 日第 9 版。

　　③ 《招集灾童习艺》,《大公报》(天津)1920 年 11 月 19 日第 9 版;《工赈会上省长函》,《大公报》(天津)1920 年 11 月 21 日第 9 版;《灾童运沪》,《大公报》(天津)1920 年 11 月 23 日第 9 版。

　　④ 《纱厂招收灾童》,《申报》1921 年 3 月 23 日第 7 版。

　　⑤ 《旅沪浙人来函请办工赈》,《申报》1921 年 10 月 3 日第 11 版。

　　⑥ 《各方面之筹赈声·大昌烟公司》,《申报》1920 年 9 月 28 日第 10 版。

名,无锡富安乡公所所办锡西苦儿院收 100 名,宝山县贫民习艺所收 13 岁以上灾孩 20 名,昆山育婴堂收三四十名,宜兴张渚普益艺徒学校收 12 岁以上孩童 10 名,戈登路森林藤器厂安插生徒 30 名,英美烟公司收 9 岁以上孩童 200 名,荣宗敬收 9 岁以上孩童 100 名,普益习艺所收 14 岁孩童 20 名,苏州通和坊雷宅代养六七岁孩童 20 名,贝勒路永庆坊俞瑞丰五金工场收学徒 10 人,祥大金木厂收十三四岁艺徒 4 名,闸北慈善团也允收灾孩。[①] 随后的收抚灾孩所议董会议议决收抚工作在直豫鲁三省统办,首先从郑州入手,天津等处继之。郑州方面,由施省三、吴引之、管趾卿等 6 人组织保婴队即日出发,收抚灾孩即电致上海大昌烟公司派人接收;天津方面由黄楚九亲赴天津,办理收抚。[②]

大昌烟公司收抚北省灾孩的工作很快见著成效,仅至 11 月初,第一批灾孩 59 名已安置新普育堂,第二批豫省灾孩 140 人已抵上海,第三批 126 人抵达汉口后已乘船赴沪。为教养灾孩,大昌烟公司得善士捐助,在公司专筑灾孩教养院,并于 1921 年 7 月落成,作为北地灾孩的教室、寝室。大昌烟公司收抚北省灾孩工作,受到当时舆论的好评,《申报》称"此项巨大之善举,实足令人钦仰"。[③]

四、上海商界的春赈:联合急募赈款大会

旱灾的特点是灾情显现慢、持续时间长。针对华北旱灾的大规模赈济主要始于 9 月,所以急赈未完,冬赈又至,急赈、冬赈未竣,春赈又临。进入 1921 年初春后,华北灾区民众又面临漫长的更为严峻的青黄不接生存危机,上海商界于农历春节一过,便筹划大规模的春赈。

为筹集春赈巨款,以上海华洋义赈会为主,上海绅商决定发起大规模的联合急募赈款运动。1921 年 2 月 19 日,张竟成、王绍裘、朱芑臣、余日章、孙仲英、陆伯鸿等召开上海联合急募赈款大会第一次筹备会议,商讨赈款募集、保管、散放等办法,会议推举总商会会长聂云台为理事长。[④] 2 月 24 日,上海联

① 《大昌烟公司收抚灾孩会议纪》,《申报》1920 年 10 月 3 日第 10 版。
② 《收抚灾孩所会议出发详情》,《申报》1920 年 10 月 6 日第 10 版。
③ 《各方面之筹赈声·大昌烟公司》,《申报》1920 年 9 月 28 日第 10 版。
④ 《联合急募赈款大会筹备会记》,《申报》1921 年 2 月 23 日第 10 版。

合急募赈款大会正式成立,公推朱葆三为名誉会长,许秋帆、公共租界工部局总董、法租界工部局总董为名誉副会长,总商会会长聂云台、法国总领事威尔特为会长,商特司(美最时洋行大班)为广告部主任,朱芑臣、徐乾麟为委员,宋汉章、史体脱(汇丰银行大班)为经济部主任,钱新之、席立功、朱志尧、傅筱庵、陈光甫等为委员,陆伯鸿为劝募部主任,各慈善团体代表,南北两商会会董均为该部委员,设立短期赈灾奖券部,以法国领事威尔特为部长,陆达权、陆伯鸿、孙仲英、徐乾麟为委员,并议决 3 月 11—19 日(后延长至 3 月底——引者注)为大募款日期,以华洋义赈会全部办事人员办理部务。[①] 上述中方职员中,除了许秋帆、陆达权外,均为上海商界要人。3 月 10 日联合急募赈款大会开幕前夕,上海商界总联合会会议议决各马路商界联合会全部加入上海联合急募赈款大会。[②]

3 月 11 日,上海联合急募赈款大会在公共租界南京路议事厅举行开幕大会,大会临时主席聂云台在开幕词中说,发起该会的目的是为北方 2000 万嗷嗷待哺灾民谋急赈,谨为 2000 万灾民请命,请乐善君子慨捐巨款。大会报告已筹得捐款达 72 万元! 其中大户主要是普善山庄、联义善会、中国济生会、仁济善堂、北省急赈会,共助洋 10 万元,又认募洋 10 万元,华洋义赈会捐 10 万元,法租界急赈劝募队助 10 万元,女界义赈会捐洋 10 万元,又认捐 20 万元,寓沪日本官商助华洋义赈会春赈 1 万元,又助中国济生会 9785.49 元,聂云台、余日章合募助洋 1 万元。[③] 可见,上海绅商对北五省旱灾赈济的热情,也反映了作为经济中心的上海在全国灾赈中的重要地位。《申报》"杂评"就说:"联合急募赈款大会一呼而集七十余万,沪人之急公好义、踊跃捐输亦可以概见矣!"对上海"商民于前此尽力者不计外,今日急募赈款一会,竟能负如此重担",表示由衷的敬叹。[④]

3 月 13 日,上海联合急募赈款大会组织盛大游行,包括华洋义赈会、联合

---

① 《联合急募赈款大会成立会记》,《申报》1921 年 2 月 25 日第 10 版;《联合急募赈款大会理事部成立再记》,《申报》1921 年 2 月 28 日第 10 版。

② 《福州路商界联合会开会记》,《申报》1921 年 3 月 11 日第 10 版。

③ 《联合急募赈款大会开幕会记,已募得七十二万余元》,《申报》1921 年 3 月 12 日第 10 版。

④ 讷:《联合急募赈款会》(杂评),《申报》1921 年 3 月 12 日第 11 版。

急赈会、商界总联合会、法租界商界联合会、五马路商界联合会、百老汇路商界联合会、浙江路商界联合会、西华德路商界联合会、仁济善堂、联义善会、普善山庄、工商友谊会、上海贫儿院、西书业同业公会、闸北救火会、宁波同乡会、福建同乡会、华侨联合会、中华书局、大昌公司等 50 余个团体 44 支队伍计 6000 余人参加游行。这次大游行实际上也是大募集运动,游行中"举定席立功、施善畦、宋汉章、陆伯鸿、王一亭、陈炳谦、徐乾麟、朱葆三、劳敬修等为公共租界劝募队长;各路劝募举王骏生、张竞成、朱子闻、张贤清、蔡春芳、周颂平、陈楣卿、沈宝禾、赵锦昌、张荣龄、严春霖等偕各路联合会代表宋诚彰,会同各路商界联合会机关,加派热心会员,分头劝募;……南市华界举朱子尧为主任,邀请南商会诸君及公教进行会全体会员,分队劝募;法租界另组劝募队,法总领事为主任,由陆伯鸿、胡方锦、朱孔嘉及公教进行会员等担认,分段劝募。女界由盛太太等,另组一队,分处劝募"。① 在大募集期间,各募捐队不辞劳苦深入街巷,挨厂挨店劝募。

这里摘引当时报道 2 则,以窥大募集运动中的一些劝募细节。

连日以来,劝募人员已以四人为一组,分任执旗、捧捐册、持笔砚、荷钱囊之事,出发劝募,其旗系白布所制,长方形,上书"上海联合急募赈款大会"字样,由执旗者前导,挨次向各商号、以极恳挚之词、和蔼之气,向募赈款,随人乐输,多寡不论,以故有助数角者,有数元者,亦有十余元数十元者。募赈人员,将款收受后,除将助者店号或姓氏与地址门牌详细登记簿册外,并予以白纸印就红色字之长形收据一张,令粘于门首,该收据亦系上海联合急募赈款大会具名云。②

昨日(十九)联合急赈会第一至第五募捐队,全体至南京路募捐,先至该路商界联合会,由该会职员余华龙、王才运、蒋梦芸招待,茗坐片刻,即出发分段捐募,并由联合会推举职员王才运、余华龙、王廉方、张秉森随队

---

① 《联合急募赈款会今日游行》,《申报》1921 年 3 月 13 日第 10 版;《急募赈款会大游行纪》,《申报》1921 年 3 月 14 日第 10 版。

② 《急募赈款之消息》,《申报》1921 年 3 月 17 日第 10 版。

协助劝募,自泥城桥至外滩止,直募至午后二时始竣。总计各队约募得七八百元,尚有南洋公司等数家,则认捐巨款,自行送会,不在数内。山东路商界联合会亦派职员会同该会募捐员分途劝募,各商号均极踊跃,计一段带狗桥,二段金隆街,三段麦家圈,四段交通路,五段望平街,六段二马路至大马路,七段北山东路、如意里等处,总计五百余元。①

急募赈款大会临近结束的 3 月 27 日,上海联合急募赈款大会通告各团体说:急募赈款即将于 3 月底结束,"届时务乞贵会开示募捐总数。如愿交由本会代放,应连同赈款一例送会,以便汇解灾区"。②

上海联合急募赈款大会预定目标是百万元,据北京急募赈款大会 3 月 24 日致南京分会电说,"上星期,上海募到款项达七十五万元,全国所募总数已达二百十万元以上"。③ 由此可知,至 3 月 21 日(星期天),上海联合急募赈款已达 75 万,是全国募款总额的 1/3 强。但据北京国际统一救灾总会报告书,本次全国急募赈款共计 213.3132 万余元,上海 34.7422 万元,在开列的国内外 88 个地区中,仅次于北京居第二位④,与上述报道所说募款数额有很大出入,是否有助赈单位、个人最终没有将捐款交联合急募赈款大会而自行汇赈灾区,暂不得而知。

汇交上海联合急募赈款大会的赈款,一般都交由上海华洋义赈会统筹放赈灾区。如至 5 月初,上海华洋义赈会散放了急赈大会首批赈款 8 万元,其中拨交天津华北华洋义赈会 40%,山东救灾公会 30%,河南灾区救济会 8%,陕西华洋义赈会 8%,保定、正定国际统一救灾会合计 8%,救济甘肃地震灾区 6%。⑤

---

①　《南京路山东路募捐情形》,《申报》1921 年 3 月 20 日第 11 版。

②　《急赈会催缴急募赈款》,《民国日报》(上海)1921 年 3 月 28 日第 10 版。

③　《南京快信·北京急募赈款大会致电南京分会》,《申报》1921 年 3 月 25 日第 7 版。

④　北京国际统一救灾总会:《北京国际统一救灾总会报告书》,第 39—42 页。

⑤　《华洋义赈会支配急募赈款》,《时报》1921 年 5 月 2 日第 9 版。

第二章　上海商界与1928—1930年
西北、华北灾荒救济

一、西北、华北大饥荒

　　1927年南京国民政府建立后,蒋介石经国民党二届四中全会、五中全会及一年多的"北伐"征战,终于实现了国民党内部及国民政府形式上的暂时统一。然而,国民党各大派系间新的争战随后又相继爆发,使战区深受兵灾涂炭;不仅如此,"大兵之后,必有凶年",一场罕见的天灾同时袭击了大半个中国。据1929年3月国民政府赈务处编印的《各省灾情概况》记载,当时被灾省份有:豫、陕、甘、晋、冀、察、绥、粤、桂、湘、鄂、鲁、皖、赣、浙、云、贵、川、闽、热、苏等21省1093县加4特别市,灾民不下7000万人,约占全国人口的六分之一,"诚数百年未有之浩劫也"。① 其中西北、华北因持续干旱为主而导致的大饥荒最为严重,大饥荒以陕西为中心,包括甘肃、河南、山西、河北、察哈尔(今属内蒙古、河北)、绥远(今属内蒙古)、热河(今分属河北、内蒙古、辽宁)等地区。这场巨灾呈现出区域广、多灾并发(以旱为主,旱、蝗、疫、雹、风、水并发)、持续时间长(从1928年至1930年)的特点。

　　当时报刊有大量关于西北、华北灾况的整体性报道。当旱灾进入1928年冬,华洋义赈会为开展切实赈济工作,分电各省分会及慈善团体将受灾情形详细查报。据12月中旬先期查复的绥远、察哈尔、豫东、豫北、陕北、晋东6大灾

---

① 国民政府赈务处:《各省灾情概况·序》,1929年3月,第1—2页。

44

区统计,灾民已达 879 万余人。[①] 另据国民政府晋冀察绥赈灾委员会 1929 年 1 月陈述,各相关省的灾情是:"晋省南部东自平顺西至稷山,北部东自灵邱西至偏关,中部东自平定西至临县,共七十三县;冀省则南自濮阳、清丰,北迄赤城、宣化,共四十余县,亘一千八百余里;察哈尔自丰镇、兴和以迄锡林郭勒,几遍全境;绥远则武川、固阳、萨拉齐、托克托等处,灾情尤重。咸自入春以来,亢旱千里,蝗蝻继起,禾稼尽枯,秋后复淫雨为灾,河水泛溢,田畴既没,庐舍成墟。军兴以后,群盗如毛,掠夺焚烧,迄无宁宇,加以地方穷困,民鲜盖藏,一遇荒年,粮价陡涨,富者每不得一饱,贫家则并日而食,粗糲告罄,继之以草根树皮。入冬而后,藜藿一空,风雪交并,生机既绝,强半自戕,有鬻妻女以博一饭者,价仅数元。"哀鸿遍野,死亡枕藉。统计 4 省 230 余县,灾民达 900 余万人,若不及时施放急赈,则冻馁死者将在 200 万人以上。[②]

至 1929 年春夏,西北、华北的饥荒更为严重。3 月下旬,国民政府卫生部长薛笃弼完成了对豫陕甘 3 省的最新灾情调查,3 省灾民已达 1630.77 万余人,"以陕西全省而言,则灾民之总数六二五二六四人,而受灾之区域,则有七十七县,较甚者则为澄城、白水、蒲城、富平、泾阳、郃阳、三原、高陵、庙邑等县。甘肃则二四四〇八四〇人,受回教徒叛乱者五十一县,旱灾及遭风雹者十三县,兰山、庆阳、甘陵等地,受灾尤甚。河南则为七六一一六六六人,受灾区域有一百十二县之多,南部及舞阳等地,灾况较甚"。[③]

该年七八月间,华洋义赈会对北方灾情又作了调查,虽然部分灾区获雨后已使灾情稍有缓解,但总体而言仍比初春时严重。据该调查,"患灾者为甘肃中部,西安北之陕境,绥远北境,山西、察哈尔北境,内蒙自陕西边界达海之黄河流域。区内灾民困苦日甚,甘肃中部四年无雨,麦区几成砂漠,安定县本有居民六万,今已减至三千,境内确有食人肉之事。据调查员报告,某县长欲惩罚食饿殍尸骸之人,而彼等对称,仅食犬所已食者"。总计灾民仍达 3500 万人左右。[④] 仅至 1929 年 8 月中旬,西北 4 省,因灾死亡已达 600 万人,病者 1400

---

① 《华北六大灾区灾情之调查》,《申报》1928 年 12 月 14 日第 9 版。

② 《晋冀察绥赈委会代电》,《申报》1929 年 1 月 11 日第 8 版。

③ 《薛笃弼口中之三省灾民》,《申报》1929 年 3 月 24 日第 22 版。

④ 《北方各省灾情调查》,《申报》1929 年 7 月 30 日第 7 版。

万人,流亡转徙者 400 万人。①

下面我们再根据当时报刊等史料,对西北、华北主要受灾省份灾况作简要概述,以便对本次大饥荒有更深入的认识。

陕西省是此次大旱荒的重灾区。从 1928 年 3 月至 1929 年底,陕西持续干旱,直到 1929 年、1930 年之交,才下了 6 场大雪,使旱荒稍趋缓和。在此期间,陕西旱情愈演愈烈,旱荒日益严重。1928 年入秋以后,报刊开始大量出现"陕西省荒旱为灾",灾情重大,"灾民载道"等报道。② 本就缺乏盖藏的灾民始而以草根树皮充饥,继则宰杀赖以为生的牛马驴暂以维命。1929 年 3 月,中国济生会的报告说:陕省灾情奇重,前已迭经通告,现时状况日益惨凄,灾民又增加 90 余万,现灾民总数计达 620 余万人,已超过全省人口半数以上,"向所赖以草根树皮维持生活者,今已完全食尽;向所赖以牛羊马驴聊资活口者,今已宰售无余",因饿自缢、服毒、投井等惨剧,惨不忍闻。③ 一个月以后,陕西灾民又进一步增至 650.53 万余人。④ 此后的夏秋两季,依然烈日当空,持续的干旱超过了人的抗旱极限,使旱荒骤然加剧。国民政府赈灾委员会曾要求陕西赈务会将所属各区受灾情形、施赈手续按照固定表式逐项详细填报。陕赈会报告说:陕西旱、虫、风、水、兵、雹、匪、疫多灾并发,受灾 91 县,灾民已达 695 万人。

查陕西此次灾荒,为亘古所未有,兵燹连年,复值大祲。两年亢旱,田野如焚,全陕尽沦为灾区,全民将悉成为饿殍,灾情惨痛,愈演愈烈,即或偶占雨泽,转瞬后干燥犹昔。去今两年,麦秋略有数县可望收获者,未届成熟,即全行焦枯,因之灾情日形扩大,灾民日见增加,甚至风雹虫疫兵燹各灾,时见报告,几乎无县不有灾况。……查陕西自十七年十月救灾委员会职会成立之日起,接继前赈灾委员会报告,旱灾者九十一县,此外又受虫灾者三县,风灾者三县,水灾者六县,兵灾者十九县,匪灾者四十县,雹灾者二十一县,瘟灾者五县,火灾者一县。以受灾轻重列为甲乙丙丁四

---

① 《西北灾民死亡调查》,《申报》1929 年 8 月 17 日第 9 版。
② 《申报》1928 年 9 月 29 日第 8 版,10 月 2 日第 9 版,10 月 14 日第 4 版。
③ 《陕灾奇重之电告》,《申报》1929 年 3 月 15 日第 14 版。
④ 《华洋义赈会昨得美国华侨赈款》,《申报》1929 年 4 月 23 日第 14 版

等,计甲等灾二十一县,乙等灾二十五县,丙等灾十九县,丁等灾二十六
县,极贫人数三百八十九万七千六百零四口,次贫人数三百零六万二千三
百九十五口。近且时有增加,日日续报。①

图 2-1　陕西富平县灾民逃荒

由于许多地区秋收仅及一二成(华阴、华县等地势稍低地区秋收有五成),
甚至颗粒无收。至 10 月西北灾况视察团实地视察,陕西全省 946.55 万余人
中,饿死灾民已达 210 余万人,面粉每袋(约 38 斤)市价超过 9 元,产棉区渭南
等地收成仅 2 成多,往年每元能买 7 斤新花,现已只能买 2 斤。陕灾虽已极
重,但仅一二成的秋收及无法播种冬麦的旱情,预示着来年春夏的饥荒将更严
重。灾况视察团的报告就说"本年陕灾虽重,死人虽多,而来年之灾,恐将愈
重,死人恐愈多。因本年全省统计,秋收尚有十成之二,目前全省冬麦之播种
者,不足十分之一,来夏无收,已成不可避免之事实,兼以死尸载道,掩埋无人,
来春瘟疫,其势必盛,是以明年春夏之陕灾,犹较本年之灾为可虑也"。②

1929 年年底后,陕西连降大雪,虽使旱情有所缓和,但伴雪而来的是极度
严寒,本已嗷嗷待哺、奄奄待毙、无以裹身的灾民,冻馁而死更甚。中国济生会

① 《陕赈会报告陕灾之惨状——风雹虫疫兵匪遍九十一县》,《申报》1929 年 8 月 31 日第 11 版。
② 《陕西灾情之重大》,《申报》1929 年 11 月 4 日第 9 版。

查赈员报告仅省城"每日冻毙之尸达百余具"。① 连续大雪,持续积雪严寒,使陕西大饥荒愈演愈烈。1930 年 2 月底,赈务委员会驻沪办事处接到陕西赈务会报告说:"陕西两月以来,连阴未开,积雪不融,飞鸟觅食不得,饿毙者随地皆有。"同时所接的旅平陕灾救济会的报告所说的灾情更为凄惨:"陕省最近灾况,惨痛异常,省垣饥民,蜂聚蚁屯,街衢食物,任意攫取。各县现在白昼家家闭户,路少人行,气象阴森,如逼墟墓。馒首每斤合钱十八千,骡谷二升合洋一元有余,青年妇女,向人哀求,只图一饱,便可得归,鸡猫之类,早已食尽,即雀鼠现亦绝迹。道上有饿毙者,甫行仆地,即被人碎割,血肉狼藉,目不忍睹,甚至刨墓掘尸,割裂煮食,厥状尤惨。刻下积雪尚三尺余,冷寒刺骨,无衣无食,灾民冻饿死者,每县每日约计五六百人。"②

甘肃僻处西北,土地贫瘠,交通阻隔,全省 3000 万亩耕地绝大部分是一年一熟的旱地,某些干旱地区一年才有一收。1920 年的大地震,还元气未复,1926—1927 年复遭受旱、水、雹、震之灾,1928 年又遭受严重旱灾,其灾情与陕西相似,当时文献说到西北旱荒时总是陕甘并提。

就具体灾情灾况而言,1927 年秋冬两季,雨雪愆期,1928 年春全省至少有四成田地未能下种。且因自春至秋未有透雨,已下的种子也多糜烂地中,即或出土,也多苗而不实,总计全省平均收成不足二成。③ 所以到 1928 年初冬,甘省饥荒已很严重,河州、甘州、平凉、陇东等地已十室九空,遍地土匪,甘州、平凉一带,榆柳树皮都为人吃尽。④ 1929 年又春雨不足,致二三十县麦类、豆类、青禾等夏田播种失时,部分地区有种子的农户,补种了玉米、麦子等秋田,但大多数地区农户秋田也未能下种,全省荒芜田地千万亩以上。⑤ 所以,饥馑日益严重,据 1929 年青黄不接时(5 月 15 日)甘肃灾民代表团报告:全省 78 县中,旱灾区占 65 县,匪灾区占 70 县,以临夏(原导河)、临洮(原狄道)、宁定、武威、永登(原平番)、定西、会宁、通渭、甘谷(原伏羌)、秦安、武山、古浪、隆德 13 县

① 《陕省灾情惨况》,《申报》1930 年 1 月 19 日第 14 版。
② 《陕西灾况愈演愈烈》,《申报》1930 年 3 月 1 日第 14 版。
③ 《甘肃灾民代表团之呈文(续)》,《申报》1929 年 6 月 26 日第 14 版。
④ 《豫陕甘赈灾会招待新闻界》,《申报》1928 年 11 月 21 日第 9 版。
⑤ 《甘肃灾民代表团之呈文(续)》,《申报》1929 年 6 月 26 日第 14 版。

为最重,岷县、临潭、静宁、礼县、宁县、正宁、合水、环县、海原、固原、靖远、庄浪、清水、洮河、榆中、东乐、张掖、夏河(原拉卜楞)、徽县、文县、成县、循化、贵德、渭源、陇西、漳县、乐都(原碾伯)27 县次之,天水、武都、红水、两当、西固、崇信、灵武、中卫、盐池、豫旺(原镇戎)、灵台、平凉、华亭、镇原、庆阳、金积、皋兰、西和、泾川、大通、酒泉、高台、西宁、化平 24 县又次之。灾民已经从 1928 年 11 月时的 350 万人增加到 500 万人以上。从 1928 年春至 1929 年 2 月,已有 20 多万人饿死或死于匪灾,而当时每天饿死人数已增至 3000 余人。到处是逃荒、流离的灾民,一到天晚,城镇"墙根詹[檐]下蛰伏一堆,竟夜呻吟,天明未死者,仍匍匐行乞",直至疲惫、冻饿而死。因"死者太多,往往无人掩埋,或掩埋太浅,仍被野犬掘食,断肢残腔,惨不忍睹,臭不可近"。灾民把麦衣、谷糠、荞皮、醋糟、油渣、野菜视为美食,有的因"误食有毒草子,全家中毒以死"。当这些"美食"吃尽以后,少数灾民就"恒以人肉充饥,初仅割食无名死尸,后虽家人父子之肉,亦能下咽,近则隐僻地方,往往捕食生人,儿童独自出门,最为危险。伏羌、通渭、武山等处,竟有宰食亲生儿者,静宁县水落城附近,曾击毙土匪二三十人,竟为本地灾民所食,且谓其肉较饿死者肥美"。①

　　然而天灾、匪灾交合的饥荒仍在发展。至 7 月间,甘肃正宁、会宁、安定、通渭、甘谷、巩昌、镇番、秦州之北以及邻近各县"遍地无青,亢旱已达极点"。全省"不异人间地狱,满目凄凉,毫无生气"。② 陕甘灾区"人肉为市,烹食婴孩,标卖妇女",时有所闻。③

　　地处中原的河南幅员辽阔,人口众多,山多水少,这次灾荒与陕甘也基本相似,有"陕灾之重,自古希[稀]有",豫灾"不亚于陕省"之说,④所以当时文献论及本次饥荒时,常以豫陕甘并提,许多赈济组织也以"豫陕甘"为名,如上海商界总联合会豫陕甘筹赈委员会等。如果要说略有不同,那就是这次西北、华北大饥荒多灾并发的特点,河南显现最为明显,兵匪之灾,河南尤重。

　　20 年代中后期,河南大部分地区连年兵匪为灾,耕种失时,收成大减。

----

①　《甘肃灾民代表团之呈文(续)》,《申报》1929 年 6 月 26 日第 14 版。

②　《甘肃惨灾之所闻》,《申报》1929 年 7 月 2 日第 14 版。

③　《红会昨开筹赈会议》,《申报》1929 年 7 月 5 日第 13 版。

④　《济生会所得河南最近灾情》,《申报》1930 年 3 月 16 日第 20 版。

1928年年初始又持续干旱,入秋以后,晚禾枯旱干死,出现大面积旱荒。1929年麦收仅一二成,秋收几无颗粒,使饥荒进一步恶化。其实至1928年12月,河南多灾并发的灾情已十分严重,《申报》曾根据各赈灾会的调查及各县官绅报告作过河南灾情的综合报道:

> 豫省连年受兵匪蝗雹水旱各灾,异常重大,累经各赈灾会调查,暨各县官绅报告,计灾重十分者十三县,灾重九分者十四县,灾重八分者五十六县,灾重七分者二十九县,以上灾区共一百一十二县,灾民约五六百万。就中南阳、镇平、方城、叶县、泌阳、内乡、临汝、舞阳、浙川、鲁山、宝丰、新野、襄城等县迭遭兵匪,每县被掳杀死者不下万余人,房屋被烧者无数。如叶县被匪焚毁房屋三万七千间,掳伤失踪者八千三百五十三人,是其例也。又加各县均夏秋不雨,禾苗枯槁,赤地千里,流亡载道,弃子抛女者日有所闻,伤心惨目,不堪言状。以上十三县,灾情最重,危急万分。又查信阳、商水、西华、氾水、桐柏、新安、密县、郏县、自由、唐县、南召、洛阳、灵宝、邓县,天旱数月,蝗蝻四起,秋禾啮尽,颗粒未收,加以兵匪焚烧掳掠,如信阳之光蛋会杀人无数,商水史匪攻陷城池,人民无一幸免者。其他各县,受匪蹂躏,虽轻重不等,但无一县不被匪扰。以上十四县,市井萧条,灾黎遍野。此外,巩县、郾城、新蔡、固始等五十六县,或被直鲁军抢掠而兼蝗旱者,如考城、汲县、杞县、兰封、商丘等处是也;或被土匪烧杀而兼蝗蝻者,如新郑、陈留、潢川、内乡、许昌、西平、睢县、临颍、固始、新蔡等县是也;或被匪害而兼水旱冰雹者,如卢氏被淹,永城被冰雹,伊阳被水,沈丘被狂风暴雨冰雹是也。又查淇县、博爱等二十七处,蝗蝻而兼旱者,如博爱、鄢陵、武安等县;匪乱而兼蝗蝻者,如浚县、内黄、辉县、滑县、扶沟、林县等县;水旱冰雹而兼蝗蝻者,如原武、夏邑等县。总之,豫省此次奇灾,兵匪旱蝗兼而有之者居半数,其余各县,非匪即旱,非旱即蝗,约而言之,无一县幸免,且无一镇幸免。[①]

从上可知,河南该年灾情之广之重。但次年,豫省灾情愈为奇重。自春至

---

① 《豫省灾情纪实》,《申报》1928年12月13日第11版。

夏亢旱不雨,旱、风、蝗仍然并作。入秋以后,黄河、沁水泛滥,沿河各县成灾,加以兵匪为灾,灾民增至 1000 余万。河南赈务处的报告概括全省各处灾情说:该年豫省灾情最重者为豫西 21 县及豫南南阳各属,"今春三月不雨,继之以风。现在冯军西去,秩序混乱。灵宝、阌乡、陕县各县当入陕要冲,大兵云集,肆意苛派,车辆牛马,尽行征发,垂毙灾民,拉作夫役。渑池、新安、洛阳、巩县、偃师、孟津、洛宁、宜阳各县,土匪如毛,大杆攻破县城,小杆焚掠村镇,人民求生无路,倒毙路傍,触目皆是"。"临汝、宝丰、鲁山、郏县、伊阳各县,素为土匪特产之区,近更盘踞城邑,作为巢窟,派人四出,科派金钱,树立旗帜,明目奇异。南阳、舞阳、内乡、镇平、桐柏、淅川、泌阳、唐河、叶县、邓县各处,昼则烽烟遍地,夜则火光烛天,杀声振[震]耳,难民如缊。近仍滴雨未降,飞蝗遍野,灾象日惨,死亡日多。转瞬秋冬气迫,一般无衣无食之灾民,势不至尽填沟壑不止。次则为豫北(惟)原武、阳武、封丘、延洴、新乡、获嘉、汲水、修武等处,地本卤碱,土质松懈,去岁半载未雨,十月中旬,晚麦始获播种,今春封姨肆虐,连月浃旬,高原根尽出土,低下又被沙压,升合未收,叫苦连天。安阳、武安、汲水、内黄、临漳、林县、浚县、汤阴、辉县、淇县等各处,普通[遍]为红枪会所扰,自残与被剿杀者,一万余人,以旱魃为虐,蝗蝻遍野,或冰雹成灾,或河伯作祟,灾虽不一,其为厉于民则一也。再则为豫东开(封)、归(德)、陈(留)、许(昌)、郑(县)各属,……十六七八三年,雨未粘足,煌复为灾。加之国军北伐,拓城、鹿邑、陈留、杞县、商丘、兰封、民权各县,地当冲要,迭为主客,炮火之下,救死不赡,遑顾耕耨,战罢归来,人各无家,流离之苦,断非想象所能得者。"总之,河南 112 县,无县无灾。①

正当"豫省灾情益惨,流亡日多",千万灾民嗷嗷待哺、在死亡线上凄惨挣扎之际,1930 年 5 月至 11 月,国民党蒋、冯、阎、李等之间爆发了中原大战,战区主要集中在河南、山东、河北、安徽等地,而河南境内陇海、平汉铁路沿线成为战争重地。河南受兵灾涂炭达二三十县,因战事死亡达 12 余万人口(兵士死亡不在内),受伤 1.95 余万人,逃亡 118.5 余万人,被军队拉夫达 129.77 余万人。战事一结束,中国济生会连续接河南赈务会、河南省政府乞赈报告,说

---

① 河南省赈务会:《河南各县灾情状况》"豫灾弁言",1929 年 8 月。

图 2-2 河南洛阳县灾民流亡乞食

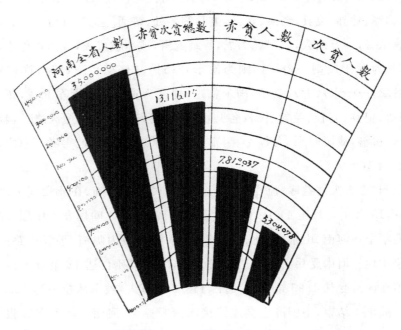

图 2-3 河南全省人口数与赤贫、次贫人口比较图

"此次军兴,大河南北,悉沦战区,丁壮避征发而逃亡,老弱迫饥寒而辗转,秋风日厉,冬寒渐来,战血甫干,劫灰未冷,数十县残壕废垒,何以复为田园,千余万饿殍孤寒,何以度其生命,哀啼动地,惨剧惊天",[1]"总计目前被灾最重之区,商丘、民权、宁陵、睢县、考城、兰封、鹿邑、柘城、杞县、太康、通许、扶沟、鄢陵、尉氏、陈留、洧川、开封、临颍、许昌、新乡、郑县,不下二十余县,死者草草掩埋,伤者呻吟遍野,庐星焚烧,粮食尽绝"。据河南省赈务会统计,河南全省 3500 万人,其中赤贫、次贫人数达 1311.61 万人。[2] 赈务会调查员"每至一处,乡民环跪泣求施放急赈",调查员感叹这次大战"人民受祸之烈,真属惨不忍言"。[3]

与陕西、河南隔河相邻的山西,1927 年冬始亢旱不雨,且旱情持续,又与兵、水、风、疫等多灾并发。至 1928 年秋,晋省雁北地区旱灾、兵灾并发,晋南地区旱灾、盗匪交作,晋中地区旱灾虽稍轻但鼠疫流行,均灾巨痛深。《申报》报道全晋灾况说,山西"悉索敝赋,努力北伐,国难既纾,民力实竭,兼以敌众我寡,战或失利,于是雁门以北各县,被蹂躏者数月,田亩尽荒,庐舍为墟,人民之死亡,以数十万计,财物之损失,以数千万计,死者暴尸,生者逃命,幸得胡气扫荡,地面肃清,归耕者以人代畜,播种些许,希图糊口,无奈天不厌乱,旱雹风霜相继摧残,以致屡种屡损,卒至收获全空。雁北天气寒冷,农业只有秋收一次,向所积储,已尽为强敌所搜掠,兹之播种,复全毁于昊天之疾威,哀此孑遗,将何持以度岁月,所以数月以来,饿毙者累累,全家服毒自尽者触目皆是,惨苦之状,罄竹难书,此雁北灾情之堪状也。晋南自数年以来,供给军饷车马夫役所出款项,为数甚巨,历时甚长,区区农田所产,本不足应需索,又复今年自春至秋,无一雨泽,河流大减,井泉亦枯,夏田歉收,秋禾全无,目下宿麦,又未下种,民众家家缺食,粮价日日飞涨,平价不敢,补助无方,以致盗贼滋起,路断人行,仰屋兴叹,无以为计,仍复供养大军,田赋杂税,催课紧急,故人人皆有必死之心,无生之气,悲惨情状,触目伤心,此晋南各县灾情之现状也。中部惟附近太原数县,旱灾较轻,奈近日大起鼠疫,传染甚速,为害甚厉,计由临县而兴县而岚县而汾阳,曾不数旬,传染殆遍,每一村落,死者辄数十人,大有不可防御之

---

① 《济生会筹赈豫省浩劫奇灾》,《申报》1930 年 10 月 28 日第 12 版。
② 河南省赈务会编辑:《豫灾纪实》,"灾况统计",1931 年。
③ 《豫省最近灾情》,《申报》1930 年 10 月 17 日第 14 版。

势,虽由各团体极力扑灭,但已成为巨灾,消弭殊属不易,此又中部各县至可惊心之灾情也"。①

至 1929 年,山西灾情更重,有报道说年初时"晋灾种类计有兵、旱、水、风、雨、疫六种,区域极重者七十余县,次十余县,灾民共六百余万"。② 至 6 月,连向来相对比较富庶的晋南 25 县,也是"灾情奇重,粮价飞涨,树皮草根,久已掘食净尽,最近人兽相食,死亡载道,直已入于不可收拾之境",灾民达 80 余万人。③

河北的干旱始于 1927 年夏,秋冬也少有雨雪。次年旱情更为严重,5 月下旬初夏时京津地区气温就达 38℃。由于未获透雨,"种植收获均无希望,赤地千里,惨不可言。旱灾之重,洵所仅见"。而于该年 4—6 月的二次北伐,西起山西太行,东迄山东德州,河北几乎全境为战祸涂炭,有时论谓"河北之灾情较山东为尤烈"。④1929 年,饥荒进一步发展,开春除冀鲁豫交界的东明等数县得雨外,绝大多数地区毛雨未下,天干地裂。其中河北南部为重灾区,尤其是大名。"被灾最重县分为大名、广平、成安、肥乡、威县、冀州等六县,被灾次重县分为沙河、广宗、巨鹿、任县、隆平、柏乡、新河、吴桥、阜城、东光、饶阳、安平、南和等十三县。此次致灾原因,不外乎旱魃蝗蝻以及兵匪搜括,间有受水患者,不过少数田地被淹。"其中"大名府有十万零二千四百三十一户,共计人丁五十六万八千七百九十四口,内一无所有、奄奄待毙者占三分之一;其略有盖藏者占三分之一,然亦不能持久,至多能度到阳历一月间;其余三分之一亦只可苟延自给"。⑤至 4 月,仅河北南部上述 13 县,灾民就达 200 万人。⑥

1929 年的传统汛期,河北喜降大雨,然而大雨虽一时缓解了旱情,却带来了巨大水患。河北平原斜布着北运河、永定河、大清河、子牙河、南运河 5 条河流,向东汇于海河注入渤海。7 月 18 日前后,河北暴雨如注,永定河在良乡、宛平交界处首次决口 20 余丈,东岸数十村庄被淹,平地水深一尺七寸,大清河也

---

① 《弥漫全晋之救荒声》,《申报》1928 年 11 月 12 日第 9 版。
② 《晋事纪要》,《申报》1929 年 1 月 24 日第 7 版。
③ 《晋南灾之调查,共二十五县,灾民八十余万人》,《申报》1929 年 6 月 23 日第 10 版。
④ 无畏庵主:《津沽归客话奇灾》,《申报》1928 年 6 月 27 日第 17 版。
⑤ 《华洋义赈会所得冀鲁况》,《申报》1929 年 1 月 24 日第 14 版。
⑥ 《冀鲁两省灾区之调查》,《申报》1929 年 4 月 1 日第 9 版。

决口,数十万人为灾。[①] 7 月 23 日又降大雨,永定河第二次决口 30 余丈。7 月 27、28、29 日的雨势更大,永定河北 2 段 35 号处又决口二三十丈,永定河水已涨至卢沟桥面。同时,大清河因永定河洪水灌入,水势日增,至 27 日决口计达 11 处,沿河新镇、霸县、容城、雄县、定兴、新域一带数百村庄被淹没。[②] 连日大雨,使河北境内渠流泛滥,除永定河、大清河外,还有多处河流决口,保定北唐河决口,使平汉线火车受阻;平东箭竿河决口 80 余丈,使宝坻、东安 2 县城被淹。高阳县潴龙河也多处决口。[③] 8 月 3—4 日及 6—7 日,河北又大雨不止,永定河在南 3 段等处又多处决口,大的决口达百余丈,多处决口后,永定河已稍变迁,北平西部、南部大片区域形同内海,被淹 200 余方里,数百村庄浸于水中,灾民仅永定河 1 处就达 59 万人,溺毙无算。而且永定河水进入北京,北京西郊水深也达 5 尺。[④]

图 2-4　王一亭为河北、山东等地旱灾作流民图乞赈

①　《永定河决口成灾》,《申报》1929 年 7 月 20 日第 8 版;《永定河决口之灾象》,《申报》1929 年 7 月 22 日第 8 版;《永定河灾民待赈》,《申报》1929 年 7 月 2 日第 8 版。

②　《永定河堤又溃二三十丈》,《申报》1929 年 7 月 28 日第 10 版。

③　《两日大雨后河北全境渠流泛滥》,《申报》1929 年 7 月 31 日第 7 版;《箭竿河决口八十丈》,《申报》1929 年 7 月 31 日第 7 版;《河北水患渐次扩大》,《申报》1929 年 7 月 31 日第 9 版。

④　《永定河续决百余丈》,《申报》1929 年 8 月 5 日第 8 版;《永定河水势渐退》,《申报》1929 年 8 月 6 日第 7 版;《永定河续决百余丈》,《申报》1929 年 8 月 8 日第 4 版。

绥远 1928 年全区亢旱，至 7 月就"户口逃亡过半"。[①] 据 12 月调查"全区十二县，仅五原及临河两县收成尚佳，然盗匪横行，焚毁粮食竟有一万担之多，致各县现均陷于饥馑状态。去年秋收尚佳，惟均被兵匪掠夺而去，本年收获则仅有三成，播种时期，因气候寒冷，夏秋两禾，均须于春季播种，又因兵匪横行，今春即粮价飞涨，去年每元可买白面九斤余，今则仅买四斤余，玉蜀黍原价每担九元五角，今增至二十元，高粱每担价洋五元，今涨至十五元，全区灾民共有八十四万人，而新加入之察哈尔五县，则有灾民四十万人"。[②] 各县具体灾民数是：归绥 122099 人，萨县 207906 人，和林 85455 人，包林 949175 人，托县 137574 人，武川 71423 人，东胜 19428 人，固阳 57208 人，五原 19428 人，清县 42000 人，临河 9862 人，大余太 9970 人，总计达 1731528 人，已占全区人口的 70%，但当时调查资料仍说"尚有遗漏之处颇多，已另行派员调查"。[③]

图 2-5　1929 年绥远灾民向赈务会索食

① 默：《北方问题》，《申报》1928 年 7 月 17 日第 7 版。
② 《华北六大灾区灾情调查》，《申报》1928 年 12 月 14 日第 9 版。
③ 《北平近闻》，《申报》1928 年 12 月 17 日第 8 版；《包绥灾况谈》，《申报》1928 年 12 月 23 日第 16 版。

察哈尔地连沙漠,常年少雨多风,民众生活本来就艰难。自 1925 年以后,察哈尔每年必旱,有灾必至。始初米珠薪桂,影响主要及于贫民,继则鬻子抛妻,祸兼殃于老弱妇孺。蒙古牧民所居区,因少雨干旱,水草枯萎,牛羊大多病死,而且绵延愈久,灾害愈深。1928 年干旱尤烈,"自春徂秋,滴雨未沾,南陌东阡,千里皆赤,其间有片段得苗之地,则雹灾虫害,前后迭兴""以致易子不觉其痛,析骸不见其惨,甚有生机绝而闭户以自焚,告贷穷而全家以自杀(者)"。① 根据官方、民间各方报告总计,1928 年冬,察哈尔灾民约 98 万人,② 至 1929 年 1 月,察省极贫灾民达 90 余万,次贫灾民 240 万,总数增至 330 余万人。③

由于篇幅所限,笔者没有涉及西北、华北饥荒区的全貌,像山东、热河也是多灾并发而至饥荒严重。就是上述所及各省,也没有引用更多史料,反映全貌。但仅以上所述,已足以让我们认识这次灾荒之广,饥荒之重!

二、上海商界的赈济:两个赈灾委员会驻沪办事处的筹赈

鉴于西北、华北灾情日重,受灾省区政府、绅商乞赈孔亟,南京国民政府在基本完成所谓"二次北伐"后,于 1928 年 11 月 13 日成立了豫陕甘赈灾委员会,由国民政府各部(院)长冯玉祥、胡汉民、戴传贤、王宠惠、王正延、孔祥熙、薛笃弼,以及许世英、刘治洲、孙科、李济深、熊希龄、马福祥、王震、穆湘玥、王瑚、朱庆澜、虞和德、冯少山、胡文虎、李双辉、李云书、程源铨为委员,冯玉祥任主席,许世英、刘治洲为常务委员。这是一个官方主持、官绅商合作的灾赈机构,委员包括了王一亭、虞洽卿、冯少山、穆藕初、李云书等上海商界要人,以及胡文虎、李双辉等东南亚侨商。④

豫陕甘赈委会鉴于上海在既往历次灾赈中的重要作用,议决在上海设立总办事处,并于 1929 年 1 月 8 日在王一亭任总董的仁济善堂成立,以王一亭

---

① 《察赈会代表为灾民呼吁》,《申报》1929 年 2 月 1 日第 10 版。
② 《华北六大灾区灾情之调查》,《申报》1928 年 12 月 14 日第 9 版。
③ 《察赈会代表为灾民呼吁》,《申报》1929 年 2 月 1 日第 10 版。
④ 《通电本会成立乞援助由》,《豫陕甘赈灾委员会征信录》(1929 年铅印本),载殷梦霞等主编《民国赈灾史料续编》,第 13 册,国家图书馆出版社 2009 年版,第 11—12 页。

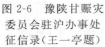

图 2-6　豫陕甘赈灾
委员会驻沪办事处
征信录（王一亭题）

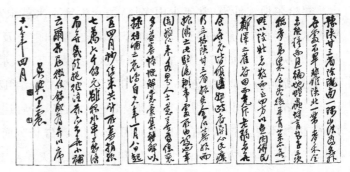

图 2-7　豫陕甘赈灾委员会驻沪办事处征信录·王一亭序

为主任，黄涵之、陆伯鸿为副主任，以仁济善堂为办公处所。① 该办事处是豫陕甘赈委会设于上海的筹赈中心，虽带有官方色彩，但实际上完全由商人主持，是联络上海商界赈灾的桥梁。办事处主任王一亭既是国民政府赈务处常务委员，又是原上海总商会协理、商界领袖、慈善界支柱，与上海商界、慈善界联系广泛，关系密切。副主任陆伯鸿也是沪上名商、上海新普育堂创办人、著名慈善家。副主任黄涵之也是慈善界领袖人物，此前经历主要在政界，曾任瓯海道尹、会稽道尹、上海市公益局长等职，但当时《申报》将其与冯少山、王一亭、陆伯鸿、林康侯、荣宗敬、邬志豪、王晓籁并称为"沪商"。②

豫陕甘赈委会成立 20 余天后，晋冀察绥四省政府因四省灾情重大，联合呈请国民政府援豫陕甘之例，组织晋冀察绥赈灾委员会，专司赈济四省饥荒，并提出了委员建议名单。③ 国民政府于 12 月 14 日指令成立晋冀察绥赈灾委员会，27 日该会召开成立大会正式成立，其委员构成方式与豫陕甘赈灾委基本相同，阎锡山任该会主席，上海商界王一亭、冯少山、林康侯、赵晋卿为委员，朱吟江、邬志豪、王晓籁、李云书、翁寅初、张兰坪、虞洽卿、宋汉章、贝淞生、秦润卿、田祈原、陆伯鸿、李玉阶及黄涵之等为该赈委会会员。④ 该会成立后，也仿

---

① 《豫陕甘赈灾委员会驻沪办事处通告第一号》，《申报》1929 年 1 月 16 日第 6 版。

② 《西北再请沪商筹款赈灾》，《申报》1929 年 2 月 26 日第 14 版。

③ 《晋冀察绥四省请设赈委会》，《申报》1928 年 12 月 5 日第 9 版。

④ 《函聘赵晋卿等十四人为本会会员由》，晋冀察绥赈灾委员会编《晋冀察绥赈灾委员会报告书》"函"，1929 年，第 15—16 页。

豫陕甘赈委会,于 1 月 20 日在上海设立总办事处,办事处主持人员也完全相同,即王一亭任主任,黄涵之、陆伯鸿为副主任,而且也以仁济善堂为办公处所。① 仁济善堂——这一从 19 世纪末创办以后一直在商界领袖施子英、朱葆三、王一亭主持下的沪上最著名善堂,成了筹赈西北、华北大饥荒的大本营。同时,成立驻沪办事处募款委员会,赵晋卿、朱吟江、邬志豪、王晓籁、李云书、翁寅初、张兰坪、虞洽卿、宋汉章、贝淞生、秦润卿、田祈原、陆伯鸿、黄涵之被聘为委员。②

两个赈灾会驻沪办的职责是"综理劝募事宜并联络沪上各界赞助一切"。两办事处成立后,便积极进行筹赈工作,其工作重点是筹募赈款赈物。为此,两办事处采取了多方面措施。

一是广而告之两办事处成立,并以办事处名义广为宣传西北、华北的严峻灾情,吁请各界施以援手,救济灾民。豫陕甘赈灾会驻沪办成立后,从 1 月 16 日起连续在《申报》刊登通告,陈述豫陕甘三省严重灾情,报告该办事处已于 1 月 8 日假仁济善堂开始办公,深望各界慈善为怀惠赐赈款赈品,以救灾民。③ 晋冀察绥赈委会驻沪办也从 1 月 27 起连续多日刊登通告说:"山西、河北、察哈尔、绥远四省,水土瘠薄,灾歉时闻。本年又遭巨灾,几遍全区。山西自平陆以迄天镇,南北凡千二百里;河北自濮阳以迄赤城,南北凡千三百里;察哈尔、绥远两省毗连,东自多伦,西抵五原,几二千里。多因久旱不堪耕作,或以水潦淹没田畴,加以蝗食春苗,雹伤秋稼,以至人民荡析,庐舍成墟,仕女仳离,死亡枕藉,始则每日一餐,继则并日而食,杂以糠秕。现届严冬,饥寒交迫,析骸易子,残喘苟延,其有生机断绝,举室自戕者,转徙流离,惨不忍睹。"现晋冀察绥赈灾委员会驻沪办事处已于本月 20 日假仁济善堂成立,望各界人士慈善为怀,慨解仁囊,惠赐赈款赈品送交本办事处,以便转解散放。④

二是向工商、慈善团体及工厂企业行号等发放捐册,这是两驻沪办事处的重要筹募方式。豫陕甘和晋冀察绥两赈委会的捐册主要是通过驻沪办事处发

---

① 《晋冀察绥赈灾委员会驻沪办事处通告》,《申报》1929 年 1 月 27 日第 2 版;《请王一亭等为本会驻沪办事处正副主任由》,晋冀察绥赈灾委员会编《晋冀察绥赈灾委员会报告书》"函",1929 年,第 13 页。

② 《函聘赵会员晋卿等十二人为本会驻沪办事处募款委员由》,晋冀察绥赈灾委员会编《晋冀察绥赈灾委员会报告书》"函",1929 年,第 17—18 页。

③ 《豫陕甘赈灾委员会驻沪办事处通告第一号》,《申报》1929 年 1 月 16 日第 6 版。

④ 《晋冀察绥赈灾委员会驻沪办事处通告》,《申报》1929 年 1 月 27 日第 2 版。

放于上海的。如晋冀察绥赈委会总计印刷捐册 5000 册,其驻沪办事处就发放了 3100 册,占 62%;总计收回捐册 4421 册,其中驻沪办事处就收回了 2809 册,占 63.5%。① 在向重要工商团体、工厂企业、重要人士分发捐册时,驻沪办事处往往同时附上乞赈函。如晋冀察绥驻沪办给上海总商会送捐册时附函说:"山西、河北、察哈尔、绥远四省水土瘠薄,灾歉时闻,本年又遭巨祲,几遍全区……。现届严冬,饥寒交迫,析骸易子,残喘苟延,甚有生机断绝,举室自戕者,转徙流离,惨不忍睹。一亭等承晋冀察绥赈灾委员会之命,驻沪筹赈,自惭绵薄,力弗克胜,尚祈各界襄助。兹送上捐册一本,请贵会广为劝募。"②

三是通过组织慈善义演、慈善体育等活动募赈。豫陕甘赈灾会驻沪办一成立,办事处主任王一亭就与王晓籁等召集上海各剧团后台主任会议,商议演剧筹赈事宜。王一亭在发言中提请各剧团尽力襄助义举,于每月抽出一天演唱义务戏,以所收票价悉数捐为赈款,得到各剧团后台主任赞同。办事处还拟通过上海大世界等各游艺场,及中华体育协进会举办慈善足球赛等,设法筹赈。③ 随后办事处又邀各界会议,具体落实义演时间等问题,并议决由总商会会长、体育协会会长冯少山具体落实慈善比赛,王晓籁担任筹赈游艺大会筹备工作。④ 12 月 30 日至次年 1 月 2 日,由虞洽卿、王一亭、冯少山、黄金荣、张啸林、杜月笙、王晓籁、李云书、黄涵之等发起的豫陕甘晋冀察绥等 13 省赈灾义演在法租界共舞台举行,梅兰芳、盖叫天、李万春、谭富英、谭小培、王凤卿、金少山等参加义演。办事处在刊登义演助赈广告的同时,刊登 13 省灾情及乞赈广告。⑤ 义演共收赈款 1576 元,通过驻沪办事处解交晋冀察绥赈灾会。⑥

四是通过联合上海各马路商界总联合会(简称商总联会)豫陕甘筹赈委员会等团体发起提成助赈筹集赈款。上海商总联会是由上海各马路商界联合会组成,是上海拥有工厂企业商号最多的工商团体,这次西北灾荒发生后,积极

① 晋冀察绥赈灾委员会编:《晋冀察绥赈灾委员会报告书》"表",1929 年,第 31 页。
② 《王一亭等为晋冀察绥乞赈》,《申报》1929 年 2 月 26 日第 14 版。
③ 《豫陕甘赈灾会驻沪办事处成立》,《申报》1929 年 1 月 7 日第 14 版。
④ 《三省赈灾委员筹款方法》,《申报》1929 年 1 月 17 日第 14 版。
⑤ 《豫陕甘等十三省赈灾会特请名家表演国术京剧筹赈启事》,《申报》1929 年 1 月 30 日第 28 版。
⑥ 晋冀察绥赈灾委员会编:《晋冀察绥赈灾委员会报告书》"表",1929 年,第 41 页。

开展筹赈工作(下文将详述),其筹集赈款的重要途径之一是发动所属会员营业提成助赈。两驻沪办函请上海总商会转请所属公司行号提成助赈,并与总商会、沪南商会、闸北商会、商民协会、各路商界总联合会豫陕甘筹赈委员会联合发起组织营业助赈,要求上海各公司商号于 1929 年 3 月 5 日至 11 日 7 天营业额中,提成 5% 作为赈款。[①]

　　两赈灾会驻沪办筹募赈款活动取得显著成效。在办事处存续的 3 个月左右时间里,[②]豫陕甘赈灾会驻沪办事处直接经募赈款 7.65 万余元,棉衣裤 1737 套,饼干 488 箱又 76 听,书画条屏 46 件。[③]晋冀察绥赈灾会驻沪办共经募赈款 3.073 万余元,占晋冀察绥赈灾会募集赈款总额 5.155 万元的 59.61%;另经募饼干 339 箱,此即为该赈灾会募到的全部赈物。[④]晋冀察绥赈灾会总部设于北平,在平、津、沪 3 地设有办事处,所赈济的是华北、西北地区灾荒,平津及晋冀察绥 4 省会的各类团体和绅商个人,对赈灾自然应更为关切。但实际上,如上所述,该赈灾会募集赈款的近 60% 及全部赈物都来自该会驻沪办事处,这自然是因为上海工商业发达、工商巨富荟萃之故,这也说明上海商界在灾荒赈济中的重要作用。

　　两赈灾委驻沪办经募的赈灾款物,都依据实际灾情和各赈灾机关的协商安排拨交各受灾省份的赈务会办理急赈或工赈。例如,豫陕甘赈委会驻沪办经募的 7 万余赈款中,拨陕西省赈务会 4.284 万元,拨甘肃省赈务会 2.71 万余元,拨河南省赈务会 1549 元,另支豫陕甘赈委会 2193 元,其他包括零星广告费、印刷费、办理结束费等杂费。[⑤]晋冀察绥赈委会驻沪办经募的 3 万余赈款中,拨山西省赈务会 2.1675 万元,拨河北省赈务会 8126.5 元,拨察哈尔省

---

　　① 《五团体筹赈三省灾民办法》,《申报》1929 年 2 月 27 日第 14 版;《上海特别市总商会 上海特别市沪南商会 上海特别市闸北商会 上海特别市商民协会 上海各路商界总联合会豫陕甘筹赈委员会 豫陕甘晋冀察绥赈灾委员会驻沪办事处乞赈公告》,《申报》1929 年 3 月 4 日第 2 版。

　　② 1929 年 3 月 15 日,国民政府成立赈灾委员会,裁撤原赈务处、赈款委员会、豫陕甘和晋冀察绥赈灾委员会等办赈机构。4 月 15 日,成立新的国民政府赈灾委员会驻沪办事处。

　　③ 豫陕甘赈灾委员会驻沪办事处编:《豫陕甘赈灾委员会驻沪办事处征信录》,1929 年 4 月,第 79—80 页。

　　④ 《晋冀察绥赈灾委员会赈款赈品收支表》,见晋冀察绥赈灾委员会编《晋冀察绥赈灾委员会报告书》,1929 年。

　　⑤ 《豫陕甘赈灾委员会驻沪办事处征信录》,1929 年 4 月,第 81 页。

赈务会 8056.2 元，拨绥远省赈务会 8126.5 元，拨旅京山西旱灾救济会 5000 元。①

两赈委会驻沪办事处还充分利用上海物资丰富、交通便利、通讯发达的优势，代理采办或协助受灾省份赈务会采办赈灾物品，并协调运输。1929 年 1 月，陕西省赈务会推派孙维栋到上海采办赈粮以便办理急赈，向上海福新面粉厂购买面粉 5 万袋，需款 10 余万元，豫陕甘赈委会驻沪办主任王一亭等为之凑垫 3 万元（孙维栋另从豫陕甘赈委会领赈款 8.6 万元，从上海华洋义赈会领 1 万元）。在驻沪办的协助下，孙维栋顺利完成 5 万袋面粉的采办，从 2 月起陆续转运往陕西散放。②

南京国民政府初期，曾先后设立赈务处、赈款委员会及豫陕甘、晋冀察绥、河北山东、两粤赈灾委员会等诸多赈灾机构。1929 年 3 月 4 日，国民政府"以各会林立，恐对外募款及施赈方针不能一致，令将各赈务机关一律合并，组织成立国民政府赈灾委员会，以一事权"。该会于 3 月 15 日正式成立，以许世英、唐绍仪、熊希龄、王震、唐骆严、庄治洲、刘纪文、刘之龙为常务委员，许世英为主席。③ 在 3 月 15 日赈灾委员会成立大会上，各委员以"事实上之需要"，议决在上海设立国民政府赈灾委员会驻沪办事处，并推王一亭为主任，"驻沪主持一切"④。4 月 15 日，国民政府赈灾委员会驻沪办事处在仁济善堂组织成立并开始办公，仍以王一亭为主任，黄涵之、陆伯鸿为副主任，所有赈灾委员会应在上海筹办的一切事务即日起均移交该办事处办理，所有原豫陕甘、晋冀察绥赈灾会驻沪办事处所办理赈务即日起归并该办事处接续办理。⑤

虽然国府赈灾委员会驻沪办事处的事权已扩大至全国，但其主要由上海商界主持、是联络上海商界与赈灾委员会合作进行赈灾的办事机构的性质并

① 《晋冀察绥赈灾委员会赈款赈品收支表》，见晋冀察绥赈灾委员会编《晋冀察绥赈灾委员会报告书》，1929 年。

② 《豫陕甘赈灾会购运赈粮》，《申报》1929 年 2 月 4 日 13 版；《请赈购粮到陕散放》，《申报》1929 年 2 月 20 日第 9 版。

③ 《国府任命许世英等九十二人为赈灾委员会委员》，《申报》1929 年 3 月 5 日；《赈灾委员会报告》"绪言"，殷梦霞等主编《民国灾赈史料续编》，第 1 册，国家图书馆出版社 2009 年版，第 303 页。

④ 《赈灾委员会报告》，见殷梦霞等主编《民国灾赈史料续编》，第 1 册，第 277—278 页。

⑤ 《国民政府赈灾委员会驻沪办事处启事》，《申报》1929 年 4 月 17 日第 3 版；《豫陕甘晋冀察绥赈灾委员会驻沪办事处启事》，《申报》1929 年 5 月 11 日第 2 版。

没有改变。从收录于《赈灾委员会报告》的仅有 2 次驻沪办事处会议记录看，西北、华北饥荒赈济依然是该办事处的工作重点。该办事处这两次会议讨论、议决的事务共计 14 项，其中有 12 项是关于西北、华北赈务的。[①]

国府赈灾会驻沪办事处办理西北、华北赈务，从大的方面而言，主要是以下两方面工作。

一是通过各种方法筹募赈款。国府赈灾会驻沪办事处通过上海《申报》《新闻报》等有影响报刊宣传西北、华北灾情，吁请各界善士慨拨仁慈，源源输助。当时《申报》报道"赈务会驻沪办事处自劝募两省（指豫陕——引者）急赈后，各方热心男女捐金施助者，甚为踊跃。……工商各界，节衣缩食，送来捐款，亦属不少，而远道汇寄捐款来沪者，亦几每日均有"。[②] 为筹办包括西北、华北在内的各省灾民冬赈春赈，驻沪办主任王一亭与赈灾会主席许世英连续上书蒋介石、行政院，请续发赈灾公债 1000 万元（后财部以基金无着未发）。[③] 当王氏获悉"美参院有提议拨款二千五百万元购办赈粮运华救灾"报道时，他又即上书蒋介石陈述春赈紧要，希望政府予以赞成，迅提会议，早成事实。驻沪办还积极与上海华洋义赈会、中国济生会及红十字会协商，出席其会议，报告豫陕两省灾重赈急，请求集款施赈，华洋义赈会遂议决拨款 12 万元用于豫赈，济生会也拟募款往豫放赈。[④]

驻沪办事处还充分利用上海金融中心的便利，为相关省区所领公债变售或押借款项，以及时放赈。如豫陕甘各省分配的赈灾公债，大都由各省赈务会委托赈委会驻沪办事处主任王一亭在沪上代为变售，然后由各省驻沪代表具领，汇各省赈务会。如河南所领的公债由王一亭全部变售后得款 49.587 万元，由河南赈务会驻沪代表李环瀛汇豫施放。[⑤] 赈务委员会奉令成立的战地赈务委员会向中央银行领到的 20 万元编遣库券（充赈款），也由驻沪办事处向中

---

① 《赈灾委员会报告》(1930 年 2 月)，见殷梦霞等主编《民国灾赈史料续编》，第 1 册，第 301—303 页。

② 《赈务会劝募陕豫急赈》，《申报》1930 年 7 月 25 日第 10 版。

③ 《许世英王震再电蒋主席为灾民请命电》，《申报》1929 年 10 月 5 日。

④ 《王一亭为灾民请命》，《申报》1930 年 3 月 16 日第 20 版。

⑤ 《国府赈委会驻沪办事处要闻》，《申报》1929 年 10 月 1 日第 14 版。

国银行、交通银行及四行储蓄会办理押款 10 万元，办理河南战地赈务。①

二是向受灾各省拨付赈款赈物，并联络、协调赈灾物品采办运输等事务。如前所述，赈务委员会驻沪办为各省变售的公债款，一般由各省赈务会驻沪代表汇各相关省施放。赈务会驻沪办筹募的赈款，根据灾情及相关省请赈需要，或委托相关省赈务会驻沪代表具领转汇，如 1929 年 10 月，南京赈务会电嘱驻沪办事处拨甘肃赈洋 1 万元，王一亭即"在经募赈款内，如数拨交甘省赈务会驻沪代表牛载坤具领，转汇甘肃，备放冬赈"。② 或由赈务会办赈人员直接携往，如 1930 年 2 月，王一亭以 20 万编遣库券向银行抵押的 10 万元赈款，就直接交赈务会战地赈务委员会代表李环瀛（也是河南赈务会驻沪代表）携往河南战争灾区散放。③ 或由驻沪办事处直接汇往灾区，如 1929 年 12 月冬寒时节，河北、河南、东三省、绥远流亡北平的灾民众多，驻沪办事处直接通过中国银行汇北平 5000 元。④

赈委会驻沪办事处筹募的赈物，也大多通过各受灾省赈务会驻沪代表拨运灾区。1929 年 10 月上旬，驻沪办事处将指赈甘肃的 2300 件寒衣交甘肃赈务会驻沪代表牛载坤打包发运。⑤ 其他赈灾机关筹募的赈物也有不少委托驻沪办事处运往灾区。1930 年中原大战期间，中国济生会紧急筹集济生丹、济生水各 4000 瓶，委托驻沪办事处派员转运山东曲阜，施济灾区。⑥ 因华北、西北战事频繁，运输常被阻滞，联络、协调有关各方疏通赈粮赈品运输也成为赈委会驻沪办事处的重要工作。1929 年 10 月，上海慈善团体惠生社指捐河南的 2000 袋麦皮粉由蚌埠运徐州后，被阻而滞堆车站达月余，河南赈务会驻沪代表李环瀛请求办事处疏通，办事处立即电请铁道部转电徐州站拨车装运，得以运输到豫，接济灾民。⑦ 赈务会驻沪办事处还常出面与各级征税机关协商免征赈

① 《豫局平静 战地赈务会即将出发》，《申报》1930 年 1 月 15 日第 14 版；《赈灾库券抵押现款》，《申报》1929 年 12 月 5 日第 14 版。

② 《赈务会赈务要闻》，《申报》1929 年 10 月 9 日第 16 版。

③ 《战地赈务克期出发》，《申报》1930 年 2 月 6 日第 14 版。

④ 《赈委会拨助北平赈款》，《申报》1929 年 12 月 18 日第 14 版。

⑤ 《赈务会赈务要闻》，《申报》1929 年 10 月 9 日第 16 版。

⑥ 《济生会施赈曲阜灾区》，《申报》1930 年 8 月 31 日第 20 版。

⑦ 《赈务会赈务要闻》，《申报》1929 年 10 月 9 日第 16 版。

物运输税费。1929 年 12 月,甘肃赈务会驻沪代表"向沪商募得布匹三百余磅,染成蓝色,包作十五件,拟寄往甘肃,为灾童制备寒衣之用,请函邮包税局免予征税",请驻沪办事处转商上海邮包税总局予以免税。经驻沪办事处函请,邮包税总局准予免税寄运。[①]

三、上海商界主持的其他救灾团体的救济

上海商界除了通过上述几个政府赈灾机构驻沪办事处赈济这次西北、华北饥荒外,还通过众多常设的慈善救济组织和商界临时创设的救济团体积极参与赈济,本文以下以中国济生会、上海各路商界总联合会筹赈委员会为例加以论述。

(一)中国济生会

中国济生会创办后一直由商界领袖陈润夫、王一亭任会长。20 年代末,济生会仍由王一亭任委员长,徐乾麟、黄涵之为副委员长,其委员也多商界人士,如秦润卿、陆维镛、李寿山、王晓籁、黄翔昌、徐宝琪、傅松年等。早在 1928 年春北方旱荒初现时,中国济生会就曾招待上海新闻界,宣传该会的救灾宗旨是不沽虚名,务使灾民得获实惠,不分区域,凡是灾区,均在赈济之列,希望新闻界予以支持,极力宣传,使海内慈善家得随缘乐助。[②]中国济生会的赈济以河南、陕西为重点,兼及河北、山东等地。

从 1928 年 10 月始,中国济生会先后派邱问清、张贤清、陆书臣、周敬甫、畲桂笙、王伯华等二三十人分多批前往河南勘查灾情,进行放赈,赈济重点是南阳、陕县、镇平、方城、襄城、邓县、叶县、唐河、淇县、内乡、南召、鲁山、禹等 10余县,而以南阳为重中之重,以张贤清为南阳查赈主任。张贤清等查放人员不避艰险,冒着风雪严寒,深入城乡灾区,调查灾情,并把真实灾情、需赈款物等及时报告上海济生会本埠。济生会本部则根据各查放人员的报告,想方设法

---

① 《国府赈委会驻沪办事处要闻》,《申报》1929 年 10 月 1 日第 14 版。
② 《济生会昨晚招待报界》,《申报》1928 年 3 月 8 日第 14 版。

筹款拨发。比如,1929 年 3 月 3 日济生会举行委员会时,通报了张贤清的灾情调查及请赈报告,与会人员为之动容,都踊跃输将,当场就认捐 5.07 万元。[①] 到 1929 年青黄不接时的 5 月份,济生会已先后向河南拨放赈款 20 万元,先后置办赈粮 5 批运豫。[②]

但兵灾、匪灾与多种天灾相乘的河南,赈粮的运输遇到了很大困难,有铁路的调不到车皮,淅川等多山灾区,缺乏公路交通,运粮也颇为困难。1929 年 3 月 6 日,济生会的首批赈粮到达丰台,即电河南省政府主席韩复榘请拨车一列接运至南阳,2 天后,济生会的第二批赈粮也抵丰台。[③] 这 2 批赈粮虽有耽搁,但还算顺利运往南阳施放。第三批赈粮 6000 包计 12000 石于 3 月下旬到达丰台后,由于中原大战前蒋冯关系恶化的影响,无法调到车皮转运,济生会分别给冯系的韩复榘、石友山各 3 次电催,但直至 4 月 11 日仍无法转运,而此时济生会的第四批赈粮 10400 石也已运到丰台,乏车转运。[④] 在灾黎日有饿毙、望赈刻不能援,而赈粮迟迟无法起运的情况下,济生会南阳办赈主任张贤清只得直奔开封、郑州与当道交涉,始得应允 7 天后派车转运。[⑤]

济生会赈济豫灾分急赈、工赈、粥厂、儿童收养及农赈多种形式。鉴于灾民众多,待赈孔亟,急赈成为主要形式,济生会拨运的赈粮,大多用于散放急赈。例如,该会第四批 6000 包赈粮 4 月下旬运到豫省后,即分配方城 500 包,叶县 200 包,鲁山 200 包,南召 800 包,内乡 200 包,计 1900 包,用于急赈。其余的暂备他县急赈、工赈并各地粥厂及灾童收容所之需。[⑥]

工赈为济生会一再所倡导,所以在急赈豫灾时,济生会也极力推行工赈,其重要工程是南阳栗河疏浚和淇县民生渠工程。栗河属白河支流,河道弯曲,易发洪涝灾害,疏浚全河,能灌溉南阳 2000 余顷农田,与南阳水利关系紧要。济生会接办河南赈务后,即决定举办栗河工赈,立即聘请 2 名工程师规划,并于 1929 年初开始实施,该会日发工赈款洋数百元,每天有灾民 3000 余人以工

---

① 《济生会昨开改组大会》,《申报》1929 年 3 月 4 日第 14 版。
② 《济生会豫赈报告》,《申报》1929 年 5 月 17 日第 14 版。
③ 《开封电告赈粮运豫》,《申报》1929 年 3 月 11 日第 14 版。
④ 《河南南阳赈务进行报告》,《申报》1929 年 4 月 11 日第 16 版。
⑤ 《济生会豫赈紧要报告》,《申报》1929 年 4 月 17 日第 14 版。
⑥ 《济生会赈粮到豫 豫省灾民之救星》,《申报》1929 年 4 月 22 日第 13 版。

代赈。至 1929 年 5 月,栗河工赈已开挖、疏浚 50 余里,用款 5 万余元,预计仍需 3 万余元。^① 但后因军事所阻而被迫停顿。

1929 年秋,济生会成立福顺银公司,专办工赈贷款,由该会执行委员、上海钱业公会会长、福源钱庄总经理泰润卿为主任,其办法是由公司贷与现款举办工赈,等秋收成熟,按年摊还,由地方殷实士绅担保负其全责。该年 9 月,河南重灾的淇县决定以工赈修筑已提议多年但未能实施的民生渠工程。该工程位于淇县县城西北,上引淇水,至思德河止,干渠全长 40 余里,能灌溉田地 15 万亩,关系全县水利至巨,预计需款 6 万余元,由地方自筹其半,余则由福顺银公司予以贷款。^② 工程于 9 月动工,每天组织灾民上万人做工,至 1930 年 5 月干渠竣工。据工程专家预计,该工程如以正常工程修筑,需款 30 万元,而用以工代赈修筑只花了 8 万元。在工程竣工之际,河南淇县民生渠水利工程委员会特致函中国济生会表示感谢。函说:"上海济生会诸大善士赐鉴,去岁蒙贵会借贷巨款,使淇邑数十万生灵,得以不死,并藉此工赈,将数百年欲挖未能之绝大渠工一旦完成,累世福利,皆出所赐。兹值渠成之日,谨将工程情形,灌田利益,呈报派员查验,以证实惠及民。敝县开成之渠,名曰淇县民生渠,在淇城西北,上引淇水,自青崖绝起至思德河止,干渠计长四十余里,远穿山岭,横渡沟凹。其间穴洞通水,轰石成渠,凡数十处,深至五六丈,长至百余丈。其他修闸作堰,建筑桥梁,一切工程均极伟大。自去岁九月起工,每日石工不下七八百人,土工多至万余人,开挖至今,工始完竣。现定四月初间放水,预计水量约可灌四千顷。渠工之大,获利之普,为河南全省之冠。拟开支渠四道,长均十余里,刻正着手开挖矣。据工程家言,所开干渠工程,按工计费不下三十万元,今统计所费,仅八万元之谱,非诸大善长之恩惠,激发民众天良,踊跃工作,曷克臻此?"^③

中国济生会在河南灾区还开办粥厂、灾童收养所,以救济老弱灾民和灾童。如南阳查赈主任张贤清率办赈人员到南阳后不久,就在南阳近城择东西

---

　　① 《济生会豫赈报告》,《申报》1929 年 5 月 17 日第 14 版。

　　② 《济生会工赈借款纪要》,《申报》1929 年 10 月 28 日第 14 版;《济生会所得豫省淇县赈务情形》,《申报》1929 年 8 月 5 日第 14 版。

　　③ 《河南淇县民生渠竣工,工程委员会函谢济生会》,《申报》1930 年 4 月 30 日第 16 版。

南北四地及城中城隍庙开办 5 处粥厂,并与当地急赈会议定,在全县范围内合办粥厂。① 1929 年 4 月初,据张贤清报告,南阳全县已经开办粥厂 64 处;并已开办灾童收容所 2 处,收养灾童 1200 余名,每日供给 2 餐厚粥,无衣者给以棉衣,有病者另居病室,延医调治,教以读书识字,德体智三育并重。② 至 5 月中旬,灾童收养所已增至 4 所,收养灾童增至 1883 名。③

中国济生会对于陕赈也极度重视。1929 年 4 月之前,济生会主要通过汇款(首批 2 万元)委托该会驻陕西省办赈主任唐慕汾与华北赈灾会合办赈济。因迭接唐慕汾所述陕灾较豫省为重的详细灾情报告及陕西各级官方、民间团体和绅商等的乞赈报告,又有善士慨捐巨资委托济生会指赈陕灾,济生会于 4 月中旬开会议决再筹募赈款,连同指赈捐款,购买面粉 2 万包,并公推冯仰山、朱寿丞率领办赈人员前往陕西极重灾区进行救济。④

仅仅几天之后,济生会采办的 1.8 万包面粉即第 2 批陕赈由该会陕西办赈主任朱寿丞等押运从上海装船运海州,计划再转陇海路运陕州,然后通过公路运西安,选择灾情极重之区散放。⑤ 第 3 批陕赈也于 4 月 28、29 日 2 天,由陕西办赈主任冯仰山等押运由沪宁路分班发出。⑥ 同时,该会驻陕办又急电济生会,告知陕西保安、麟游、澄城、鄂县、潼关、泾阳、蓝田、商县、岐山、淳化、扶风、凤县、华阴、紫阳、白河、郿县等县每天饿毙人数,指出仅郿县去冬至今,饿毙已逾万人,请济生会"加运赈粮接济"。⑦

然而,因蒋冯军事关系日益紧张,车辆多被扣留,济生会计划通过海州转运的 1.8 万包赈粮到达海州后,因无法调到车皮而露搁于大浦站。济生会十万火急,通过陕西赈灾会驻沪代表孙维栋电陕西省政府主席宋哲元转电郑州军粮局派车接运,又直接电陕西赈灾会:"西安赈委会鉴:万急。勘电悉,贵省灾重,来电一再请求,是以敝会筹捐陕赈面一万八千袋,续推冯、朱两君来陕办

① 《南阳续报灾情并赈务进行》,《申报》1929 年 2 月 14 日第 14 版。
② 《河南南阳春赈纪要》,《申报》1929 年 4 月 4 日第 13 版。
③ 《济生会豫赈报告》,《申报》1929 年 5 月 17 日第 14 版。
④ 《济生会陕赈纪要》,《申报》1929 年 4 月 20 日第 14 版。
⑤ 《济生会陕赈二批出发》,《申报》1929 年 4 月 23 日第 14 版。
⑥ 《济生会陕西办赈主任三批出发》,《申报》1929 年 4 月 30 日第 14 版。
⑦ 《济生会陕赈灾情纪要》,《申报》1929 年 4 月 29 日第 14 版。

赈,押运面粉,早至海州大浦站,孙君维栋先代敝会电请宋主席,允电饬郑州军粮局,派车运陕,至今车尚未到,灾民待毙,面粉恐霉,不能稍缓。诸君关怀桑梓,必能设法赶运,务乞飞电潼关冯部长,再饬郑局,刻速派车至海州接运,以救民命。"①5 月 11 日,济生会又电请铁道部说:面粉露存将 20 天,霉坏在即,陕民待赈万急,请火速拨车起运。② 济生会陕西办赈主任冯仰山等赶赴郑州,与路政当局一再接洽。然而,尽管济生会为此事函电纷驰,但面粉久搁一月,仍乏车转运。济生会陕西办赈两主任冯仰山、朱寿丞只能回沪详细报告面粉露搁等情形,济生会随即会议议决,"面粉与其霉变,不值分文,徒掷金钱于虚耗,不若移赈他省,急救灾黎,以免误时糜款。当即相商知照各捐户,将面粉海运青岛,施赈山东利津、莒县等处被灾极重之区"。同时,募集款项,安排人员,待时局缓解,再赈陕灾。③ 该批面粉运青岛后,交由济生会山东办赈主任周敬甫,拨山东利津水灾工赈 2 万元,其余面粉赈济被灾极重之莒县、济南。由上海随带山东的救灾药品保安丹、济生丹、普济水、痧药水等 7 木箱,也同时分运灾区救济施放。④

1929 年 7 月,时局一时稍有缓解,济生会不待交通恢复便积极筹议继续陕赈。7 月 15 日,济生会召开会议专议陕赈问题,王一亭、徐乾麟、黄涵之等 30 余人与会,会议议决另专门组织陕灾临时义赈会,以募赈款,委托济生会施放,与会人员踊跃输将,当即集捐 2 万数千元。会议还议决,一旦陕道无阻,推举胆识兼优热心办赈人员,前往办赈;陕赈以放粮为上策,运道一通即办粮往赈。⑤

然而,临近中原大战的时局,不但没有趋缓,反而更加紧张。而陕灾不但奇重,而且籽种全无,入秋临近,如不赶办农赈施种,及时布种,则来年仍荒,所以赈粮与籽种必须同时急进。济生会山东办赈主任周敬甫提出假道赈陕主张:即赈粮可由郑陕路入黄河,运至潼关入渭,倘洛阳道未通,可由石家庄正太

①　《两会筹赈陕灾》,《申报》1929 年 5 月 3 日第 14 版。
②　《济生会再为灾民请命》,《申报》1929 年 5 月 12 日第 14 版。
③　《济生会陕赈纪要》,《申报》1929 年 5 月 19 日第 16 版。
④　《济生会鲁赈续报》,《申报》1929 年 5 月 26 日第 14 版。
⑤　《济生会继续进行陕赈》,《申报》1929 年 7 月 17 日第 14 版。

路,从榆次县,用汽车运至风陆渡,入黄河溯渭,分别起岸。①

陕灾奇重,陕赈益急。济生会于8月5日又举行会议,讨论陕赈问题,会议认为"目下陕灾所应举办者为工赈(浚河)、运粮、急赈、籽种等项,但粮运既属不便,工赈又系缓策,只得先放现款,再图设法进行"。会议决定推张贤清、朱寿丞、席征三、谢叔叙、鲁指南、穆家梁、陈楣卿等10余人,由晋入陕放赈。②仅三天后即8月8日,济生会首批办赈人员包括陕赈主任张贤清、朱寿丞及赈务人员10余人,就携带赈品从上海出发,拟乘船往天津转山西赴陕西。8月17日,济生会第二批陕赈人员4人也出发假道晋省入陕。③历时半个月左右,两批办赈人员先后抵陕,济生会本埠则分批将赈款通过中南银行、交通银行汇津再转汇陕西。

济生会陕赈人员抵陕后,选择灾情最重的武功、扶风、兴平、咸阳等县散放急赈,并酌拨四五万元,派穆家梁到徐州采办麦种400吨。④仅在武功县,到9月底就散放了急赈5万元。所采办的籽种,选择被灾极重的白水、郃阳、澄城、蒲城、朝邑5县先发放60吨,计发放300吨。⑤同时,办赈人员在咸阳举办工赈。咸阳有周代文、武、成、康四王陵寝,及汉代元、昭二陵,前因战事,在陵下平地深挖战壕,灾民麕集陵头,践踏将坍。济生会陕赈人员每天组织四五千灾民填壕平路,以护陵寝、便行人。⑥因时已渐入冬季,济生会在陕还制作新棉衣数千套,还在武功县兴办收容所,收容老弱妇孺1000人。⑦仅仅一个月左右时间,济生会陕西赈务就取得如此进展,说明济生会组织有方,办赈人员热心、专业而又得力。至9月中旬,济生会已汇赈款15万元用于陕赈。⑧

10月中旬后,济生会陕西办赈主任张贤清等完成了武功、咸阳的急赈,转

---

① 《济生会据报平鲁赈务及陕赈假道情形》,《申报》1929年7月25日第14版。
② 《济生会继续进行陕赈》,《申报》1929年8月7日第14版。
③ 《济生会陕赈人员第一批出发》,《申报》1929年8月9日第14版;《陕赈第二批人员出发》,《申报》1929年8月18日第14版。
④ 《济生会陕赈主任电速汇款》,《申报》1929年8月27日第14版;《济生会陕赈主任散放急赈》,《申报》1929年8月31日第14版。
⑤ 《济生会陕赈近报》,《申报》1929年10月1日第16版。
⑥ 《济生会陕赈主任报告急赈工赈》,《申报》1929年9月22日第16版。
⑦ 《济生会陕赈近报》,《申报》1929年10月1日第16版。
⑧ 《陕甘赈赶办赈粮》,《申报》1929年9月16日第7版。

重灾的扶风、岐山、兴平等县查放。济生会上海本埠则尽力筹款汇陕,到 10 月底,济生会又通过申号济丰厚汇陕赈款 5 万元,由申江邮务管理局汇陕赈款 2 万元,并汇该会天津办赈主任畲桂笙,转解同丰、德厚两号汇陕洋各 5000 元,又由申江合盛兴号转汇陕洋 2000 元,计除前拨赈款外,又续拨陕赈 8.2 万元。① 济生会在陕西其他县的灾赈工作因比得以陆续展开。 总计到 11 月下旬,济生会在陕西的灾赈,除始初拨 2 万元,委托唐慕汾、饶聘卿施赈外,济生会后续派出的办赈人员开展的赈济工作包括长安收容所、施给棉衣、咸阳工赈、收容灾童、武功急赈及灾童收容所、扶风急赈及散放麦种、岐山散放麦种、收容所、施放棉衣及工赈等、郿县散放麦种、赈粮、朝邑、澄城施放籽种等,赈济范围已达 8 县之多。此外,还有潼关收容所贴费,陕北与华北赈灾会合办赈务,散放急赈等。② 在陕赈中发挥了重要作用。

　　济生会也参与河北(包括北平)、察哈尔、山东等地灾赈。 例如,关于河北灾赈,1928 年冬,济生会在北平办理冬赈、粥厂以及资遣难民回籍等赈务,其中用于冬赈和资遣的赈款 3.2 万元,与北平各慈善团体合办的粥厂达 28 处。1929 年,因河北水旱蝗灾,加以夏天永定河多处(有的还多次)决口,水灾甚大,北平附近各受灾县灾民陆续到平求食的达数万人。济生会驻津、驻平办赈主任于 10 月下旬向济生会本部报告灾况并请拨北平赈款 2 万元、棉衣数千套,同时另拨 3 万元,参与朱子桥组织的五台山佛教会、山东赈务会、热辽吉江 4 省慈善联合会 4 团体联合举办北京冬赈。③ 济生会当月即汇北平冬赈之款,在平开办粥厂。随后又拨运新棉衣 2000 套,交该会驻津办赈主任畲桂笙转拨北平。④ 12 月中旬,济生会又向北平加拨棉衣 3000 套。因大雪严寒,济生会在1930 年 1 月初再次置办棉衣 2000 套施放灾民。至 1929 年 1 月,济生会在北平除了急赈放粮,已施放棉衣 7000 套,并在朝阳门外开办第一粥厂,附设暖房,每天食粥灾民达三千五六百人,又在宣武门外办第二粥厂,每天就食灾民

---

① 《济生会陕赈续拨赈款》,《申报》1929 年 10 月 26 日第 14 版。
② 《济生会最近陕赈详情》,《申报》1929 年 11 月 24 日第 16 版。
③ 《济生会驻平办赈主任请办冬赈粥厂》,《申报》1929 年 10 月 24 日第 14 版。
④ 《济生会轮运民棉衣》,《申报》1929 年 11 月 30 日第 14 版;《济生会赈务近况》,《申报》1929 年 12 月 15 日第 16 版。

二千七八百人，①还与华北义赈会朱子桥合办粥厂，每天就食灾民 3000 人。②

济生会又根据该会驻平、驻津办主任周敬甫、畬桂笙关于南口兵灾之后继以天灾旱潦蝗蝻，灾情特重，待赈孔殷的报告，先后 4 次赈济南口。1929 年 12 月初，济生会拨南口赈款 6000 元，与华北义赈会合办急赈，施放玉米，极贫者大口 10 斤，小口 5 斤，又拨棉衣 1000 套施放。③ 1929 年 12 月下旬初，济生会又以南口冻馁而死累累，电令该会驻平办赈主任在天津交通银行支用赈款赶办棉衣 2000 套。④ 1930 年 1 月初，济生会又通过交通银行拨赈款 2 万元用于南口灾赈。4 月下旬青黄不接之际，济生会又第四次施赈南口，由该会驻津办赈主任畬桂笙从天津交通银行支拨赈款 6000 元，以赈济非赈不活灾民，并置办赈济籽种。⑤

（二）上海各路商界总联合会

上海各路商界总联合会（以下也称商总会）成立于五四运动时期，由上海各马路商界联合会组成，是主要代表中小商人的自治团体，会员团体多时达 60 余个。该会每遇水旱等各类灾荒，都积极予以救济，这次西北、华北大饥荒也一样施以援手。

1928 年 12 月底，上海各路商界总联合会召开会议，议决为赈济豫陕甘三省旱灾成立豫陕甘筹赈委员会，并通过组织大纲草案。该大纲规定：该会"以筹款筹物赈救豫陕甘三省灾民为唯一宗旨"，定名为上海各路商界总联合会豫陕甘筹赈委员会；该会"以各路联合会推派出席之代表为委员"，其组织机构是由全体委员公推常务委员 5 人主持会务，推经济委员 3 人管理捐金，并设立捐务、宣传、文书、交际、游艺 5 部，各部公推主任 1 人负责事务；该会筹得的赈金，由常务委员、经济委员保存，随时汇解豫陕甘赈灾委员会驻沪办事处收汇放赈。⑥ 该会于 1929 年 1 月 1 日正式成立，随即于 5 日举行会议推举了各部

① 《北平冬赈增款办粥厂》，《申报》1930 年 1 月 17 日第 16 版。
② 《北平赈务最近报告》，《申报》1930 年 1 月 5 日第 14 版。
③ 《济生会赈务近况》，《申报》1929 年 12 月 15 日第 16 版。
④ 《济生会赈务会议记》，《申报》1929 年 12 月 25 日第 14 版。
⑤ 《济生会四次赈济南口》，《申报》1930 年 4 月 28 日第 14 版。
⑥ 《商总会三省筹赈会草案》，《申报》1928 年 12 月 31 日第 14 版。

职员。为加强筹款工作,会议推举钱龙章、张子廉、许云辉为劝募主任,推定了劝募、文书、交际、宣传各组委员,并议定各马路分会出席委员均为捐务委员。[①]

上海商总会豫陕甘筹赈委员会属临时成立的赈灾机构,不同于中国济生会等常设性慈善救济组织,它不直接从事堀灾、放赈等工作,其筹赈活动就是捐募赈款赈物,然后交由豫陕甘赈灾会驻沪办事处施放。该会一成立,就从多方面积极进行筹募赈款工作。

一是广为宣传。该会成立后,即在报刊上广为刊发劝募通告、宣言。1 月 8 日,该会刊出了成立及乞赈通告,指出该会以"筹赈豫陕甘三省灾民为唯一宗旨",其筹款办法分:(1)特别捐,即以各商号营业收入项下提出百分之五以赈灾民,提取日期限定 7 天;(2)普通捐,即不限百分之五者;(3)乐善捐,即用木筒、竹筒分设重要地点及随路劝募,任人投捐;(4)其他捐,如股户捐、游艺捐及不列入上述各项者。[②] 12 日,该会又发出《为豫陕甘三省九千万同胞求命宣言》,宣言说:

> 河南、陕西、甘肃三省,地处我国西北冲要。军阀当政之时,甲争而乙夺,此去而彼来,反复蹂躏,竟使民无宁息,岁无宁息,哀此穷黎,其何堪命。谚云:大兵之后,必有荒年,自古已然,于今为烈,常人念之,已足惊惕,益且荒年之外,贼盗土匪,蝗虫旱魃,相迫而来。彼盗贼但劫财物,土匪并及脂膏。夫以一身之财物既被劫尽,一身之脂膏又被吸完,气息奄奄,仅存骸体,所希冀以苟活者,原田禾黍,俟其丰登,沟浍源泉,可资解渴。讵意彼苍者,天尚未厌祸,于斯民所希冀之禾黍,则害之于蝗虫;于斯民所希冀之源泉,则涸之以旱魃。呜呼! 人祸不足,益以天灾,豫陕甘三省九千万亲爱之同胞,其能苟免不死乎? 今豫陕甘灾深矣! 命危矣! 吾人既先曲突徙薪于前,急当焦头烂额于后,袖手旁观,熟视无睹,我心讵能无愧而自外于人群耶? 所幸者,军阀已灭,国政已一,盗匪已靖,蝗旱已止。兹所急者,仅举手予援,使豫陕甘灾民濒死者活之,濒危者安之,寒者衣之,饿者食之,以成造化之大仁,以尽胞与之大义! 惟兹义举,弗容迟

① 《商总会筹募豫陕甘三省赈款》,《申报》1929 年 1 月 6 日第 14 版。
② 《上海各路商界总联合会豫陕甘筹赈委员会成立公告第一号》,《申报》1929 年 1 月 9 日第 6 版。

缓,若稍不前,则于饥饿之下,朔风裂肤,坚冰刺骨,是彼灾民之不死于兵灾盗匪蝗旱之时,乃死于冻馁之日。兹之死也,吾人误之,吾人之心,能无愧乎? 上海各路商界商联合会全体同人不忍视死不救,尤不敢见义不为,谨于中华民国十八年一月一日,组织成立豫甘筹赈委员会,又于一月八日开始办公,积极筹赈,一德一心,此志不懈,除将议决种种筹赈方法,刊登报端,广为灾民乞赈,并将灾区状况、灾民惨闻分别刊编宣传,又准备召集上海全市各社团民众,开会同议,一致筹赈外,谨敬鞠躬泥首,为豫陕甘三省九千万同胞求命草此宣言。①

此外,该会还函请上海市公安局、社会局同意后,组织汽车游行宣传,向所属公司商号借用货车,在两旁张贴宣传乞赈广告,游行于街巷,引起各界注意,激发恻隐之心,冀收助赈之效。②

二是扎实推进提成助赈。营业提成助赈是该会重要的捐赈方式。该会成立后,即联络所属厂商,确定首批 36 家从 1929 年 1 月 14 日至 20 日 7 天中的经营收入提成 5% 移作三省赈款,包括五洲大药房、太和大药房、三星棉铁厂、美华利钟表行、天天绸缎衣庄、亨达利钟表行、天福绸缎局、天宝绸缎局、太平洋钟表行、维大绸缎局、宝成皮货绸缎衣庄、汇利木器服装绸缎公司、鼎阳观食品公司、丰泰祥棉织号、义泰祥钟表眼镜公司、亨得利钟表总行、中华印书馆等。③ 产品类别包括绸缎、皮货、五金、食品、钟表、眼镜、药品、滋补品、图书文化用品、香皂化妆卫生品等,应有尽有。消费者也颇具助赈热情,有报道说,此 36家厂商提成助赈开始后,各家连日营业为之一振,"较平时售货增加数倍"。④

首次提成助赈一结束,商总联会即积极筹备第二次提成助赈,各厂商复函应征及面允提成助赈的数十家。第二次提成助赈于 1929 年 2 月 1 日至 7 日举行,包括中国化学工业社、义成啤酒公司、中华书局、中国皮件公司、商务印书馆等数十家厂商参加,其中著名爱国实业家方液仙创办、经营的中国化学工

---

① 《商总联会为豫陕甘三省同胞请命》,《申报》1929 年 1 月 12 日第 14 版。
② 《商总会用汽车游行宣传筹赈》,《申报》1929 年 1 月 17 日第 14 版。
③ 《上海各路商界总联合会豫陕甘筹赈委员会为灾民乞赈通告第一号》,《申报》1929 年 1 月 15日第 2 版。
④ 《商总会筹募三省赈灾讯》,《申报》1929 年 1 月 16 日第 16 版。

业社愿将该7天门市营收中提取30％助赈，义成啤酒公司则将门市营收中提出40％以赈灾民。① 中国化学工业社不但提出将7天营收中的30％助赈，还将春节宴资1000元送交上海商业储蓄银行助赈。②

第二次提成助赈尚在进行，该会又向所属各大厂商征求第三次提成助赈。为扩大提成助赈影响，更大规模动员厂商参与提成助赈，在2月26日商总会豫陕甘筹赈委员会会议上，邬志豪提议，上海总商会、县商会、闸北商会、上海市商民协会、各路商联会总会五团体联合登报，为灾民乞赈，广求沪上各公司各商号一致做赈灾营业7天，于收入项下提取5％助赈，以3月1日至7日（后改3月5日—11日）为期，获得一致赞许。③ 五团体随即刊出乞赈广告说：

> 上年我国被灾地方多至二十二行省，其最甚者为豫陕甘晋冀察绥等七省，赤地数千里，灾民数千万，树皮苣根觅食殆尽，雪地冰天冻馁无算，老弱待毙家乡，少壮委顿道路，每日死亡数以千计，陈尸遍野，掩埋弗及，匍匐乞救，声闻殊惨。际此雪后春寒，尤属不堪朝夕，生机之望，惟祈乐土同胞甘露之施，是在国中活佛，敝会同人恻然悲之。惟以杯水输将，何济燎原野火，必求万家施舍，方能普救灾黎。爰议广求沪上众商共襄善举，于新历三月五日起至三月十一日作赈灾营业七天，于收入项下提取百分之五，以活千万灾民，一面广求国中人士，凡有需要物品，请于此七天赈灾期内，尽量购买，俾买卖双方各种善果，被灾民众得庆更生，福己福人，莫善于此，务乞沪上众商各公司各宝号，慨发慈仁，一致俯允，查照施行。④

三是组织成立募款队深入各路劝募。1月22日，上海各马路商界总联合会邬志豪、钱龙章、张一麐、许云辉、袁履登等为筹赈豫陕甘在功德林举行宴叙会，豫陕甘赈灾会驻沪办事处主任王一亭·商界如冯少山、赵晋卿、郑崇慎、陆文韶、诸文绮及商总会各路代表胡凤翔、许廷佐、陶乐勤、张子廉、王汉良、沈仲

---

① 《各商店提成拨赈豫陕甘》，《申报》1929年1月30日第14版；《上海各路商界总联合会豫陕甘筹赈委员会为灾民乞赈通告第二号》，《申报》1929年2月2日第6版。

② 《中国化学工业社移筵助赈》，《申报》1929年2月24日第16版。

③ 《五团体筹赈三省灾民办法》，《申报》1929年2月27日第14版。

④ 《上海特别市总商会 上海特别市沪南商会 上海特别市闸北商会 上海特别市商民协会 上海各路商界总联合会豫陕甘筹赈委员会 豫陕甘、晋冀察绥赈灾委员会驻沪办事处乞赈公告》，《申报》1929年3月4日第2版。

英、王靖东等百余人与会,公决组织筹款队 50 队,每队目标 2000 元,并当场认组多队,如福建路王屏南、王靖东,新闸路王茂卿、王肇成,二马路胡凤翔,南京路张子廉、居开征,山东路钱龙章,百老汇路许廷佐,汉口路朱邦估,四马路陶乐勤,山西路许云辉,蓬莱路陆昌荣,西华德路邱嘉梁、余仰圣,浙江路虞仲咸等。① 两天后,该总会又分函所属各路分会,进一步明确总会组织的筹赈队,设名誉队长无定额,队长 1 人,副队长 2 人,参谋 2 人,筹款目标每队 2000 元,次年农历 1 月底举行总揭晓,如某路力量不能独立组队,可由二路或二路以上共同组织之,并函告已组织 20 队,请各路商界联合会迅即组织筹赈队,以利捐款进行而惠三省灾民。②

各路商界联合会纷纷响应商总会筹赈会的通告成立劝募队开展劝募。例如,规模最大、商人实力最强的南京路商界联合会由执行委员张一尘、陈明德、朱凤翔、居开征、孙文毅等组织劝募队,向南京路各厂商劝募,仅 3 天就募捐到 1204 元,捐户 146 家。③ 虹口六路商联合募捐队朱保罗等,深入街巷劝募,也一天募到 435 元。北京路商界联合会公推孙烈昌、周貉元、陆振廷、陈士德为劝募委员,连续 2 天募捐募得 355 元。④ 沪北川宝商界联合会赈灾委员叶其昌、张炳荣、王成栋、李恒林等 3 月中旬也沿北四川路、虬江路等处各商栈劝募,各商栈应募踊跃。⑤ 上海中城商界联合会捐募队队长郑殿英、黄耕伯等,3 月 9 日分头沿路劝募,适逢黄耕伯六秩荣庆,于是把亲友寿仪 400 余元,凑集 500 余元悉数助入该会募捐队,转送豫商总会陕甘筹赈委员会。当时《申报》感叹"如黄君者,实为商界中不可多觏之热心人,诚可风矣"。⑥

上海商界总联合会豫陕甘筹赈会的募赈工作卓有成效,截至 1929 年 4 月 30 日,该会经募转交豫陕甘赈灾会驻沪办事处的赈款计 15300 余元,占豫陕甘赈灾会驻沪办事处经募赈款总额 7.65 万余元的 20%。⑦

---

① 《商总联会为三省筹赈宴叙纪》,《申报》1929 年 1 月 23 日第 14 版。
② 《商总会急筹三省赈款》,《申报》1929 年 1 月 24 日第 14 版。
③ 《各商联会消息·南京路》,《申报》1929 年 3 月 9 日第 14 版。
④ 《商联会募赈之进行》,《申报》1929 年 3 月 12 日第 16 版。
⑤ 《川宝商联会豫陕甘赈灾工作》,《申报》1929 年 3 月 16 日第 16 版。
⑥ 《黄耕伯寿筵资助赈》,《申报》1929 年 3 月 11 日第 14 版。
⑦ 豫陕甘赈灾委员会驻沪办事处编:《豫陕甘赈灾委员会驻沪办事处征信录》,1929 年 4 月,第 79 页。

第三章　上海商界与甲戌旱灾救济

一、江南六十年未有之旱灾

1934 年，一向以水乡泽国著称、几乎年年水灾相伴的中国中部、东南部地区发生旱灾，其灾区之广、灾情之重、灾荒之烈、影响之巨，有称"六十年未有"①，也有称"百年未有"②，历史文献称之为"甲戌大荒"或"甲戌大旱"。华洋义赈会救灾报告对这次灾情的总体概述是，"本年夏间，素称富庶之皖浙赣苏鲁湘鄂豫等省，均受极重之旱灾，其关系全国经济之损失者极大。最甚者为沿扬子江暨淮河一带之湘鄂赣皖等省，又沿洞庭湖、鄱阳湖各县及浙西是也"，其惊人之损失，较之民国二十年江淮汛滥尤为重大。③

每次旱灾，从自然气候原因来说总是持续晴热高温所致，这次大旱荒也不例外。常年中国中部地区六七月间为梅雨季节，但这年却反常，"至 7 月 19 日而梅雨未至"。同样属于 60 年内大旱的光绪十四年（1888）、光绪十八年（1892）、光绪二十四年（1898）4 至 7 月的平均降雨量为 294.6、332.1、375.1 毫米，而 1934 年 4 月至 7 月（至 19 日）的平均降雨量是 167.3 毫米，只有这 3 年平均降雨量的一半。④ 而且自 6 月就开始出现持续高温，江苏、浙江、安徽、湖

---

① 吴晓晨：《预防旱灾》，《申报》1935 年 6 月 17 日第 13 版；《中国银行民国二十三年度营业报告》也称是"六十年未有之旱灾"，见《银行周报》第 19 卷第 13 期，1935 年 4 月；唐启宇说 1934 年是长江下游"六十年最旱之一年"，见其《我国最近旱灾之状况及其救济》，《时事月报》第 11 卷合订本，1934 年 12 月。

② 黄述善：《救济农村旱灾之我见》，《工程周刊》第 4 卷第 5 期，1935 年 3 月 4 日；《江浙春荒又乞赈》，《申报》1935 年 2 月 13 日第 12 版。

③ 中国华洋义赈救灾总会编：《民国二十三年度赈务报告书》，1935 年铅印本，第 3—4 页。

④ 顾复：《旱灾与稻作》，《申报》1934 年 7 月 23 日第 18 版。

北等地气温节节攀升,屡创历史新高。上海自 6 月 25 日起连日炎热。据徐家汇天文台数据,7 月 1 日创出 39.3℃纪录,7 月 12 日出现历史上最高气温 41.2℃,创天文台设立 63 年来最高纪录。[①] 自 6 月 25 日至 8 月 31 日期间,上海 35℃以上高温天气达 55 天,而上海 6、7、8 三个月的降水量分别比 1873 至 1972 年均值偏少 76%、76%、85%。[②] 南京 1934 年 6、7 月的总降雨量仅 66.8 毫米,只有历年平均降雨量的 2 成。7 月 12 日,南京室内气温达 39.4℃。安庆也是久旱不雨,7 月中旬每天午间室内气温均在 43.3℃上下,创 60 年酷热纪录。芜湖自入夏以后连续 70 余天亢旱无雨,7 月 13 日的室内气温也达 40.5℃。扬州也连日天气奇热,7 月 15 日左右室内均在 42℃至 43℃间。杭州 7 月间气温不断升高,12 日午后室内温度高达 42.2℃,持续半月烈日笼罩,每日如焚。武汉也是持续亢旱,"奇热袭人"。湖南半月滴雨未下,长沙更是酷热难耐,7 月 12 日夜至 13 日中午,连日室内都达 38℃。

伴随持续高温亢旱,各地自 7 月始灾象渐现且日益严重。"安徽皖南一带亢旱最为严重,歙县无收之田亩在三万万(疑多一"万"字)亩以上,绩溪三分之一的禾稻,已不可救。南陵、无为、桐城、巢县农田数百万亩,莫不着火即可燎原,灾情之重为八十年来所仅见。此外,休宁、婺源、祁门、黟县、宁国、铜陵、青阳、贵池、泾县,以及六安、舒城、含山、当涂等,也皆是池塘枯竭,地现龟裂。"[③] 泾县"入夏以来,旱魃肆虐,三月未雨,加以骄阳暴灼,无土不焦,田禾杂粮,枯萎殆尽。山谷居民,甚有越山逾岭,远至六七里之外取水吸饮。灾象之重,实为近百年来所未有"。[④] 全椒县"去冬既无雨雪,今春又遭亢旱,田塘蓄水,泡种已感不足,勉力栽插者,不及十分之三,满拟得雨补插,讵入夏以来,亢旱益甚,点雨俱无,其已栽种之田禾,大半枯槁,未插之田亩均呈龟裂,塘坝干涸,河水断流,赤地百里,形成六十年来未有之奇灾"。[⑤]

浙江省自 7 月中旬始"已由长期之奇热奇旱,造成空前未有之灾厄,各县

---

① 《昨日热度为六十三年来天文台最高新纪录》,《申报》1934 年 7 月 13 日第 10 版。

② 赵春明等:《20 世纪中国水旱灾害警示录》,黄河水利出版社 2002 年版,第 95 页。

③ 达生:《灾荒打击下底中国农村》,《东方杂志》第 31 卷第 21 号,1934 年 11 月 1 日。

④ 《皖南泾县旱灾严重》,《申报》1934 年 8 月 17 日第 12 版。

⑤ 《全椒赤地百里灾情惨重》,《申报》1934 年 8 月 14 日第 12 版。

现有之农产物,如豆萝葡茄子,已完全枯死。至全省二千三百万人民生命所系之禾稻,则除钱江、曹娥江、瓯江、飞云江、灵江等下游两岸及接近太湖、西湖之一部稻田,尚可藉人力稍图灌救外,其他多以内地高亢,溪河干涸,无法救济,如三四日内再不降雨,则全省稻田,势必有二万万亩以上尽成焦土"。① 其中崇德县"入夏以来,天久未雨。除运河外,全县支港,完全枯涸,农民虽纠工疏浚,终无滴水,河底杂草畅茂,交通断绝。入秋以后,皓日当空,万里无云,旱灾日趋严重",但其实运河也"水量日小,底处不过尺许,高处……均河床毕露。全县饮料,将由断绝之虞","总计全县灾田,约在十五万亩以上,灾民约二万余户,实崇德亘古未有之巨灾也"。② 上海通往浙江嘉兴等周边地区内河较大的轮船在 7 月中旬以前"早已完全停驶",开往湖州、硖石、苏州、无锡、常熟、昆山、盛泽等处的小火轮,因河道稍阔,本来还能勉强行驶,但到 7 月中旬,内河招商局开往硖石的小火轮,因水流低浅,也不得不停驶。当时报道说:如果在最近数天内,仍无甘霖,则开往湖州、盛泽、震泽等处的小火轮也将停驶。③ 但旱情仍在延续,至 8 月,浙江"旱灾奇重,水道交通全部断绝"。④

江苏省的灾情以苏南最为严重。"镇江、溧阳、金坛、高淳一带,地形较高,得水困难,旱灾亦觉严重,能有三分收成,已属幸事。"⑤ 金坛县"自二十年水灾后,二十一及二十二年苦旱,连遭岁歉,元气亏耗,即使岁收丰稔,犹苦竭蹶,不料本年春雨稀少,底水极浅,四五月内栽秧时节,始终不雨,东北西乡高阜之地,多未栽插,南乡近水河流断绝,亦成白裹。六七月内,亢旱异常,及至立秋,偶得小雨,亦苦无济。旱灾之重,百年未有"。⑥ 即使是水乡苏、锡、常等地,还在 7 月上旬,因天时亢旱而引起之饮水问题就已颇为严重。⑦ 至 7 月中旬,苏州"城区河井皆涸,河水价每担二角,尤须预定,市民饮料已发生极度恐慌"。⑧

---

① 《各地亢旱奇热·杭州》,《申报》1934 年 7 月 14 日第 3 版。
② 曹梅卿:《亘古未有之崇德旱灾》,《农报》第 1 卷第 24 期,1934 年 11 月 10 日。
③ 《亢旱奇灾警报·轮船停驶》,《申报》1934 年 7 月 11 日第 11 版。
④ 《浙办沪米十万》,《申报》1934 年 8 月 20 日第 11 版。
⑤ 冯柳堂:《旱灾与民食问题》,《东方杂志》第 31 卷第 18 号,1934 年 9 月 16 日。
⑥ 《金坛灾情奇重亟待赈济》,《申报》1934 年 9 月 10 日第 12 版。
⑦ 《乡民饮料发生恐慌》,《申报》1934 年 7 月 4 日第 15 版。
⑧ 《苏城饮料发生恐慌》,《申报》1934 年 7 月 14 日第 11 版。

江西 5 月初曾大水,修、袁、瑞、抚、饶、信、吉、赣各河暴涨,南昌、武宁、修水各县皆患水灾,此后即不下雨,鄱阳、新淦、安福、分宜、临川、峡江、万年、德兴、玉山、武宁、新建、宜春、东乡、高安、上高、进贤、郧城、瑞昌、清江、永修、余干、彭泽等县,在七月间皆报旱灾。八月初,旱魃几遍全省。[1]其中"以赣北旱灾为最惨重",都昌旱灾"为六十年所未有,早禾收成,不及十分之二三,晚禾完全无望,杂粮又不能补种,灾民以湖草蕨薇及观音土(即一种白色土壤,俗呼观音土)充食料,不惯食而死者十余人,因痛苦自杀者亦不下十余人。余干县亦是收获毫无,灾农无以为生,因而自杀牺牲者,又不知凡几"。玉山县"禾苗尽成枯槁,将来补苴,惟有多种杂粮,而种籽又无着落"。临川"栽下晚禾,不及十分二三,而已栽者,又因塘河庐干,点滴俱无,眼见禾苗枯黄,汗血成本,悉付东流"。[2]

湖南被灾共 54 县,水灾以长沙、衡阳、湘潭等 10 县为重,旱灾以衡阳、郴县等 15 县为重。至 9 月上旬,旱灾更见扩大,电报秋收绝望者达 50 余县。[3]新化县"三个足月没有下过一次足量的雨水,田土概行龟裂,禾苗渐就枯槁。在孟公市一带,甚至干得没有饮料,要雇人往离市里六里的缸子桥去挑,每担费值四百文"。[4]

在当时的报刊中,这类灾况灾象的记述比比皆是,笔者不想占用过多篇幅摘引关于各地灾情的类似文字。旱灾并导致抢米不绝、盗匪肆虐、疫疠流行,使中国经济重地、富庶的长江中下游地区遭受比 1931 年江淮大水更严重的损失。

据实业部中央农业实验所《农情报告汇编》统计,至 1934 年 7 月,旱灾已波及苏、浙、皖、湘、鄂、赣、冀、鲁、豫、晋、陕 11 省 637 县,受灾田地面积 33001.3 万亩,占受灾省份田地总面积的 40%,其中长江流域苏、浙、皖、湘及华北地区河北受灾面积均占田地总面积的 50%以上,安徽达到 69%。受灾 11 省农作物损失 35042.7 万担,价值达 135715.0 万元,超过了 1931 年江淮大水

① 达生:《灾荒打击下之中国农村》,《东方杂志》第 31 卷第 21 号,1934 年 11 月 1 日。
② 《赣省无县不灾》,《申报》1934 年 8 月 16 日第 11 版。
③ 达生:《灾荒打击下之中国农村》,《东方杂志》第 31 卷第 21 号,1934 年 11 月 1 日。
④ 袁定安:《湖南新化的灾荒》,《东方杂志》第 32 卷第 2 号,1935 年 1 月 16 日。

灾。损失最大的江苏达 21834 万元,其次依次是河北 17726.7 万元,湖南 17271.8 万元,安徽 16388.7 万元,浙江 14669.8 万元(见表 3-1)。

表 3-1　1934 年旱灾受灾面积及三要作物损失数量、价值

省别	受灾县数	受灾田地（万亩）	与总面积之百分比（％）	作物损失数（万担）	价值（万元）
江苏	55	4945.5	54	5583.7	21834
浙江	64	2179.0	53	3852.5	14669.8
安徽	59	3702.7	69	4423.8	16388.7
山东	62	3857.2	38	2680.4	11458.8
河南	62	3969.4	37	2085	9388
湖北	39	1799.1	32	2150.3	8687
湖南	43	2238.9	53	5299	17271.8
江西	45	1803.5	48	3966.4	13324.7
河北	101	5736.2	60	3988.3	17726.7
山西	44	1460.3	26	508.5	2344.3
陕西	64	1382.5	45	504.8	2621.2
总计	638	33001.3	40	35042.7	135715

资料来源:根据实业部中央农业实验所农业经济科编:《民国二十三年农情报告汇编·民国二十三年各省旱灾损失估计》表"甲"改制,见《实业部中央农业实验所特刊》第 13 号,1936 年 8 月。

　　该项农情报告还汇总了各项农作物具体损失数及占常年的平均收成损失比例(见表 3-2),从中可以看出:1934 年,江苏、浙江、安徽、山东等 11 省因旱灾导致的各种农作物平均损失比例都在 30％左右,其中水稻损失比例最高,占 38％,高粱损失最低,占 27％。长江流域水稻主产区安徽、江西、江苏、湖南的损失都在 40％左右,安徽竟达到 62％。

表 3-2 1934 年受旱各省农作物具体损失统计   单位:万担

省别	稻		高粱		玉米		小米		棉花		大豆	
	损失数量	%	损失数量	%	损失数量	%	损失数量	%	损失数量	%	损失数量	%
江苏	8637.8	48	1019.7	23	835.7	34	366.8	12	369.6	33	2082.2	37
浙江	9673.3	36	25.7	36	164.5	35	62.8	23	105.4	72	532.5	39
安徽	5482.3	62	773.0	49	220.2	43	110.3	18	84.3	89	1317	37
山东	—	—	3545.5	24	1287.3	28	3764.0	24	206.3	26	2171.4	23
河南	—		1892.7	22	1277.7	39	2483.4	32	235.1	22	1628.8	20
湖北	11606.2	16	542.7	7	581.4	2	517.1	3	264.5	22	851.5	16
湖南	13034.5	39	227.0	27	92.9	29	115.4	11	65.1	23	324.3	31
江西	8065.8	45	33.4	32	90.4	28	319.5	37	30	42	468.2	44
河北	—		2446.3	39	2328.7	40	3156.9	53	289	32	978.4	37
山西	—	—	944.6	12	729.2	16	1614.4	13	75.3	20	232.4	20
陕西	495.0	10	193.0	25	522.9	29	418.3	49	99.4	24	136.4	24
总计	56994.9	38	11685.5	27	8130.9	31	12912.9	31	1824	33	10723.1	30

资料来源:实业部中央农业实验所农业经济科编:《民国二十三年农情报告汇编·民国二十三年各省旱灾损失估计》表"乙",见《实业部中央农业实验所特刊》第 13 号,1936 年 8 月。

但上述农情的报告始于 1934 年 7 月,至 8 月陆续汇总,所以灾情数据主要是至 7 月的情况,但实际上,1934 年高温亢旱集中在 6 月下旬至 8 月上旬。旱灾不同于水灾,其灾象往往逐渐加重,1934 年旱灾灾象最重是在 9 月。所以,该《农情报告汇编》的统计数据所反映的还不是本次旱灾最严重的情况。但即使这样,上述这些看起来枯燥的数字,依然使人不寒而栗。

上述该项实业部统计只有受灾面积和主要农作物损失,缺少灾民统计。但由上述受灾之广、损失之大,我们可以想见灾民之众。1934 年 10 月 14 日,许世英在上海各省旱灾义赈会成立大会上说,根据各省民政厅、赈务会及各县机关团体的陈报,灾民人数虽尚无详确统计,为数当在千万人以上。[1] 1935 年

---

[1] 《旱灾义赈会昨日举行成立大会》,《申报》1934 年 10 月 15 日第 10 版。

1月,李庆署在《民国二十三年的旱灾》一文中说,1934 年中国旱灾受灾区域包括江苏、浙江等 11 省 635 县,受灾面积 32951.3 万多亩,约占 11 省耕地总面积的 47％;11 省受旱灾的直接损失至少在 18 亿元以上,灾民有 1846.34 万户,9231 万余人,再加未报告的,当有 1 亿多人。灾民比例最高的浙江、安徽,约占总人口的 45％。[①]

二、各地乞赈与上海商界的急赈

本书引论已述,上海自民初已成为全国灾赈中心,各地一有水旱等偏灾即纷纷向上海乞赈,这次大旱自然也如此。检索《申报》等报刊史料,各地向上海的乞赈信息俯拾即是。

这次旱灾最重的江浙皖三省与上海距离较近,灾象始现后,各级政府当局、救济机构代表及社会名流等纷纷亲赴沪上向工商团体、绅商名流、慈善救济机关乞赈。如 1934 年 10 月 20 日,浙江德清县县长因连续 98 天无雨,灾情浩大为百年来所未有,亲赴上海,"分往华洋义赈会、各省旱灾义赈会、全浙救灾会、湖属救灾会、世界红卍字会、中国红十字会等慈善机关乞赈"。[②] 10 月 30 日,江苏丹阳县县长、赈务分会主席、红十字会分会会长"同赴仁济善堂及上海筹募各省旱灾义赈会谒屈文六、黄涵之、张啸林、赵晋卿、俞佐庭、钱镜平等,面陈乞赈书"。[③] 11 月 22 日,江苏启东县及地方士绅多人赴沪,"分向中国济生会、华洋义赈会、世界红卍字会、各省旱灾义赈会等慈善团体乞赈"。[④] 11 月 27 日,旱灾奇重的仪征县旱灾委员会也公推代表到上海,向红卍字会、华洋义赈会及上海筹募各省旱灾义赈会等慈善团体报灾乞赈。[⑤] 12 月 28 日,重灾区江苏高淳县县长"亲身到沪,分往中国济生会、世界红卍字会、各省旱灾义赈会,

---

①　李庆署:《民国二十三年的旱灾》,《南开半月刊》第 19、20 合刊,1935 年 1 月 5 日,转引《史地社会论文摘要月刊》,1935 年第 1 卷第 6 期。

②　《德清县长来沪乞赈》,《申报》1934 年 10 月 21 日第 12 版。

③　《丹阳官绅来沪筹赈》,《申报》1934 年 10 月 31 日第 11 版。

④　《启东旱灾奇重官绅来沪乞赈》,《申报》1934 年 11 月 23 日第 10 版。

⑤　《仪征旱灾救济委员来沪向各方乞赈》,《申报》1934 年 11 月 28 日第 11 版。

叩求救济".① 浙江重灾的建德县县长、第六特区行政专员也于 1935 年 1 月 19 日到上海,"向甲戌救灾会、华洋义赈会等各大慈善团体乞赈".② 甚至远离上海的灾区省县也派员到上海面告灾情,请求赈济。11 月 11 日,湖南省政府主席兼旱灾救济委员会委员长何键派代表携带亲笔信赴上海筹募各省旱灾义赈会请赈。③ 12 月下旬,连年干旱的皖南郎溪县派代表到上海,向各省旱灾义赈会报告灾情,"力恳提前放赈,以救灾黎".④

当然,更多受灾地区通过函电直接向上海商界名流、慈善救济团体、旅沪同乡团体等乞赈。各地乞赈函电所述灾情均极惨重,请求赈济急如星火。例如,8 月初,中国济生会接浙江海盐县乞赈函称,"敝邑入夏以来,天时亢旱,禾苗枯槁十之八九,补种不及,农民无米可炊,弱者自填沟壑,壮者挺[铤]而走险",请予赈济。又接安徽太湖县旱灾救济委员会电:"太邑久旱不雨,秋禾绝望,匪劫余生,又遭凶岁,哀鸿遍野,待哺嗷嗷,万灾户恳发急赈。"安徽全椒县也电济生会"自二十年大水,元气未复。今春又复雹灾,二麦减收。现遭旱灾,农村崩溃,十室九空,卖子鬻女,迁徙流亡,惨痛万状,待赈活命".⑤ 湖北旅沪筹赈会接孝感县县长乞赈函称,该县约计 1.33 万方里,人口 69.8 万余人,受灾区域宽 220 里,长 310 里,受灾人数约 51 万余人,除逃亡外待赈灾民 47 万余人,旱灾之重,数十年所仅见。同时又接嘉鱼县县长乞赈电说,该县面积 1.5 万方里,人口 16.1 万余人,受旱灾田亩 11 万余亩,受灾人口 11.4 万余人。还接礼山县县长乞赈电,称该县面积 1.133 万方里,人口 26.78 万余人,受灾田亩 15 万余亩,受灾人口 9 万余人。⑥ 吴兴县农会、商会电湖社说,吴兴"入夏亢旱累月,支港成蹊,未种者悉化石田,已种者车救力穷,大半枯萎",无食自杀者屡有所闻,"半月以来,饥民蜂拥入城,报荒求食者日以千计",诸乡长关念梓桑,伏乞广为设法,合力通筹,源源接济,以救灾民。⑦ 10 月 13 日,上海辛未救

---

① 《高淳袁县长来沪乞赈》,《申报》1934 年 12 月 29 日第 10 版。
② 《浙建德县旱灾严重 昨派员来沪乞赈》,《申报》1935 年 1 月 20 日第 12 版。
③ 《湖南旱灾救委会推派代表来沪请赈》,《申报》1934 年 11 月 12 日第 9 版。
④ 《皖南郎溪县代表来沪乞赈》,《申报》1934 年 12 月 31 日第 11 版。
⑤ 《浙皖等省旱灾乞赈电》,《申报》1934 年 8 月 4 日第 14 版。
⑥ 《各团体筹赈旱灾要讯》,《申报》1934 年 10 月 14 日第 12 版。
⑦ 《吴兴县农会商会致本社代电》,《湖社月刊》第 6 卷第 4、5 期,1934 年。

济会①接浙江於潜县旱灾善后委员会乞赈电说，"敝县迭遭歉收，元气已伤，农民生计几陷绝境。今复亢旱成灾，遍及全邑。兹经调查所得，统计秋收不及二成，粮食损失二十万担，全县六万三千余众，几有四万二千余口陷为无米可炊，灾民情状，惨不尽言。敝会同人不揣冒昧，敢为数万灾黎特电请命，伏乞贵会恳予派员履勘，拨款赈济"。②

这类乞赈函电不胜枚举。还在 8 月中旬，江浙皖旱灾区即已纷纷向上海华洋义赈会"函电乞赈"，且"日增无已"。③ 8 月底时，上海辛未救济会接到的各地"报灾请赈函电，已如雪片飞来"。④ 到 10 月，仅湖州旅沪绅商设立的湖属救灾委员会所接六属县及各乡区区分所乞赈之电，就"日必数起"。⑤ 10 月 17 日上海各省旱灾义赈会首次委员会会议召开时，会议主席许世英报告各地乞赈电文，计有安徽省政府、安徽省灾区筹赈会、全浙公会、甲戌全浙救灾会、湖南旅沪同乡会、湖北旅沪同乡筹募本省水旱灾赈务委员会、河南省赈务会、陕西省赈务会，及浙江海宁、江苏溧阳、河北长垣、河南滑县、陕西三原、江西九江、安徽至德等 300 余县。⑥

面对 60 年未有之旱灾及雪片般飞来的乞赈函电，上海各界于 1934 年 10 月，由财政部长孔祥熙、赈务委员会委员长许世英联合上海商界领袖王一亭、闻兰亭、虞洽卿、王晓籁、杜月笙、张啸林等发起的上海筹募各省旱灾义赈会在上海市商会成立。把赈灾机关设于上海，自然是因为经济中心上海多富商大贾，便于筹赈。成立大会通过的简章规定：该会设会长 1 人、副会长 4 人主持会务，设理事、监事各若干人，并由理事、监事各推常务理事、监事各数人，处理会务，设立干事长 1 任、副干事长 2 人，由常务理事会公推，商承正副会长处理会务；设总务、筹募、财务、设计、查放、审核 6 个组，分别执掌相关事项，各组设

　　① 1932 年 5 月 25 日，上海筹募各省水灾急赈会及上海战区难民临时救济会结束后为继续办理救济事宜改组而成立，董事长许世英，副董事长王一亭，常务董事闻兰亭、王晓籁、张啸林、黄涵之、赵晋卿、朱子桥、陈蔼士、屈文六、杜月笙。

　　② 《各团体筹赈旱灾要讯》，《申报》1934 年 10 月 14 日第 12 版。

　　③ 《华洋义赈会所得江浙旱灾惨状》，《申报》1934 年 8 月 24 日第 14 版。

　　④ 《王一亭等请许世英向蒋委员长等乞赈》，《申报》1934 年 8 月 30 日第 11 版。

　　⑤ 《各团体筹赈各属旱灾》，《申报》1934 年 10 月 2 日第 11 版。

　　⑥ 《各省旱灾义赈会议决募捐办法》，《申报》1934 年 10 月 18 日第 11 版。

主任1人、副主任2人，由常务理事会推定。① 该会为扩大影响、利于筹赈起见，推定国民政府主席林森为名誉会长，各院院长汪精卫、孙科、于右任、戴季陶、居正为名誉副会长，并推定孔祥熙为会长，许世英、王正廷、王一亭、吴铁城为副会长；屈映光为总务组主任，黄涵之、钱镜平为副主任，杜月笙为筹募组主任，黄延芳、张慰如为副主任；赵晋卿为财务组主任，林康侯、宋子良为副主任，王晓籁为设计组主任，褚慧僧、关絅之为副主任，闻兰亭为查放组主任，李寿山、顾吉生为副主任，张啸林为审核组主任，潘序伦、徐永祚为副主任，樊震初任干事长，黄伯度、全绍武为副干事长。② 会议通过的宣言说："本年入夏以来，雨水失时，亢阳成旱，浙、赣、皖、鄂、湘、苏、豫、冀、晋、甘、黔等省，据报被灾达三百六十九县，农田受害在一万三千三百余万亩，甚至水源全涸，颗粒无收，合家自杀，既屡见于报章，易子为炊，恐将形诸事实。窃慨频年灾患，农村凋敝，又复罹兹浩劫，转瞬冬令将届，衣食俱无，饥寒交迫，哀我灾黎，何以卒岁？吾人一息尚存，救济实不容缓。救国端在救民，利人即以利己，所冀众擎易举。济一岁之凶荒，还期人定胜天，卜来年之丰稔，民族前途，实利赖之。本会成立伊始，誓本至诚恻怛之心，尽综核严明之职，敢请各界仁人君子，见义勇为，解囊相助，布金发粟，拯溺苏枯，翔仁风于陇亩，何殊霖雨之施，比德惠于山邱，岂止云霓之望，洒泪陈词，伏希公鉴。"③10月17日，该会首次委员会议推定常务理事51人、常务监察12人，名单及简历如下。④

褚民谊（国民党中委、行政院秘书长）、杜月笙（前法商总会主席、中汇银行董事长、上海市商会执委、法租界华董）、闻兰亭（上海市商会执委）、宋汉章（前上海银行公会会长）、刘鸿生（上海市商会执委）、陆伯鸿（上海市商会执委）、王晓籁（上海市商会执委）、林康侯（上海银行公会秘书长）、宋子良（中国国货银行总经理）、赵晋卿（前上海总商会主席委员、实业部次长）、屈文六（沪南公共汽车公司董事长）、黄涵之（前上海市公益局长）、关絅之（建设银公司总经理、

① 《组织简章》，上海筹募各省旱灾义赈会：《旱灾汇编》，1935年，第3页。
② 《组织名单》，上海筹募各省旱灾义赈会：《旱灾汇编》，1935年，第18—20页。
③ 《旱灾义赈会昨日举行成立大会》，《申报》1934年10月15日第10版。
④ 名单据《各省旱灾义赈会议决募捐办法》，《申报》1934年10月18日第11版。括号内身份系笔者据《申报》等资料查得，系各人时任主要职务。

上海同昌车行协理)、陈蔗青(上海盐业银行经理)、张公权(中国银行总经理)、吴蕴斋(金城银行经理、中华捷运公司董事长)、钱新之(四行储蓄会、四行准备库总经理)、褚慧僧(丝商领袖,浙江全省茧联会主席、浙江丝厂业公会主席、上海全浙公会主席)、樊震初(中华全国道路建设协会秘书长)、李寿山(上海钱业公会执委、顺康钱庄经理)、顾吉生(丽明机织印染公司董事、箔业公会执委)、陈惕敏(上海市公安局外事股副主任)、钱竞平(前财政部会计司司长、币制局钞券处处长)、俞佐庭(上海市商会主席)、黄伯度(上海赈济东北难民联合会常务董事)、顾馨一(上海杂粮油饼业公会、豆米业公会主席,上海杂粮交易所理事长)、李子栽(上海赈济东北难民联合会常务董事)、黄任之(中华职业教育社董事、中华劝工银行董事)、李大超(上海市政府第一科科长、中心百货公司董事)、毛云(上海市党部代表、上海律师公会执行委员)、徐静仁(上海银行、中南银行董事,当涂铁矿公司经理)、张慰如(上海证券交易所理事长)、黄延芳(中华捷运公司总经理、浙江兴业银行地产部经理、上海市房产公会主席)、朱学范(上海市总工会主席)、陆京士(上海市党部执委、市总工会常委)、汤住心(沪东商业职校常务校董)、陈蔼士(浙江建业银行董事长、上海湖社委员长)、赵夷午(前湘军总司令、湖南省长,时轮金刚法会常务理事)、谢敬虚(前江西省长)、叶誉虎(前交通总长、著名书画家)、史量才(《申报》总理)、刘万青(皮商公会会长、长兴煤矿公司董事长)、汪少丞(上海永昌纱花号经理、湖北旅沪同乡会副会长)、韩觉民(上海各大学教职员联合会常委、上海教授作家协会常委)、成静生(九江消费税总局局长)、曾镕甫(财政部财政整理委员会秘书长、黄河水灾救济委员会秘书长兼总办事处处长)、何德奎(公共租界工部局会办)、王涤斋(前皖省政务厅长、光华火油公司常务董事)、胡文虎(新加坡著名侨商,上海虎标永安堂主人)、李双辉(印度尼西亚著名侨商)、钟荣光(私立岭南大学校长、前外交部侨务局长)等为常务理事,王丹揆(崇明大同商业银行董事长)、虞洽卿(三北轮船公司总理、上海航业公会主席)、黄金荣(法总巡捕房高等顾问、公董局华董、上海荣记共舞台总理)、张兰坪(颜料巨商,瑞康颜料号经理、劝工银行董事)、吴醒亚(上海市社会局长)、穆藕初(华商纱厂联合会执委、纱布交易所理事长)、朱吟江(木业公会主席、上海县商会主席委员)、熊秉三(前国务总理)、杨啸天(上海保安处长、国民党中央监察委员)、高一涵(监察院监委、中国公学校董)、潘公展(上海市教育局长、儿童书局公司董事长、上海绸业银行董事)、张啸林(法租界华董、长城唱片公司董事长兼总经理)等为常务监事。

从上述 63 名常务理事、监事的身份看,各省旱灾筹赈会集中了党、政、工商、学、军、警等社会各界人士,但以商界人士为主(有的一身而数任),约占 57.8%,政界特别是前政界要人也占较大比重。上述成员中,有的因长期以慈善公益的公众人物形象活跃于社会,使人们淡忘了其"商"的身份,但他们本质上是商人,如褚慧僧、关絅之等;也有的因受中华人民共和国成立后一些宣传的影响,给人印象是近代上海的大亨、闻人,甚至是"流氓",但他们本质上也是商人,如黄金荣、杜月笙、张啸林。另外,在旱灾义赈会组织机构成员中,国民政府主席和五院院长,纯为挂名名誉职。会长孔祥熙也只是偶有几次派代表参加会议。在旱灾会中,实际主持会务、从事赈济工作的主要是副会长许世英、王一亭和部分常驻上海的常务理监事(各组主任、副主任中,除 2 名审核组副主任外,均为常务理监事)。旱灾义赈会一成立,孔祥熙就设宴招待上海各界。《申报》报道说:10 月 21 日,孔祥熙"在北四川路新亚酒楼招待银钱实业各界,到宋子文、颜任光、杜月笙、陈蔗青、俞佐庭、徐新六、叶扶霄、秦润卿、孙衡甫、许世英、林康侯、张公权、贝淞荪、王儒堂、王震、王晓籁等四十余人"。①文中提到的基本上是商界人士,尤其是金融界要员。

旱灾义赈会制定有调查灾情、放赈款物的详细办法,并建立各级查放队伍,构建查放体系,以使款不虚糜,灾民得到实赈。该会放赈办法规定:(1)放赈以被灾 60%以上者为标准,由该会查放主任会同各省政府省赈务会调查、拟具标准,呈报该会核定;受赈以赤贫且年在五十岁以上、十五岁以下或残疾及其他非赈不活者为标准。(2)急赈由该会直接查放。(3)放赈以放粮为原则,每人约给赈粮 2 元,如有必须增减的,由查放主任临时酌定报会。(4)各省设查放主任 1 人,副主任 2 人,其下得用干事,应放赈之各县,得设县查放干事长。(5)放赈用该会赈票,加盖中央灾区冬期急赈委员会合放图记。(6)该会派员放赈,同时呈报中央派员监察。(7)放赈手续,由该会查放主任,负调查、给票之责,所有赈品赈款,会同各该地方政府赈务分会,凭票公开发给,收回赈

---

① 《各省旱灾义赈会财孔昨宴各界》,《申报》1934 年 10 月 21 日第 11 版。

票,由地方政府赈务分会立具证明书,交该会查放主任转报该会,交会计师审核后,送中央及国府赈务委员会备查。(8)各查放主任领到赈款赈品后,应于到达各该省(市)时凭省政府省赈务会指定银行,存储待发,其赈品指定公共存储场所。(9)各省(市)查放主任应于到达地点后,即将该省(市)放赈具体计划及现在已办赈务实况,会同省政府、省赈务会拟送该会查核。①

旱灾义赈会随即向各重灾省派定了查放人员,即浙江查放主任屈文六,副主任张申之、屈念劬;江苏查放主任张兰坪,副主任李天真、吴仲炎;安徽查放主任弘伞法师,副主任徐平轩、张泽溥;湖北查放主任贺衡夫,副主任孙松年、周霁光;湖南查放主任赵夷午,副主任刘策戒、周勃丞;江西查放主任李迪先,副主任聂承临、赵毓林。② 各查放主任到达各省后,又很快与当地省赈务部门确定应放各县查放干事长、干事,设立县查放办事处,派员会同各该区乡镇长进行查放工作。如驻皖查放主任弘伞法师,在被聘查放主任 1 个月内,就完成了灾情调查,确定了首批重灾 19 县查放干事长:即东流、至德沈念慈,石埭、青阳彭观光,歙县、休宁方蔚兰,黟县章子干,绩溪陈墨岩,宁国徐云涛,泾县、旌德、太平总干事长朱稼田兼旌德干事长,泾县谢继安,太平姜绪武,潜山王寿田,太湖张樵甫,立煌、霍邱张资阳,霍山陈涌泉,并已有 2 万余赈款依章散放灾民。③

灾情调查是准确放赈的基础,旱灾义赈会各级查放人员的灾情调查极其仔细,一般依章把灾区分成重灾、次灾、轻灾 3 个等次,把灾民分成极贫、次贫 2 类。例如,湖北查放正副主任贺衡夫、孙松年、周霁光对湖北重灾县阳新的调查报告说:阳新各区灾民 15 万人,已死亡或逃散 5 万。其中第一区共 61000 人,次贫 11000 人,极贫 25000 人,田约 12000 亩,地约 9800 亩,重灾 6 成,次灾 2.5 成,轻灾 1.5 成,平均 8 成。第二区 51853 人,次贫 18000 人,极贫 30000 人,田约 16900 亩,地约 14400 亩,重灾 7 成,次灾 2 成,轻灾 1 成,平均 9 成。第三区 60548 人,次贫 46700 人,极贫 14000 人,田约 21000 亩,地约 7800 亩,

---

① 《查放急赈办法原则》,上海筹募各省旱灾义赈会:《旱灾汇编》,1935 年,第 9—11 页。《各省旱灾义赈会议决放赈办法》,《申报》1934 年 12 月 8 日第 11 版。

② 《筹募各省旱灾义赈会昨开常委会议,聘各省查放主任十三人》,申报 1934 年 12 月 24 日第 11 版。

③ 《沪义赈会派员在皖放赈》,《申报》1935 年 1 月 28 日第 9 版。

重灾 6 成,次灾 2.5 成,轻灾 1.5 成,平均 8 成。① 第四区 55792 人,次贫 12100 人,极贫 19700 人,田约 18800 亩,地约 12580 亩,重灾 5 成,次灾 3.5 成,轻灾约 1.5 成,平均受灾 7 成。第五区 37000 人,次贫 12000 人,极贫 8000 人,田约 14400 亩,地约 15600 亩,重灾 7 成,次灾 2.5 成,轻灾 1.5 成,平均 9 成。第六区原约 40000 余人,现约 27000 人,次贫 8000 人,极贫 12000 人,田约 16000 亩,地约 14000 亩,重灾 7 成,次灾 2 成,轻灾 1 成,平均 9 成。第七区原约 50000 余人,现约 40000 余人,次贫 4800 人,极贫 14000 人,田地共 28908 亩,重灾 7 成,次灾 2 成,轻灾 1 成,平均 9 成。②

旱灾义赈会的赈灾款物主要来自国民政府的拨助和民间捐款。至 1935 年 2 月中旬,义赈会共获赈款 104.6 万元,其中政府冬期急赈委员会拨款 55 万元,募集 49.6 万元。义赈会先后已分配发放浙、赣、皖、鄂、湘各省 15 万元,苏省 10 万元,冀、豫、蜀各省 5 万元,桂 1.5 万元,南京市 0.5 万元,又捐户指赈江西、浙江等省及其他拨助赈款 8 万余元。③ 此外,到 1935 年 1 月下旬,该会收到各方捐赈新旧衣裤总计达 6000 件,也已基本先后发放各灾区,浙、鄂、湘、皖、赣 5 省各 800 件,苏省 600 件,豫、冀二省各 300 件,存会待发尚有 800 余件。④

分配到各省的赈款赈物,也已根据调查所得灾情基本放赈到各县灾民。例如,江苏省查放主任领到的 10 万元赈款,根据义赈会视察员成静生的报告,已放赈溧阳 3000 元,溧水 20000 元,高淳 14672 元,江浦 3000 元,句容 4000 元,金坛 6000 元,宜兴 3000 元,镇江赈面 2440 袋合洋 6000 元,江宁 13000 元,丹阳 5000 元,其余则正在筹划施放中。这些赈款"除高淳因交通不便,散放现款,余均购运米面,一律查户给票,择尤施放"。⑤ 上述赈衣的散放,据报道,仅 1935 年 1 月 21、22 日两天,就运往灾区 4400 余件。"云南路上海筹募各省旱灾义赈会,以际此天气骤寒,各省灾民无衣无食,殊属可悯。故于昨日除由三

---

① 第三区次贫、极贫人数之和大于人口总数,原文如此! 暂照原文。
② 《湖北阳新县惨灾赈务纪要》,《申报》1935 年 2 月 14 日第 11 版。
③ 《上海筹募各省旱灾义赈会报告办理急赈经过并募春赈捐款启事》,《申报》1935 年 2 月 19 日第 6 版。
④ 《各省旱灾义赈会二月后即结束》,《申报》1935 年 1 月 23 日第 9 版。
⑤ 《各省旱灾会赈苏概况》,《申报》1935 年 2 月 27 日第 13 版。

北公司交元通内河轮船装运面粉二千包、新旧棉衣裤八百件打成十七包,运送杭州放赈主任屈映光散放外,并于今日(二十二日)托中华捷运公司装运新旧棉衣裤六百件打成十四包,送河南开封、与河北放赈主任各半散放。又交三北公司松浦轮船运往南京新旧棉衣裤六百件打成十三包,安庆、芜湖新旧棉衣裤八百件计十九包,又湖北新旧棉衣裤八百件计十九包,湖南新旧棉衣裤八百件计十八包,共棉衣裤四千四百件,由各省放赈主任分别运往灾区散放。"①

　　上海各省旱灾义赈会收受的捐款中,商界应该占很大比重。在上述旱灾义赈会所募49.6万捐款中(至1935年1月),有10万元来自上海市急赈各地灾区普捐委员会募集的普捐。②

　　上海市普捐委员会是政府主导、社会各界广泛参与,旨在通过全市普捐筹集各省旱灾赈款的团体。1934年11月30日在市长吴铁城召集下成立于市商会。它规定委员会由市政府派2人,市商会、市党部、市总工会、童子军理事会、市教育会、第一特区市民联合会、日报公会、旱灾义赈会、青年会、第二特区市民联合会、银行公会、钱业公会、慈善团体联合会、公共租界纳税华人会、法租界纳税华人会、地方协会、红十字会、华洋义赈会各派1人组成。会议当天议定了各种募捐办法,即有殷富捐、商店捐、学生捐、沿街捐、住户捐、工人捐6种。另外还通过了时装展览、跳舞会、赛马、运动(如足球、网球等)、演戏、游戏场、影戏院等筹款,拟再由会分别组织委员会办理。③ 殷富捐就是向殷商富户捐募,由普捐委员会会同旱灾义赈会调查全市殷富,根据各殷富财力确定5万元、3万元、1.5万元、2000元、1600元几种不同的应捐标准,由普捐委员会函知、催交。商店捐也即工厂公司行号等企业捐,由商会根据同业公会规模大小及经济情形,分别拟定3000元、2000元、1500元、300元、200元、100元几种捐款标准,函请各同业公会负责认捐。学生捐即由市教育会、各学校校长负责向教职员、学生劝捐。沿街捐即由童子军沿街向行人劝捐。住户捐就是向全市各住户劝捐。工人捐本议定由市总工会负责,后委托由资方在工人工资中直

---

①　《大批棉衣裤运往灾区发放》,《申报》1935年1月22日第13版。

②　《各界旱灾义赈会昨召开第六次会议》,《申报》1935年1月26日第11版。

③　《救济各省灾黎本市将大举募捐》,《申报》1934年11月25日第11版;《各地灾区普捐委员会昨开成立大会》,《申报》1934年12月1日第14版。

接扣捐,标准是计时工资者捐 1 天工资,计件工资者捐大洋 5 角。① 规定全市普捐从 12 月 1 日开始(但因殷富捐、住户捐需事先进行调查,实际上 12 月下旬才开始),以一个月为期,由银行、钱庄、商店、公司、绸缎庄、银楼、旅馆、菜馆、中西药店、车行、照相馆、影戏院等作为普捐代收处。可见,上述普捐,除沿街捐、学生捐外,都带有强行摊派的性质。

上海市普捐委员会被称为各省旱灾义赈会的"别动队",其所有普捐都送旱灾义赈会放赈。② 其中殷富捐被视为"最重要捐款"③,普捐委员会对于吝而不捐或延不复者(即不复催款函)、借故外出、退还催款函的殷富,除不断催捐外,在《申报》等报纸上予以公布,并一再表示已拟定办法予以解决,所以各殷富捐款极为"踊跃"——无论你自愿或不愿。④ 普捐委员会也要求商会转商各业照额普捐,市商会即公告各业,要求"全市商界各就其能力所及,踊跃捐助"。⑤ 由上述普捐"定额"标准和普捐委员会的催捐措施,可以得出结论,即殷富捐、商店捐是普捐最重要的来源。

在旱灾义赈会的征信广告和其他报道中,有大量各类工商金融企业、富商大贾、工商同业公会捐赈的信息,而且这类捐赈不同于零散小额的学生捐、工人捐、沿街捐,往往捐额较大。例如,上海钱业公会超过规定额度,一次就捐了5000 元,⑥南京路商界联合会专门成立了由 25 名委员组成的南京路商联会各省灾区急赈劝募委员会,向所属商家劝募,也超额指标捐了 4971 元。⑦ 沪地沙船世家、著名地产商严味莲先以"严桐荫室"名义捐 2000 元(《申报》1934 年 11 月 7 日第 4 版,身份系笔者所查。下同),后再实名捐 10000 元(《申报》,1934 年 12 月 27 日第 10 版)。著名颜料商贝润生、周宗良各捐 1000 元,上海内地自来水公司捐 1000 元,旅沪嘉兴巨商姚慕莲、姚颂南分别以"姚募记"、"姚南

---

① 《急赈灾区普捐会童军定八日实行普捐》,《申报》1934 年 12 月 3 日第 10 版;《急赈普捐昨讯》,《申报》1934 年 12 月 22 日第 12 版;《急赈灾区普捐会函催各同业公会缴款》,《申报》1935 年 1 月 14 日第 9 版;《总工会决定工人急赈普捐办法》,《申报》1934 年 12 月 6 日第 10 版。

② 《急赈普捐会决议继续进行募捐》,《申报》1935 年 1 月 18 日第 11 版。

③ 《急赈普捐殷富捐即开始》,《申报》1934 年 12 月 12 日第 12 版。

④ 《急赈灾区 殷富认捐踊跃》,《申报》1934 年 12 月 27 日第 10 版。

⑤ 《上海市商会为请商界筹助各省灾区急赈事公告》,《申报》1934 年 12 月 8 日第 6 版。

⑥ 《钱业公会捐助赈款》,《申报》1934 年 12 月 12 日第 9 版。

⑦ 《南京路商联会劝募灾区急赈之成绩》,《申报》1934 年 12 月 11 日第 13 版。

记"捐 1000 元、500 元（《申报》1934 年 11 月 15 日第 5 版）；糖果饼干商王书元以"盛记公司"捐 5000 元（《申报》1934 年 11 月 23 日第 4 版）；周姓殷富以"絧德堂"先捐 5000 元，继又捐 10000 元（《申报》1934 年 12 月 2 日第 5 版、12 月 26 日第 9 版）；华商电气公司、闸北水电公司分别捐 3000 元、2000 元（《申报》1934 年 12 月 2 日第 5 版）；南浔旅沪富商刘安溥以"刘景德"名义捐 3000 元，苏州旅沪富商周渭石捐 1000 元（《申报》1934 年 12 月 24 日第 6 版）；粤籍标金商林炳炎捐 5000 元，上海华商纱布交易所、上海华商纱布交易所经纪人公会各捐 4000 元，苏州籍著名颜料商奚尊衔捐 1000 元，公大纱厂捐 1000 元（《申报》1934 年 12 月 31 日第 5 版）；旅沪浙商佥冠南捐洋 1000 元（《申报》1935 年 1 月 5 日第 16 版）；粤籍纱业、标金、银行巨商吴瑞元捐 5000 元（《申报》1935 年 1 月 6 日第 6 版）；苏州籍著名珠宝商杨寿生捐 2000 元，南洋兄弟烟草公司捐 1000（《申报》1935 年 1 月 13 日第 5 版）；上海华商证券交易所募助 20000 元（《申报》1935 年 1 月 19 日第 5 版）；上海新通公司创办人刘厚生寿仪移款助赈 3000 元（《申报》1935 年 1 月 21 日第 11 版）；旅沪粤商陈炳谦捐 1000 元（《申报》1935 年 1 月 9 日第 9 版）；旅沪粤商郑伯昭捐 2000 元（《申报》1935 年 1 月 23 日第 9 版）；旅沪甬商徐懋棠捐洋 2000 元（《申报》1935 年 1 月 25 日第 11 版）；南浔富商刘锦藻以"刘诒德"名义捐 2000 元（《申报》1935 年 2 月 12 日第 13 版）等。

以上这些罗列，仅仅是商界在这次旱灾救济中大额捐款的一部分，但由此我们已不难得出上海商界是各省旱灾义赈会所收捐助赈款主要来源的结论。

以上海商界为主参与 1934 年旱灾救济的不只是各省旱灾义赈会。事实上，上海参与这次旱灾救济的重要慈善团体如中国济生会、上海华洋义赈会、中国红十字会等主要也都是商界人士主持的，各旅沪同乡团体设立的灾赈机关主持人也主要是商人（下文将专目论述）。例如，时任中国济生会会长王一亭，副会长徐乾麟、黄涵之中，王、徐都是著名商人。时任中国红十字会会长王正廷，副会长史量才、刘鸿生，常务理事杜月笙、王一亭、闻兰亭、林康侯、王晓籁，除王正廷属因袭红会传统由政界要人担任会长外，其余也都是商界领袖。事实上，当时的中国红十字会主要是由副会长刘鸿生主持的。1934 年 12 月 30 日、31 日，中国红十字会连日发表启事，通告该会于 1935 年元旦起改用新收据,"由副会长刘鸿生、常务理事闻兰亭、常务监事黄涵之签字盖章,所有以前旧式收据一律停止使用"。①

中国济生会是灾荒救济的重要团体,此次旱灾发生后,济生会不断接到乞赈函电。9月7日,济生会召开赈务会议,虽然该会当时正在办理尚未结束的赈务很多,应接不暇,但还是议定选择江苏溧阳、宜兴等处及浙西等灾重之县设法筹赈,并立即派员进行灾情调查。②

关于浙西地区的赈务,后经与华洋义赈会、甲戌全浙救灾会、海宁旱灾会、世界红卍字会等办赈团体协商,以海宁灾情特重,决定分工联合办赈,济生会专办海宁第二、三、五3个区的赈务。济生会先后派出查放人员10余人到海宁勘灾查放,以李云门为查放主任。至1934年底,济生会在海宁的查放情况是:海宁二区,计灾户10405户,灾民44871人,放赈米2613.1石,赈衣1880套;第三区灾户8558户,灾民29720人,放赈款25486元,赈衣1400套;第五区灾户12137户,灾民44362人,放赈款36258元,放赈衣1700套。合计灾户31200户,灾民122996人,放赈款61744元,赈米2613.1石,棉衣4980套。另外,上海甲戌全浙救灾会委托该会加放二、三、五各区3000元。③

关于江苏省宜兴赈务,济生会与上海各省旱灾义赈会、红卍字会、上海华洋义赈会联合举办冬赈后,1935年春又与上海华洋义赈会、宜兴旱灾救济委员会总会及上海分会4机关商定联合举办春赈,各任捐洋1.25万元总计5万元,统交济生会派员赴宜兴放赈。④ 济生会即推李云门为宜兴办赈主任,带领办赈人员10余人,于3月12日前往宜兴赈济,主要负责该县第4—7四个区的春赈。至5月20日,济生会已在宜兴第4区官林镇收回1元、2元赈票4615张,发赈洋7681元;第5区杨巷镇收回1元、2元赈票7291张,发赈洋1.241万元;第6区徐舍镇收回1元、2元赈票7815张,发赈洋1.405万元;第7区张渚镇收回1元、2元、3元、4元赈票9246张,发赈洋2.2671万元,总计发放赈

① 《红十字会启事》,《申报》1934年12月30日第6版、12月31日第5版。
② 《济生会赈务纪要》,《申报》1934年9月8日第13版;《济生会接办海盐急赈》,《申报》1935年1月19日第13版;《各团体筹赈旱灾丛讯》,《申报》1934年10月13日第13版。
③ 《济生会办理海宁急赈报告》,《申报》1935年1月1日第31版。
④ 《宜兴同乡筹办宜兴赈务情形》,《申报》1935年3月8日第12版。

洋 5.6612 万元。[①]

从上述济生会在江、浙两省重灾县宜兴、海宁的查放情况，可以窥见济生会在这次旱灾赈济中的重要作用。所以，海宁旱灾赈济会曾对中国济生会、华洋义赈会、世界红卍字会、甲戌全浙救灾会"慨助巨款及棉衣药品，分区查放急赈"表示感谢。[②]

三、受灾省区旅沪同乡团体的赈济

上海是近代中国最大的移民城市。随着上海的崛起和发展，上海的同乡组织也迅速发展壮大，并在 20 世纪前 30 年，大多完成了从会馆、公所向同乡会的转型。由于上海主要是近代兴起的工商业城市，上海的同乡组织也明显有别于北京、南京、成都、苏州等地的同乡组织，即上海的同乡组织从会馆、公所时起，就主要是商人会馆类型，没有一所科试性会馆。进入 20 世纪、特别是辛亥以后纷纷成立起来的各旅沪同乡会，也以工商界人士为主体，属工商移民团体。[③] 对于旅沪同乡组织而言，母地灾荒攸关桑梓，所以原籍一有灾荒，相关旅沪同乡组织即全力救济。

甲戌旱荒发生，各相关旅沪同乡组织纷纷设立灾赈机关，组织救济。下面以浙江旅沪同乡团体为主、兼及其他若干旅沪同乡组织为例，作简略概述。

9 月 14 日，浙江旅沪同乡褚辅成、张啸林、王晓籁、王一亭等鉴于浙灾奇重，成立甲戌全浙救灾会，旅沪著名商人褚辅成、张啸林、王晓籁、王一亭、徐申如、沈田莘、徐寄顾、卢涧泉、俞寰丞［澄］、周星棠、姚慕莲、邬志豪、刘鸿生、章乃器、张慰如、徐冠南、虞洽卿、金润庠、俞佐庭、秦润卿、毛和源、裴云卿、黄溯初、钱新之、陆费伯鸿、徐新六、杜月笙、周守良等任执行委员或监察。[④] 随后的该会执监委员会议又推举褚辅成任主席，张啸林、王晓籁为副主席，张啸林、徐

---

①　《济生会办理宜兴赈务纪要》，《申报》1935 年 5 月 25 日第 10 版。

②　《海宁县旱灾赈济会敬谢中国济生会、华洋义赈会、世界红卍字会、甲戌全浙救灾会协助急赈》，《申报》1935 年 1 月 27 日第 5 版。

③　郭绪印：《老上海的同乡团体》，文汇出版社 2003 年版，第 15 页、第 57 页。

④　《全浙旅沪同乡昨成立甲戌救灾会》，《申报》1934 年 9 月 15 日第 13 版。

图 3-1　甲戌全浙救灾会主席褚辅成

新六、胡凤翔、褚辅成、姚慕莲、张慰如、王一亭、陈勤士、钱新之、沈田莘、王儒堂、虞洽卿、邬志豪、俞佐庭、王晓籁、裴云卿、张暄初、徐乾麟、屈文六、殷铸夫、徐寄庼、周守良、杜月笙、黄涵之等为常务委员,并推张申之任总务组主任,屈文六任赈务组主任,徐寄庼任财务组主任,杜月笙任捐务组主任。[1] 上述人员中,除王儒堂、张暄初、屈文六、殷铸夫、黄涵之外,都是著名旅沪浙商。

9 月 10 日,该会尚处于筹备阶段,就派出代表褚辅成、王晓籁、虞洽卿、张啸林、屈文六、殷铸夫等 8 人赴杭向浙江省政府请赈,并与省府筹商发行 2000 万元公债及工赈具体事宜。该会成立后即电蒋介石,请蒋氏电财政部,将正在财政部审议中的浙省公债条例加以修正,定名为救灾公债,明确专办浙省赈济及工赈兴修水利之用。电文明确指出"若以之抵补政费不足及举办不需要之建设事业,粉饰政治,罔顾民艰,浙民虽懦,誓竭全力反对。是项公债现正在财部审议中,钧座眷顾桑梓,仰祈俯赐主持,迅电财部,将该公债条例加以修正,定名为救灾公债,确定为办理赈济及兴修水利之用"。[2]

该会成立后,制定了奖励募捐办法,即捐款 500 元以上由该会赠匾,1000 元以上由该会呈请省政府赠匾,10000 元以上由该会呈请国民政府赠匾,并指定由中国银行、交通银行、中国实业银行、中汇银行、浙江兴业银行、国华银行、新华银行、四明银行、中国通商银行、中国垦业银行、浙江实业银行、上海银行、江海银行、大陆银行、金城银行、盐业银行、四明储蓄会、中央信托公司、通易信托公司、福源钱庄、永丰钱庄、恒异钱庄、承裕钱庄、赓欲钱庄、福康钱庄、顺康

---

① 《全浙救灾会执监会昨推定职员》,《申报》1934 年 9 月 23 日第 14 版。
② 《甲戌全浙救灾会电呈蒋委员长　浙省发行公债应请定名救灾》,《申报》1934 年 9 月 19 日第 11 版。

钱庄等 40 家金融机关为捐款收受机关。① 同时,该会发表乞赈宣言,在《申报》等报刊连续刊登募赈启事;电请国民政府、省政府为该会赈粮运输免费;购办泰国、印度尼西亚赈米;分配灾重各县办赈人员,调查灾情、筹办粥厂、放赈款物。经与浙省赈务会、济生会等协商,该会确定海宁、海盐由济生会负责赈济,新昌、上虞、嵊县由该会钱俊人负责放赈,嘉兴、崇德、桐乡由该会顾企元负责,於潜、临安、新登由该会沈桂林负责,分水、富阳、余杭由该会龚豪负责,天台、仙居由该会田禹东负责,遂安、淳安、寿昌由该会吴锡豪负责,建德、桐庐、浦江由该会吴三育负责,武康、安吉、长兴由该会鲁指南负责,萧山由沈佩安负责。② 至 11 月下旬,甲戌全浙救灾会已向全浙灾情最重之嘉兴、桐乡、崇德、安吉等 36 县,各拨助赈款 4000 元,海宁、海盐两县各拨 5000 元,总计已达 15.4 万元,③并已向南京扬子面粉厂购办赈粉 3000 包,常州恒丰面粉厂 5000 包,上海华丰面粉厂 1000 包。④ 仅 12 月 11 日至 14 日该会顾宗况运往嘉兴王店放赈的面粉就达 8000 袋,褚辅成、田月斧还募到大批白米在嘉兴曹王庙设立施粥厂。⑤

浙江受灾各府县旅沪同乡组织也积极筹款赈济"母地"旱荒,这些组织也大多由商界名流组织、主持。例如,1934 年 9 月 9 日,湖州旅沪名商沈联芳、钱新之、沈田莘等,发起成立湖属救灾委员会,专司所属 6 县救灾事务,会议讨论制定了章程,推举产生了 31 人组成的常务委员会。9 月 13 日召开的该会第二次大会及常务委员会,又推定王一亭为该会主任,沈联芳、钱新之、沈田莘、陈勤士(浙江省商会主席)为副主任,分任捐务、财务、赈务、总务事项,其领导层是清一色的湖属旅沪商界领袖。⑥

湖属救灾委员会成立后即派员与浙江其他旅沪同乡向浙省当局请赈,在《申报》《湖州月刊》等报刊刊登募捐启事乞赈,刊印捐册,广为劝募,并举办"礼

① 《全浙救灾会昨召集常务委员会》,《申报》1934 年 9 月 26 日第 9 版。
② 《全浙旱灾急赈会决购米面放赈》,《申报》1934 年 11 月 7 日第 10 版。
③ 《沪全浙救灾会拨发灾重县赈款》,《东南日报》1934 年 11 月 23 日第 7 版。
④ 《全浙救灾会购办面粉赈济灾民》,《申报》1934 年 11 月 26 日第 10 版。
⑤ 《嘉兴农民绝粮饿毙》,《申报》1934 年 9 月 28 日第 8 版。
⑥ 分别见:《湖属救灾委员会成立》,《申报》1934 年 9 月 10 日第 14 版;《湖属救灾委员会昨开第二次大会》,《申报》1934 年 9 月 14 日第 11 版。

服运动演剧筹赈大会"。[①] 当获悉湖属吴兴、德清、孝丰未被浙省赈务会列入放赈范围后,该会陈其采、王一亭、钱新之、沈联芳、沈田莘、俞凤韶等联名函致浙省民政、财政两长,力述 3 县惨重灾情,请求派员覆勘,迅予放赈。[②] 到 1935 年初,湖属救灾会已募赈款 4.2 万余元,并已散放长兴 5000 元,德清 4000 元,武康 2200 元,孝丰、安吉各 2000 元,吴兴面粉 4000 包,赈米 3000 石。[③] 湖州菱湖实业家章荣初鉴于家乡受灾惨重,捐赈 2 万元,向上海大隆机器厂购置抽水器 20 台,分发全镇农民抽水抗旱救灾,并组织乡民开凿自流井,供农民饮用;还用 1.3 万元派人到南通、无锡、常熟等处购米麦豆等粮食数百石;同时,为防火灾,又向上海增益纱带厂购置"太平软梯"200 架,分发预防,并从上海返乡主持一切。《申报》报道后感叹道:"其嘉惠农村、救济农民之热心,诚不可多觏已。"[④]

甲戌浙省旱灾以海宁为最重,灾民达 30 万人。9 月 7 日,海宁旅沪同乡与赴沪乞赈的海宁县县长在上海丝茧总公所成立海宁县旱灾赈济会并召开常务委员会,以海宁县县长江恢阅及旅沪海宁籍著名商人徐申如任主席,徐并任上海办事处主任。会议议定由县借款 50 万元办理急赈,并请省府准予从 1935 年起 3 年内在该县田赋省税项下分期偿还本息,还推徐申如、许行彬等为代表赴省请愿,紧急采办面粉 1000 包、米 1000 石,并请县府计划全县浚河等工赈事项。[⑤] 赈济会成立后即发表乞赈启事,指定上海、南京、杭州、硖石中国银行,海宁袁花、长安、斜桥农民银行,上海永亨银行,上海江苏银行,上海女子银行,上海顺康钱庄等为捐款代收处。该会虽然总事务所设海宁县政府,上海只设办事处,但实际上上海办事处才是办赈中心,历次常务会议均在上海召开,海宁县长或缺席会议,或专赴上海出席会议,与其他慈善团体的救灾协商、赈区的分任、赈灾款物的筹集与调度等,主要都在上海进行。

海宁旱灾赈济会驻沪办事处成立后,即与中国济生会、上海华洋义赈会、

———————

① 《湖属救灾委员会募捐启事》,《湖州月刊》1934 年第 6 卷第 2—3 期;《湖社消息汇志》,《申报》1935 年 2 月 17 日第 16 版。

② 《旅沪湖绅陈其采等为吴兴等县灾民请命》,《申报》1934 年 11 月 12 日第 11 版。

③ 《湖属救灾会募款成绩》,《湖州月刊》1935 年第 6 卷第 8 期。

④ 《章荣初慨捐巨款救济农村》,《申报》1934 年 7 月 18 日第 10 版。

⑤ 《六十年来未有奇灾,海宁赈济会昨开会》,《申报》1934 年 9 月 8 日第 13 版。

菩提法会、世界红卍字会商定联合办理海宁急赈。但因灾广地阔,灾民众多而赈款有限,即使部分灾民得一时急赈,也仅数日果腹而已。旱灾会为普遍救济计,议决呈请县政府修复 60 里塘河,办理沿海一带工赈。海宁 60 里塘河,西接杭县上塘河,沟通西湖,绕海宁县城而东,止于黄湾,关乎杭嘉两郡农田灌溉和航运。因该项工赈工程浩大,该会办事处函请县政府迅予估计工程经费,呈请浙省府拨款兴办工赈。同时,该办事处还呈浙省民政、财政、建设三厅划拨赈灾公债,疏浚 60 里塘河和 25 里塘河。①

其他省区旅沪同乡会也都积极筹赈乡籍地区旱灾。江苏无锡也属重灾区,全县灾田达 30 余万亩,农民生活陷入困境,只能以稀粥、草根、金刚藤充饥,哀鸿遍野、嗷嗷待哺。② 1934 年 9 月 21 日,无锡耆绅华艺三、蔡兼三等赴沪向同乡会、慈善团体乞赈,由无锡旅沪著名工商业者荣宗敬任理事长,王禹卿、陆培之任副理事长,匡仲谋、朱鸿昌、王尧臣、陶仞千、徐可亭等任理事的无锡旅沪同乡会即于次日召开理事评议会,在华、蔡两氏报告无锡灾情后,王禹卿首先慷慨解囊,其他与会人员相继认捐,一时便集有 5000 余元。会议议决此项捐款,统缴同乡会陶仞千君汇解无锡红卍字会拨放灾区,以三分之一赈无锡旱灾,三分之二拨给江苏灾情最重的溧阳。③ 1935 年春青黄不接之际,无锡赈灾委员会再次公推县长严慎予、县商会会长杨翰西等赴沪,与无锡旅沪同乡、各慈善机构"分别接洽,积极劝募赈款"。无锡旅沪同乡会召集会议,荣宗敬、王尧臣、王禹卿、匡仲谋、徐可亭、陶仞千、顾春圃、缪丕成、马少荃等百余人出席,严慎予、杨翰西分别报告新近灾况及市况,恳请旅沪同乡协力筹募。④ 同乡会急灾区所急,立即分发捐册、收据,函请旅沪各同乡募捐,并陆续将募集的赈款汇无锡赈灾委员会。3 月 11 日,又将 2000 元先行汇锡。同时,一再函催各同乡陆续捐输,以便汇往灾区赈济。同乡会还请常州名士钱名山假座该会

---

① 《各地告灾乞赈呼吁声》,《申报》1934 年 10 月 30 日第 11 版;《海宁旱赈会请浚河流》,《申报》1934 年 11 月 10 日第 11 版。

② 《无锡全县灾田达三十余万亩》,《申报》1934 年 9 月 27 日第 8 版;《无锡灾区饥民掘食金刚藤》,《申报》1935 年 5 月 13 日第 7 版。

③ 《无锡同乡会惠及灾黎》,《申报》1934 年 9 月 24 日第 11 版。

④ 《无锡官绅在沪募赈》,《申报》1935 年 3 月 4 日第 11 版。

赠书筹赈,由同乡会协助、宣传,赠书 5 天,筹款 700 余元。①

安徽泾县是皖省灾情最重的三县之一,②早在 8 月中旬,泾县旅沪同乡会就接到泾县第一区及县农会的乞赈电说,该县"灾象之重,实为近百年来所未有"。③ 同乡会不断接到来自家乡的乞赈函电后,于 8 月 22 日召开筹赈会议,决定组织泾县旅沪同乡旱灾救济委员会,向旅沪各同乡募集捐款,购买大宗米粮,运回办理平粜,当场推定泾籍富商朱斗文(棉纺、面粉、盐业、典当巨商朱幼鸿之子)、朱如山(朱斗文之弟)、朱静安(泾县朱氏族人、棉纺企业家)等担任筹募干事。④ 该会成立后,积极与上海筹募各省旱灾义赈会、徽宁旅沪同乡会救灾委员会等团体联络、协商,争取义赈会皖省查放主任弘伞法师等赈济皖(泾县)灾。

---

① 《无锡同乡会筹募无锡春赈捐款》,《申报》1935 年 4 月 11 日第 13 版。

② 《皖南三县旱灾严重,旅沪同乡电各方呼吁》,《申报》1934 年 9 月 13 日第 11 版。

③ 《皖南泾县旱灾严重》,《申报》1934 年 8 月 17 日第 12 版。

④ 《皖泾县同乡救济旱灾》,《申报》1934 年 8 月 23 日第 12 版。

中　篇

上海商界与民国水灾救济

第四章 上海商界与乙卯珠江水灾救济

一、南国巨灾

1915 年 7 月,珠江流域广东、广西、江西、湖南等省发生水灾,其中广东灾情尤重,为百年所未有,因该年为乙卯,也称乙卯水灾。

广义的珠江,是一个由西江、北江、东江及珠江三角洲诸河汇聚而成的复合水系,发源于云贵高原,流经云南、贵州、广西、广东、湖南、江西 6 省,论流量仅次于长江,是黄河的 5 倍,为我国流量第二大的河流。珠江流域属热带、亚热带季风气候区,降雨量充沛,年平均年降雨量在 1500 毫米以上,而且 80% 的降雨量集中在每年的 4—9 月份,受洪涝、台风影响大,灾害性气候危害严重。

乙卯水灾前的 1914 年,珠江也发生了几十年未有的水灾,但上年的水毁围基堤岸还未修复,1915 年更大的水灾再次降临。

1915 年 4、5 月,珠江流域已连绵淫雨为灾,如 5 月下旬以后,西江水位日涨,沿岸堤围已险情频发。6 月下旬至 7 月上中旬,珠江流域更是笼罩在暴雨之中,山洪暴发,西江、北江、东江三江同时暴涨,酿成百年未有的大水灾。北京政府在 7 月 14 日颁发的一则命令说,"粤省三江潦水先后涨发,……冲决围基,坍塌房屋,掩毙人畜,损害田禾,不可胜计。……此次东、西、北三江同时漫溢,灾区之广,灾情之重,实为从来所未有"。[①] 随后,徐世昌在一则批令中也说,此次广东"三江之水同时暴涨,酿成数百年未有之奇灾"。[②]

---

① 《命令》,《申报》1915 年 7 月 16 日第 2 版。

② 徐世昌:《督办广东治河事宜谭学衡呈陈明粤省水灾前后办理情形并现在西江测量办法请训示文并批令》,《政府公报》1915 年 9 月 15 日,第 1212 期,第 50 页。

从这些文献记载，我们已可以看出这次水灾的严重程度。但这些文字不免笼统，而且每每有水灾，类似文字常见诸报端，以致使人怀疑其真实性。我们还是再看看当时科学的水文资料。据水文资料记载，这次水灾中，西江在两广交界的梧州一带的洪峰流量达到 54500 立方米/秒，北江横石一带的洪峰流量也达 21000 立方米/秒，都突破了历史最高纪录，其中梧州流量"稀遇程度不仅仅是有实测纪录以来 90 余年最大洪水，而且在 1784 年以来 200 余年中也是最大的一次"，北江横石站洪峰流量"其稀遇程度为 1764 年以来最大洪水"。①

这些科学的水文数据，诠释了这次水灾"百年未有"、"数百年未有"之记载。但上述文献记载和水文数据，仍不免笼统、抽象。我们再看一些市县受灾情况的具体记载。

清远县：7 月 2 日至 10 日，粤北山区连降暴雨，山洪奔腾而入北江，奔至清远县汇合。7 月 9 日，北江最大之石角围突然崩决，洪流高过围面一丈有余冲入清远城，"各处崩基不可胜数，全县倒塌屋四万六千余间，灾民二十四万一千余"，"城内只学宫、起凤、城隍三街未浸，余成泽国"。②

高要县：7 月 9 日，高要县属西江最大的景福围决口，世屯乡"全乡成泽穴，后岗乡、均团乡、陈田乡、上瑶乡、下瑶乡、隔岗乡、独石村片瓦无存"。其他广福围、大围等也崩决，下游各子围均淹没无存，"溺死人命无算"。

高明县：7 月 9 日，县属秀丽围、桑园围、古劳围崩决 5 口，洪水灌城，"各决数十丈，时在黑夜，弱死人颇多，数十乡灾民露宿山岗"。

三水县：7 月 9 日，三水县属乐塘围崩决 300 余丈，格塞围也崩决百余丈，塌屋死人无算。

连山县：六七月间，雷雨夹旬，大雾、巾子诸山崩裂，洪水徒发，沿溪田庐路桥冲毁无算，沙坊禾岗被灾尤烈，县属被灾殆遍。

南海县：7 月 9 日至 11 日，县属棠下涌乡南功围崩决百余丈，附近文教乡小百围也崩决百余丈，一片汪洋，竟成泽国。

---

① 胡明思、骆承政主编：《中国历史大洪水》，下卷，中国书店出版社 1989 年版，第 630—631 页。
② 广东省文史研究馆：《广东省自然灾害史料》（增订本），广东省文史研究室 1963 年内部发行，第 57 页。以下各县市灾情均出自该书第 57—58 页，不再一一作注。

鹤山县:7月9日,县境的苗围、独刚围崩决,"难民遍山岗"。

顺德县:县属柴溪、同福、和乐、闲步、马营等围崩决,尤以二十六乡马营围被冲决3处,平地水深丈余,浅也五六尺,难民栖宿屋顶,呼救之声不堪闻。

珠江西、北、东江各属崩围后,省城广州"随即被淹",城西地势低洼的泮塘、澳口、南岸、增埠首当其冲。7月10日,广州河南一带"潦水即已浸街"。11日,广州西关一带水势愈益盛涨,水深已达3尺,且深夜后"水势陡涨",12日即农历初一为涨潮之时,所以该日水势继长增高,广州上、下西关地区"水势汪洋,不可复遏",下西关的水位淹及屋瓦,上西关也水深及门。灾民纷纷逃避入城,灾民云集。"由西门入城者,则栖息于光孝寺、元妙观、金刚庵、旧将军衙门等地,由太平门入者,则栖息于旧海关署。由大南门入者,则栖息于大佛寺、广府学宫等地。而在大北门外,则栖息于西山寺及双山寺庄房者尤多,其灾民不下十余万,大抵皆鸠形鹄面,僵卧地中,其惨状实不忍睹。"当天,警察厅派救生艇100艘,搜救灾民,一些慈善团、救伤队也纷纷救济,但因街道狭隘,街栅林立,船、艇行进多受阻碍。灾民纷纷避水于屋瓦之上,水势涨急,"但闻一片救命之声,而房屋纷纷倒塌,人民即溺毙水中矣"。13日,"水势益盛",整个广州城西繁盛的商业区被淹没。"是日,商工停业,交通阻塞,省港轮船、各乡渡船皆因水猛不能开行,全城自来水皆因水管被浸,不能开放,晚上则电灯亦因电机被浸不能放光,全城皆成黑暗世界,是日为最恐怖之时。"①

然后,是日的"恐怖"不仅在于"水",而是"水""火"交加而成的"奇灾"。7月13下午2点30分左右,西关十三行商民避水楼居,午炊时不慎失火,火势迅即蔓延至附近之同兴街,该街"全系火油火柴商店,被其延及,火油箱炸,火油随水浮流各街,油到之处,店房悉行着火,瞬息之间,数路火起,风猛势烈,不可向迩"。直至7月14日下午5时,火势才"稍灭"。②

《申报》特约员的报道,为我们记录了水火交逼下的灾民惨状。"是时,水深火热,灾民之号呼尤惨。逃生无路,死于是者,实难以数计。欲行施救,水喉因无自来水,既不能开用水车,又因街道浸水,不能安放。巡警消防队只有用

---

① 特约员平生:《粤灾之特别报告》,《申报》1915年7月24日第6版。
② 《广东水火大灾三志》,《申报》1915年7月23日第6版。

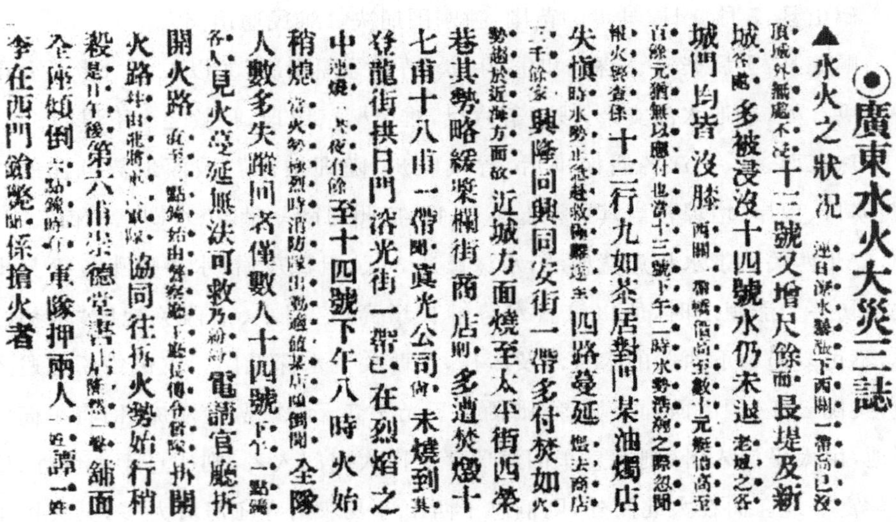

图 4-1　《广东水火大灾三志》（《申报》1915 年 7 月 23 日第 6 版）

拆火路之法,讵知火路拆开三丈余,而火头太多,四处喷射,且水火交逼,墙壁纷纷倒塌,消防队第一队二十人正奋力进行,而压毙于水中者九人,其余亦多伤重,因是在后者不敢前进,只得任其自然,愈烧愈远,此所以直烧至十四日申刻,其浸水稍浅之地,始可用施救之法也。十三行一带,商廛林立,为全省商务精华,今皆荡为煨烬,人民不死于水,则死于火,其逃生者,或焦头烂额,或伤胸折臂,此种景象,为从来水灾之所未有,伤心惨目,莫过于斯。"①

关于这次火灾延烧范围、造成损失,随后几天多有报道,但由于涨水未退,交通阻碍,调查不易,所以记载数据多有出入。广肇公所、潮州会馆 7 月 17 日刊发的《粤东水火奇灾募捐》广告,说延烧数千户,财产损失不下万万。② 7 月 23 日刊出的《广东水火大灾三志》说"毁去商店三千余家",又说据 16 号警察厅调查,"焚去店铺约二千八百余间,被焚而死者万余人",同一报道,而数据却不同。7 月 25 日刊出的《广东水火大灾五志》,系经作者切实调查而写,详细列出了火灾延及各街的街名,被焚商店的各门牌号,说火灾蔓延"街名共二十一条,

---

① 特约员平生:《粤灾之特别报告》,《申报》1915 年 7 月 24 日第 6 版。
② 《粤东水火奇灾募捐广告》,《申报》1915 年 7 月 17 日第 1 版。

街道实二十五处，门牌共一千一百四十六号，实烧去商店四百四十七间"。① 这一说法应该是比较可信的。

　　总计这次水灾，广东受灾达 43 县，包括北江之连山、阳山、翁源、清远、佛冈、英德、龙门、乐昌、韶关、从化、花县、曲江、始兴、南雄、乳源，东江之增城、河源、博罗、惠阳、龙川、东莞、佛山、顺德，西江之高要、三水、四会、德庆、新兴、南海、开建、封川、云浮、罗定、高明、新会、鹤山、香山、信宜、化县、吴川、电白、阳春、阳江等。珠江流域的广西、云南、江西、湖南同受洪水冲击。广西南宁、苍梧、桂林、柳江、田南、镇南各道属 30 余县受灾，洪水漂流，遍成泽国，灾民流离数十万，庐屋冲塌 10 余万间，田禾财产牲畜荡然无存，惨象不可言状。② 据新中国成立初，珠江水利工程局的调查和统计，这次珠江流域水灾，两广受灾农田 1400 万亩，其中广东省受灾农田达 1022 万亩，两广受灾人口超过 600 万，其中珠江三角洲 18 个县市受灾面积 647 万亩，受灾人口达 378 万人。③

二、上海商界的赈济：以广东旅沪同乡会馆为中心

　　广东商人早在明代就在长江中下游地区经营。上海开埠后，随着在广州的洋行纷纷北上上海，大批粤籍买办跟随转移上海。随着上海迅速崛起为中国内外贸易中心，更有大批广东商人赴上海经营谋生。有资料说，1851 年时上海县城就有广东人 8 万左右，超过江苏人和浙江人。为维护本帮商人的利益，广东各地商人纷纷在上海建立同乡、同业会馆或公所，如广肇公所、潮州会馆等，但在 1932 年成立广东旅沪同乡会之前，上海并没有统一的广东旅沪同乡组织。

　　广肇公所是广州府和肇庆府两府旅沪商人建立的同乡团体，潮州会馆则是潮州地区 8 县至上海的商人联合组成的同乡组织。由于历史的原因，广东商人特别是潮州帮商人在上海的烟土行业具有垄断性地位。苏智良研究后指出："自 19 世纪 60 年代后，潮帮商店占据上海这个中国最大的鸦片贸易城市，

---

① 《广东水火大灾五志》，《申报》1915 年 7 月 25 日第 6 版。
② 《命令》，《申报》1915 年 9 月 8 日第 2 版。
③ 李文海等：《中国近代十大灾荒》，上海人民出版社 1994 年版，第 127 页。

垄断鸦片零售及烟膏的制造与贩卖达 60 年之久。"①直到烟禁甚严的 20 世纪
30 年代初,上海经营鸦片事业的商人仍"构成粤系财界中的过半分子"。② 同
样由于历史的原因,广东商人在上海的洋行买办业、丝茶等出口贸易及潮糖杂
货业都具有极重要的地位。他们在这些行业获得巨额利润后,广泛投资轮船
修造、棉纱棉布、交通运输、商业百货及银行、钱庄、保险等金融业。例如,广帮
烟土商在 1912 至 1926 年将部分烟土业经营利润投资创办钱庄,总计有鸿胜、
鸿祥、鸿丰、晋安、信裕等 49 家。③ 因此,烟土商、洋行买办、航运商、进出口贸
易商和糖业经营商在同乡会馆中具有重要地位,同乡会馆、公所中的大部分董
事都是商人。如广肇公所的董事主要是烟土商、洋行买办、招商局股东和丝茶
商人。潮州会馆董事会中,除了这几类商人外,潮糖杂货、典押商人也具有重
要地位,该会馆 1923 年的 24 名董事是清一色的"商人",其中有 21 人是各类
商号的老板,只有 3 人是工业资本家。④ 在 19 世纪后半叶,广帮是上海最具实
力的区域商人群体,其旅沪同乡会馆也具有重要影响,其中的广肇公所是整个
近代上海最具代表性的二三个同乡会馆之一。

作为同乡组织,广肇公所和潮州会馆的主要功能是"联乡情,笃友谊",以
维护本帮商业利益为主要职志,也致力于公益慈善事业,赈济灾荒即是其重要
功能之一。这次乙卯水灾发生后,广东商人通过广肇公所和潮州会馆极力
施救。

广东乙卯水灾发生时,广肇公所和潮州会馆的主要董事有伍廷芳(政)、唐
绍仪(政)、陈维翰(布商)、谭国忠(商,谭同兴号主)、陈可良(商,太古洋行总买
办)、梁纶卿(商,同泰号主)、陈星帆(商,陈洽盛主)、郭竹樵(烟土商)、郭乐轩
(烟土商,元茂号主)、郭若雨(烟土商)、黄少岩(商,黄少记)、李少庚(李庚记)、
郑佐之(烟土商)、劳敬修(商,买办)、陈辅臣(商,买办)等。其中除伍廷芳、唐
绍仪外都是商人。伍、唐二氏是近代著名的政治家,其实当时也兼具商人身
份。伍廷芳是招商局大股东兼董事。1914 年,唐绍仪、伍廷芳等集资 100 万

---

① 苏智良:《中国毒品史》,上海人民出版社 1997 年版,第 147 页。
② 中国人民银行上海市分行编:《上海钱庄史料》,上海人民出版社 1960 年版,第 756 页。
③ 中国人民银行上海市分行编:《上海钱庄史料》,上海人民出版社 1960 年版,第 758—762 页。
④ 郭绪印:《老上海的同乡团体》,文汇出版社 2003 年版,第 140 页。

元,在上海发起创办金星人寿保险公司,唐任总董,伍是董事之一。① 该年 5月,唐绍仪还创办了金星水火保险公司。②

在 1915 年广东发生特大水灾后,7 月 14 日,广肇公所和潮州会馆接到广东治河事宜处督办谭学衡两份乞赈来电后,马上投入了救灾工作。17 日,广肇公所、潮州会馆以及旅沪粤帮各业巨商召开会议,商讨筹赈办法。会议决定即日先电汇 4 万元,交香港东华医院拨省,以应急需。同时设立筹赈处,广为劝募。③

广肇公所和潮州会馆随后的筹赈工作,大致为以下几方面。

一是广刊启事,陈述灾情,乞捐款物。

为筹集赈款赈物,广肇公所和潮州会馆充分利用《申报》等著名报刊,刊登募捐广告,从水灾发生的 7 月份到 8 月份,相关报道和募捐广告未曾中断。报道中先描述水灾悲惨灾况,使人产生同情怜悯之心,再号召各界仁人捐款助赈,情真意切。如刊登的《粤东水火奇灾募捐广告》说:"粤东上年被水,痛苦已深,今岁复遭水灾,较前尤巨。西江一带水高八十余尺,省城浸没丈余,河南已逾屋巅。水患未已,继以火灾,延烧数千户,不死于水,即死于火,人口伤亡不可数计,财产损失不下万万,诚千古未有奇灾。伏乞各界仁人共捐义赈,以拯灾黎。"④《上海广肇公所潮州会馆历陈粤东水火奇灾及潦水复涨灾情乞赈》则说:"粤东不幸,三江水同时并发,决堤至数百处,灾区弥数十县,人口伤亡十数万,财产损失万万,房屋倒塌万千,水患未已,继以火灾,不死于水,即死于火,哀声动地,流尸填渠,诚千古未有奇劫。乃元祸未已,昨接救灾公司报告,近因东南飓风,海潮反激,省河水度又增,西、北两江复经暴涨,仅欠二尺便达前度,各围未补之决口,水复争相湍入,势极猛烈,危险万分。一波未平,一波又起,人民迁避初回者,又复淹毙无算,流离琐尾,惨状更甚于前。哀哀号天,胡为致此。伏乞各界仁人慨解义囊,俾此数百万奄奄待毙灾民出水火而登衽席。"⑤

———————

　　① 《中国金星人寿保险有限公司》,《申报》1914 年 4 月 7 日第 4 版;《优给薪水招聘经理》,《申报》1914 年 8 月 16 日第 10 版。

　　② 《金星水火保险公司十五号开业广告》,《申报》1915 年 5 月 19 日第 2 版。

　　③ 《粤省水火奇灾乞赈续志》,《申报》1915 年 7 月 13 日第 10 版。

　　④ 《粤东水火奇灾募捐广告》,《申报》1915 年 7 月 17 日第 1 版。

　　⑤ 《上海广肇公所潮州会馆历陈粤东水火奇灾及潦水复涨灾情乞赈》,《申报》1915 年 8 月 20 日第 1 版。

二是呼请政府筹款赈济。

由于广东在辛亥革命中的特殊地位与作用,广东人在民初政界具有重要影响。广肇公所特别注意联络粤籍政界要人,并把其中一些推为董事,清末有上海知县叶顾之这样的朝廷命官,民初有伍廷芳、唐绍仪及沪海道尹杨小川这样的政界名流。所以,广肇公所一直与政府关系比较密切。

珠江水灾发生后,广肇公所、潮州会馆立即呼请北洋政府拨款赈济,北京政府随拨赈款 10 万元,并获袁世凯"捐赈"1 万元。因筹款孔亟,广肇公所、潮州会馆又呼请北洋政府以烟土税拨赈。如前所述,广东帮在上海烟土行业具有垄断地位,对烟土税收特别熟悉,贡献也大。7 月 17 日,广肇公所、潮州会馆董事伍廷芳、唐绍仪、陈维翰、谭国忠、梁应绵、郭竹樵、陈星帆、郑佐之等,联名电请政府将烟土印花税酌拨作赈款。电文在陈述粤灾惨状和政府财政困难后指出:赈济粤灾必须另筹巨款,广东、江苏、江西三省新增的烟土印花税,对于政府不过毫末之助,但如果"酌拨作赈款,可活千百万人"。北洋政府随即电两会馆、公所说:所请移用烟税赈济,已交财政部酌核拨发。①

三是组织义演筹赈。

在筹募赈款中,广肇公所、潮州会馆与戏院、剧社、游艺会等合作,筹募灾款。粤东人陈维新曾游历欧美,悉心研究幻术,而以催眠术为最著。回国后组织成立维新游艺会,有男女技师 20 余人,并有猛兽多种,演出种种奇技戏法,"所演皆离奇变幻,神出不穷",世所罕有,在广东及香港演出几十天,都是人山人海,掌声如雷。1915 年 6 月,陈受邀到上海演出。② 广东水灾发生后,广肇公所即与维新游艺会联系,陈维新与粤籍华侨梁芹生恻隐于水灾难民,愿将催眠术技艺大戏法在海宁路多利戏院报效开演 4 天,所得戏资悉数拨于广肇公所汇粤赈济。③ 开演首日的演出过程中,广肇公所董事、沪海道尹杨小川等演说粤东灾情,说到悲惨情形处,"台下掷金充赈者纷如雨点"。④

广肇公所还联系民鸣新剧社,并担任民鸣社助赈演出销券。民鸣新剧社

---

① 《粤帮筹赈纪事·请以烟税拨赈款》,《申报》1915 年 7 月 22 日第 10 版。
② 《维新游艺会催眠技艺大兽戏法》,《申报》1915 年 6 月 28 日第 12 版。
③ 《维新游艺会报效四天助赈》,《申报》1915 年 7 月 20 日第 12 版。
④ 《粤帮筹赈纪事》,《申报》1915 年 7 月 22 日第 10 版。

由著名电影艺术家张石川等成立于 1913 年 11 月,是上海早期话剧演出中最为成功的商业话剧团体,也是上海早期连续不间断演出时间最长的剧社。① 查《申报》可知,该剧社热心赈务,成立后已多次举行义演助赈。这次乙卯水灾发生后,又专门编排了新剧《广东之水深火热》,于 8 月 6 日晚在海宁路外国戏院演出,所得之资悉数汇解灾区,而编排演出过程中的一切开销都由剧社担任。广肇公所担任销券 1000 余张,每券售价 1 元。② 演出开始前,沪海道尹杨小川及杜梅叔等多人发表演说。该剧本"满台真水真火,为沪上剧场从来所未有"。演出获得相当成功,观者座无虚席,"声泪俱下""无不鼓掌"。"当演说及演剧至悲痛处,台下掷洋纷如雨点。有关女士当场脱金耳环助赈,并有某君掷钞一百元,并不留名,而该社前后台艺员及茶房职役或掷银洋或掷铜元,亦络绎不绝。"③最后,剧社将此次演出所得券资 1500 余元,由广肇公所悉数汇解灾区。④ 广肇公所和潮州会馆通过与戏院和剧社合作义演筹赈,演出过程中恰当安排杨小川等演说,激发观众的恻隐之心,取得很好的筹款成效。

四是组织救灾物资运输,并争取有关运输部门、企业免收运费,向灾区放赈款物。

因救灾急如星火,广肇公所、潮州会馆于 7 月 17 日筹集赈款 4 万元并立即电汇香港东华医院,请其"分拨放赈各机关,以应急赈",同时决定筹款购抚湖米 10000 包用于赈济。⑤ 同日,广帮又续捐银 8000 两,购米 500 吨,争取太古洋行轮船免费从上海运往广州。⑥ 次日的《申报》报道说,此项节省运费"为数不下数千两"。⑦ 同时,两公所、会馆继续积极筹募赈款,组织购办赈济物资,并充分利用伍廷芳、唐绍仪、杨小川、郑炳谦等董事在政界、商界的影响力,与有关各方筹商免费运输救灾物品。首批赈款电汇后不到 10 天,广肇公所、潮

---

① 赵骧:《民鸣社:上海文明戏的生力军》,《湖南社会科学》2011 年第 3 期。

② 《民鸣社演剧助赈》,《申报》1915 年 7 月 28 日第 10 版。

③ 《民鸣社演剧助赈纪事》,《申报》1915 年 8 月 8 日第 10 版。

④ 《民鸣社演剧助赈再志》,《申报》1915 年 8 月 9 日第 10 版。

⑤ 《粤省水火奇灾乞赈续志》,《申报》1915 年 7 月 18 日第 10 版。

⑥ 《香港电》,《申报》1915 年 7 月 18 日第 3 版。但次日的《申报》报道说,17 日会议时即席认捐 7000 余元,由金星人寿兼水火保险公司先担任垫款购米。《助赈粤灾之踊跃》,《申报》1915 年 7 月 19 日第 10 版。

⑦ 《助赈粤灾之踊跃》,《申报》1915 年 7 月 19 日第 10 版。

州会馆就已将采购的大批赈济物资,通过美舰塞拍拉号(音译)代运发往香港,仍请东华医院转省分赈各灾区。这批赈济物品包括赈米 2869 包,饼干 13000 余磅,面粉 1700 包,国货人丹 10000 包,胜宝丹 1000 包。[①] 此后,旅沪粤帮又争取怡和洋行免费运粮 500 吨,招商局免费运粮 1000 吨。[②]

在这次水灾赈济中,广肇公所、潮州会馆等联合其他旅沪粤商捐募了 14 万元以上,其中电汇香港东华医院 4 万元,置办芜湖赈米 4 万余元,票汇广州慈善团体救灾公所、自治研究社各 3 万元。全部赈济工作直到 1916 年初广肇公所寄出最后一笔赈济款才告结束。[③] 对于捐募的赈款赈物,广肇公所和潮州会馆都在《申报》刊载征信(总计刊载 38 次),并敬谢捐助者,及时刊载赈款用途及去向,赈济过程公开透明。

三、红十字会及工商企业、商人的赈济

图 4-2　红十字会副会长兼常议会议长、上海总办事处主任沈敦和

中国红十字会 1904 年成立于上海,旅沪浙商沈敦和是最主要创始人。1912 年 10 月的红十字会全国会员大会议决总会迁北京,"而设常议会及总办事处于上海,一切会务拟由总办事处办理"。[④] 沈敦和作为红会副会长兼常议会议长率总办事处驻上海,成为红十字会的实际负责人。红会时任中方办事董事、监察(查账员)如施子英、朱葆三、谢纶辉、朱五楼等也都是著名商人。珠江流域乙卯水灾发生后,沈敦和等积极组织红十字会开展救济。

7 月 22 日,红十字会接到该会广东分会关于珠江水灾"各属堤围崩缺,冲没屋宇无数,饥

---

① 《美舰助运粤东赈粮》,《申报》1915 年 7 月 26 日第 10 版。
② 《筹办粤东义赈》,《申报》1915 年 8 月 1 日第 10 版。
③ 宋钻友:《广东人在上海 1843—1949 年》,上海人民出版社 2007 年版,第 143—144 页。
④ 《红十字会移北京》,《民立报》1912 年 10 月 15 日。

民嗷嗷待哺”的灾情和乞求总办事处“请速筹募急赈”的电报后,沈敦和立即"筹募协济"。① 从 7 月 23 日起,红十字会以总办事处沈敦和的名义连续在《申报》刊发《中国红十字会急募广东水灾赈捐》,说珠江流域西江各属堤围崩缺,冲没田禾、屋宇无数,饥民巨万,待哺嗷嗷,且大灾之后疫疠必盛,祈“薄海同胞,本饥溺之殷,怀抚艰难之时会,大沛甘霖,宏施救济”,使数十万无告灾黎,得以喘息而辑流离。② 从 8 月 10 日到 9 月 6 日,红十字会又以总办事处沈敦和的名义,连续在《申报》刊登《中国红十字会并募广东江西水灾急赈》,指出红会迭接粤、赣两省官绅乞赈函电,红会因正“救赈兼营”浙江衢州水灾、上海风潮之灾,所以正虞财力竭蹶,棉力重负。祈求薄海同胞,本饥溺之殷,怀拯艰难之时会,慨解仁囊,“使本会能尽一分之力,即于灾民多受一分之益”。③ 红十字会总办事处还刊发《中国红十字会敬募江西万泰吉临等县水灾急赈》《中国红十字会敬募江西水灾赈款棉衣》,恳请海内外慈善大家,慨解仁囊,使红会得以集腋成裘,分资协济。④ 红十字会上海总办事处一面公告乞求海内外捐赈水灾,同时向广东派出医队前往救援,向江西派出调查员进行灾情调查,并向灾区拨赈款物。1915 年冬,红十字会连续向江西拨赈 2 批棉衣,江西巡按使戚扬因此特向红十字会致电表示感谢。⑤

乙卯水灾发生后,上海的工商同业组织、工厂企业公司行号和商界人士,纷纷捐款捐物,免费运输赈粮赈物,参与救灾赈济。

如前所述,粤商特别是潮州商人在上海鸦片贸易中具有垄断地位,积累了巨额财富,他们是这次珠江流域水灾赈济中捐赈最力的群体。例如,粤商控制的上海洋药公所捐赈 20000 元,⑥是此次水灾救济中最大一笔捐款。另外,有一批烟土业行号捐助了大额赈款。笔者经查阅当时刊载于《申报》的历次征信录(共 38 次)和其他资料,现已能确认的烟土商号捐款在洋 500 元以上的至少

---

① 《红会筹赈粤灾》,《申报》1915 年 7 月 23 日第 10 版。

② 《中国红十字会急募广东水灾赈捐》,《申报》1915 年 7 月 23 日第 1 版。该捐启从 7 月 23 日至 30 日连续刊登。

③ 《中国红十字会并募广东江西水灾急赈》,《申报》1915 年 8 月 10 日第 1 版。

④ 《中国红十字会敬募江西万泰吉临等县水灾急赈》,《申报》1915 年 11 月 16 日第 1 版。

⑤ 《赣巡按对于红十字会之感谢》,《申报》1915 年 12 月 23 日第 10 版。

⑥ 《鸣谢大善士乐助广东水灾第二次收款列》,《申报》1915 年 8 月 11 日第 5 版。

有：郭德顺洋 2000 元，郭鸿泰（郭子彬开设）2000 元，敦和号（郑培之开设）1000元，信和号（施再春开设）1000 元，广福和烟号 1000 元，郭煜盛 500 元，郭晋余（郭惠卿开设）500 元，郑永康 500 元，李裕康 500 元，源大和记（陈子芳开设）500 元，郑仁记（郑建明开设）500 元，聚成号 500 元，益和土号 500 元，广诚信号 500 元。①

丝绸庄号、洋布业方面，已查明的捐款情况是：上海各绸布庄号在 7 月 20日上午仅半天就助捐 4000 余元。② 上海洋布业龙头老大大丰洋布号 150 元，敦裕洋布号 150 元，李柏记 100 元，源盛洋布号 100 元，德丰洋布号 100 元，逢泰洋布号 100 元，恒丰洋布号 50 元，陈星记洋布号 50 元，协和恒洋布号 50元，施才洋布号 50 元，渭记洋布号 50 元，通裕洋布号 50 元，义丰洋布号50 元。

保险业方面，因筹款有时而灾民待赈孔亟，上海金星人寿兼水火保险公司早在 7 月中旬就垫款购运芜湖赈米 8000 包运往广东。其他保险公司捐助的，还有仁济和保险公司 300 元，福安保险公司 200 元，联保水火险公司 200 元。

其他工商企业捐款难以计数。以下是笔者经查确认的部分捐额较大的工商业企业：轮船招商局捐洋 2000 元，广生利牛皮厂 500 元，广发源 500 元，春源馥 500 元，陈赓昌 500 元，恒昌文记 400 元，利昌祥 400 元，福安五金店 300元，于启泰德记 300 元，永泰栈 300 元，上和隆 300 元，信源昌 300 元，郭诚大号 300 元等。以上是捐额较大的工商企业，小额捐款的工商行号，难以计数。如部分木行的捐助：协兴木行 30 元，瑞大木行 10 元，复记木行 10 元，协生木行 10 元，裕大木行 10 元。这些规模较小的铺面商号，捐款数额虽然不大，但

---

① 根据旅沪广东慈善会筹办处的历次鸣谢大善士乐助广东水灾征信录，烟土商号后括号内的商号主人系笔者根据其他资料查得。历次鸣谢征信分别刊载于《申报》1915 年 8 月 8 日第 5 版、8 月 11 日第 5 版、8 月 17 日第 5 版、8 月 24 日第 8 版、9 月 2 日第 5 版、9 月 4 日第 4 版、9 月 6 日第 4 版、9 月 14日第 11 版、9 月 15 日第 4 版、9 月 16 日第 4 版、9 月 20 日第 4 版、9 月 22 日第 4 版、9 月 29 日第 4 版、9月 30 日第 4 版、10 月 1 日第 4 版、10 月 2 日第 4 版、10 月 4 日第 11 版、10 月 5 日第 4 版、10 月 7 日第11 版、10 月 8 日第 11 版、10 月 9 日第 11 版、10 月 14 日第 4 版、10 月 15 日第 7 版、10 月 16 日第 7 版、10 月 15 日第 7 版、10 月 16 日第 7 版、10 月 17 日第 7 版、10 月 19 日第 11 版、10 月 21 日第 7 版、10月 22 日第 7 版、10 月 23 日第 7 版、10 月 31 日第 7 版、11 月 2 日第 7 版、12 月 21 日第 4 版、1916 年 2 月 6日第 11 版、2 月 7 日第 9 版、2 月 8 日第 8 版、2 月 9 日第 11 版。但缺第 22 号、23 号征信广告。以下关于这次水灾捐款、捐物的分析，除单独注明者外，均出自上列征信广告。
② 《助赈粤灾汇志》，《申报》1915 年 7 月 21 日第 10 版。

参与捐款的热情颇高、为数甚众,聚沙成塔,集腋成裘,也是上海商界赈济这次水灾的重要部分。

上海商界还捐助了大量赈灾物品。除了上述上海金星人寿兼水火保险公司担任垫款购运芜湖赈米 8000 包外,经笔者查核资料,确认属于工商企业、商界人士捐助的大笔赈品赈物还有:著名绅商盛宣怀捐助面粉 5000 包;①商界要人周金箴、朱葆三、贝润生、虞洽卿、柳钰棠、谢蘅窗、邱润卿、陆维镛、吕耀庭等捐助面粉 1400 余包,②华兴面粉公司助面粉 2500 包,茂新公司捐面粉 1000 包,阜丰公司助面粉 500 包,九丰公司捐山鹿牌面粉 200 包;赵晋卿、郇志豪与英美烟公司总理汤懋士等捐助白米 100 石、饼干 10240 磅;著名茶商童葆元捐助天中茶 11400 包,百神丸 1800 包;旅沪宁波帮黄楚九开设的中法药房捐洋 200 元,国货人丹 10000 包及国货胜宝丹 1000 包;宏达药行捐红丹 10000 包;泰丰公司捐赈饼干 4931 磅,粤籍巨商、公和祥码头买办、旅沪广肇施棺社总理甘翰臣捐饼干 10536 磅,和盛烟土行捐饼干 3308 磅,旅沪粤商、仁安保险公司经理邓瑞人捐饼干 3069 磅,旅沪粤商潘菊轩以潘俭裕堂名义捐饼干 3107 磅,宁波帮柳钰堂捐饼干 1133 磅等。③

至于商界个人为这次水灾捐助赈款,则为数更多。以下是笔者经查阅多种资料后确认的商界个人大额捐赈情况:旅沪著名赣籍盐商周扶九捐 7000 元(主要用于赈济江西水灾)④,烟土商陈植三捐 2000 元,曾任上海商务总会议董的沪上谭同兴广号主谭干臣捐 1500 元,烟土商郭乐轩捐 1000 元,英商祥茂洋行买办陈辅臣以其堂号陈敦仁堂名义捐 1000 元,上海著名茶商、谦慎安茶栈主、招商局董事唐翘卿捐 1000 元,上海总商会会员、茶叶会馆董事谦顺安茶栈主陈翊周捐 1000 元,香港华商源安保险公司申局总理赵灼臣 600 元,美大洋行买办胡耀庭 600 元,上海总商会议董、泰和洋行买办劳敬修 500 元,天祥洋行买办、南洋兄弟烟草公司股东唐仲良 500 元,烟土商郑淇亭 500 元,怡和洋

---

① 《盛杏荪捐助粤赈》,《申报》1915 年 8 月 21 日第 10 版。
② 《筹办粤东义赈》,《申报》1915 年 8 月 1 日第 10 版。
③ 据上述旅沪广东慈善会筹办处历次征信广告,但商人的主要身份系笔者据《上海总商会组织史资料》《申报》等资料确认,且其身份不包括 1915 年以后的主要身份,下同。
④ 《旅沪赣人之办赈热》,《申报》1915 年 8 月 13 日第 10 版。

行买办潘澄波 500 元,太古洋行总买办陈可良 500 元,商人黎集云、黄祥麟各 500 元。至于捐助赈款在 500 元以下的商人,因为数过多,这里不一一赘述。

　　1915 年的珠江大水灾涉及珠江流域广东、广西、江西、湖南诸多市县,其中广东灾情尤重,为百年所未有。灾情发生后,上海商界以粤帮商人,尤其是广肇公所与潮州会馆为主,上海商界广泛参与,积极参与这次水灾救济。他们纷纷召开筹赈会议,成立救灾机构;发表乞赈函电,吁请政府筹赈施赈;广发捐款捐册,广泛筹募赈款赈物,并联络运输舰船,及时免费运输赈济物品至灾区施赈,在这次水灾救济中起了极其重要的作用。

第五章 上海商界与壬戌水灾救济

一、严重的灾情

1922 年（壬戌），浙、皖、苏等省大火成灾，其中以浙江灾情最重。关于浙江水灾情况，当时报刊舆论多以"灾情之重，为亘古所未有"[1]、"为数百年以来所未有"[2]来评论。然而从事近代灾荒史研究者，因常见当时媒体对某次灾情作这类抽象的概括，以致阅后常常怀疑类似评论的准确性。那么浙江这次大灾情形究竟如何？

大体而言，这次灾情"自 4 月份余杭因淫雨而暴发山洪开始，5、6 月间，金、衢、宁、绍、台、处及湖属各地均发生大水。7 月，新安江、衢江、婺江、筈溪、浦阳江、曹娥江、甬江、椒江、瓯江诸水并涨，沿江各县无不成灾。8、9 月，温台两属又因台风带来暴雨酿成水灾。时近半年，灾区达 55 县市"。[3]

浙江壬戌水灾虽历时半年，受灾数次，但导致重灾主要在 8、9 月。"旧历六月十四、十五两日（即 8 月 6—7 日——引者注，下同），大雨如注，益以飓风，山洪徒发，江水飞涨，平地水深数丈，一时被灾者至数十县之广，就中尤以浙东之义乌、东阳、金华、永康、诸暨、奉化、嵊县等处受灾更为奇重。而沿江一带全村漂没，片瓦不留者甚多；近海之处，更无侥幸，如平湖、海盐二县海塘被风吹

---

① 《卢永祥、沈金鉴致上海总商会函》，《申报》1922 年 9 月 23 日第 15 版。

② 《国会议员赈灾之提案》，《全浙公报》1922 年 9 月 18 日新闻第 2 版。

③ 浙江省政协文史委：《浙江解放前五十年间的自然灾害情况》，《浙江文史集粹》，社会民情卷，浙江人民出版社 1996 年版，第 315 页。关于浙江此次大灾被灾县域，还有 60 余县（《浙江壬戌水灾筹赈会报告书》卢永祥叙）、"约及六十县"（《浙江省长公署训令第 2500 号》，《浙江公报》第 3760 号，1922 年 10 月 23 日）的不同说法。

坍百余丈,冲没尤巨。乃时隔不久,又复风雨交作,同月二十一、二十二(即 8 月 13—14 日)等日,水势浩大……旬日之间,一再浸害,田庐牲畜,十去六七,人口死亡约计万数,且时际立秋前后,适为新谷收获之期,经此大水,不但熟谷尽付洪流,即秋作亦已绝望。积尸蔽途,哀鸿遍野,其凄惨状况,实不忍睹。天灾之重,灾区之广,有无过于吾浙此次者。"①

受台风和雨带移动影响,壬戌水灾浙江各地遭灾时间略有差异,但主要集中在 8 月 6 日至 7 日、8 月 11 日至 14 日和 8 月 30 日至 9 月初。

8 月 6—7 日,绍兴飓风海啸,水势漫天,灾情奇重。《越铎日报》自 8 月 8 日始至 14 日连续 7 天以"八月六日夜大风为灾"为题,详细报道绍属各地这次风水为灾情况。② 据 9 月绍兴对灾情实地查勘,"全邑被灾者二百四十五村,稻田冲毁三万二千五百八十亩,倒屋二万零七十九间,塘坝冲毁一万九千七百六十五丈,桥倾五十一座,路坏八千三百九十丈,山崩七千丈,损失约二千三百余万元"。③ 例如"绍兴南汇地方,旧历六月十五日(8 月 7 日)夜间惨遭风潮,土埂冲坍至三十一缺之多,……禾稻淹没无存,秋收已经绝望,舍宇漂没三十余座,破坏者不计其数"。④ 绍属诸暨 8 月 6 日晚"忽起狂风,既而洪水暴至。南区自牌头镇溃堤而下,东区一面自斯宅溃堤而下,……一面自乌盛蔡溃堤而下……,数十村沿江房屋半被冲毁,死者无数,浮尸蔽江而下,惨不忍睹,已捞起者六七百人,民田数十万亩尽成砂砾……,洪水中饥不得食者十余万人,灾区及数百里"。⑤ 这还仅仅是 8 月 6 日诸暨受灾情况,其实诸暨仅"八月中两星期内,飓风挟骤雨以至者,竟一再不已而达于三",县城被大水浸入,"水灾之重,实为近世所罕见"。⑥ 绍属嵊县是浙江壬戌水灾受破坏和损失最惨重的县,该县于 6 月 18 日、21 日,7 月 10 日、21 日,8 月 6 日、11 日遭到 6 次洪水,其中 8 月 11 日"晚上十二时狂风大作,猛雨倾盆,顷刻之间,水高三丈,……就地人

---

① 《国会议员赈灾之提案》,《全浙公报》1922 年 9 月 18 日新闻第 2 版。

② 《八月六日夜大风为灾》、《二志八月六日夜大风为灾》,以及《七志八月六日夜大风为灾》,见《越铎日报》1922 年 8 月 8 日至 8 月 14 日。

③ 叶志麟:《新编浙江百年大事记》,浙江人民出版社 1990 年版,第 181 页。

④ 《四志八月六日夜大风为灾》,《越铎日报》1922 年 8 月 11 日第 3 版。

⑤ 《诸暨:暨阳风灾惨状录》,《越铎日报》1922 年 8 月 14 日第 4 版。

⑥ 《外报述诸暨水灾惨状》,《申报》1922 年 9 月 4 日第 10 版。

云,此番水灾比前清光绪二十五年之大水尚需高涨三尺"。① 舆论预计绍属七邑重灾后要恢复原状,"非百万不办"。②

台州也是重灾区之一,临海县城先后被水浸 3 次。其中 8 月 11 日午间,台州"忽发飓风,沙飞石走,至翌日下午七时许,风势稍定,继以大雨,昼夜滂沱,历星期日全日,至星期一下午五时,雨势稍止。城外江水徒增三十呎,灌入城内,平地水深十呎,低屋全没水内,楼居亦复遭水,西门外房屋大都被水冲坍";"南门外隔江某村,居民约二百余,悉为大水冲去";"城外一片汪洋,只露山峰,不见平地,田畴悉淹水内,禾苗即不为水冲去,亦皆腐烂,棉花已无望,荒年景象已在目前。况尚有许多室庐已毁、什器无存、嗷嗷待赈、刻不容缓之灾民耶"。③

宁波地区各县 8 月 6 日、11 日遭受两次风雨奇灾,正在设法筹赈之际,8 月 30 日、31 日"又连遭飓风,各乡山洪暴发,田庐人畜,重复漂没,即平原之地,一望汪洋,棉禾亦被浸腐烂,其他堤防溃决、桥路坍损者,更不计其数"。仅 8 月 11 日,宁属鄞县、奉化、镇海 3 县因风雨交作,山洪暴发,漂流村落数百处,死亡男女达数千人,"灾情之重,为百年来所未见"。④

温州也多次风雨为灾。其中 8 月 28 日"大雨达旦,延及饱日,一息不住,平地水深几五六尺,即夜三鼓,忽复倒泄,如天破裂,如地涌泉,顷刻之间,水高盈丈,汪洋无际,俯不见地,人皆登屋,呼天不应,鬼神助号,如闻其声。下乡低洼,皆成泽国,浮家浸宅,惨若漂杵;上乡流急,庐舍颠仆,牲畜浸毙,器具漂散,蔽江而下,不知其数"。⑤

处州 8 月 12 日夜起连日大雨,至 13 日水忽平地丈余,房屋倒塌,人畜田禾淹没漂流,直不可以数计,诚亦处州民一大劫也。⑥

灾害发生后,各县告灾乞赈函电确如雪片般飞至杭州浙江军政当局、旅沪

① 《剡溪之水灾匪祸》,《越铎日报》1922 年 8 月 13 日第 4 版。
② 《旅京浙同乡允助绍赈》,《申报》1922 年 9 月 23 日第 15 版。
③ 《台州水灾之惨状》,《申报》1922 年 8 月 22 日第 10 版。
④ 《宁波旅沪同乡会致北京同乡电》,1922 年 8 月 23 日,《宁波旅沪同乡会月报》,第 2 号,1923 年。
⑤ 《灾电·温州来电》,《嘉言报》1922 年 10 月 14 日新闻第 1 版。
⑥ 《壬戌六月二十二日处州大水又作》,《全浙公报》1922 年 9 月 12 日。

旅京浙江各同乡组织和慈善团体,仅《全浙公报》9月18日至21日①"各县告灾之电文汇志"专栏就有23县及多个市镇。有的县连日数次告灾,有的县则一日告灾数次,仅绍兴旅沪同乡会至9月初"接到绍属各县之告急电,已有二十余通"②。一片汪洋、尽成泽国、庐舍漂没、人畜淹毙无算、哀鸿遍野、惨不忍睹等词充斥这类函电,现再择该报及当时其他一些报刊的告灾求赈电文数则,以便更详细了解灾情。

"浦江三次洪水为灾,田庐大半漂没,人畜亦多淹毙。"③"兹据各赈灾会查报,浦邑灾民极贫实计七千五百八十四口,次贫一万五千六百七十二口,普通三万二千八百四十口。以极贫灾民每口赈米一斤,每斤价银一角计算,冬春两季需洋十三万六千三百十二元。……乞速筹赈,以救劫后遗黎。"④

宁海"阴历六月十四夜至十五晚、二十夜至二十二晨、七月初十晨至十一夜、二十一夜至二十二午、八月初八夜至初十午五次大风水灾,宁海全县均遭浩劫,……到处汪洋,地植田禾,扫荡罄尽"。⑤

宁海8月11—12日"狂风暴雨,山洪暴发,平地水高数丈,较九年度受灾更烈,人民死伤颇多,牲畜淹毙不计其数,房舍、桥梁、堤埂倒坍甚多,高低禾稼,颗粒无收。现在哀鸿遍野,触目伤心,请速设法施赈,以资救济"。⑥

金华县"盲风怪雨,天地变色,巨浸滔天,亘延百余里,人畜田庐漂浸无算",灾民达14万。⑦

淳安县自农历7月10日傍晚至12日晨"大雨如注,弥一昼两夜不休","鲸波蛟洪一时并发,所过人民庐舍、禾稻、竹木、牲畜,漂溺无算,山崩崖摧梁倾堤溃之处,不可偻指"灾区遍全邑,"盖百年未有之奇灾也"。⑧

永康8月12日起"淫雨连绵,彻夜不止,至二十一日下午四时起,则巨浸

---

① 因该报残缺,无法作更长时段的统计。
② 《绍属水灾筹赈大会记》,《申报》1922年9月4日第13版。
③ 《各县告灾之电文汇志:浦江来电》,《全浙公报》1922年9月20日新闻第2版。
④ 《灾电:浦江来电》,《嘉言报》1922年10月14日新闻第1版。
⑤ 《宁海代电》,《新浙江》1922年10月8日新闻第2版。
⑥ 《各县告灾之电文汇志:宁海代电》,《全浙公报》1922年9月21日新闻第2版。
⑦ 《浙江金华县壬戌水灾征信录·序》,金华县赈灾善后事务所等1923年8月编印。
⑧ 《淳安义赈协会征信录·序》,1923年,浙江省图书馆古籍部藏。

汪洋,全县尽成泽国,城内免于患者,只上街高处,余皆水深两丈,壁倒墙摧,居人逃避,屋顶呼救之声,惨不忍闻,合家随屋漂没者有之,或一家数口已被漂流攀援树木得免一二者有之,或被洪涛卷去至四五里外遇救者亦有之。共计溺毙者约千余人,房舍冲圮者,指不胜屈,……沃壤变作石田,五谷漂流殆尽。……较之浙西水灾尤重也"。①

余杭自8月31日至9月2日,"飓风急雨,昼夜不息,山洪四发,笤溪、南湖并溢,塘堤尽溃,以致全县皆成泽国,……溺毙人畜、倒塌房屋无算。高处居民,皆登屋顶,或集树梢,呼号求救"。②《全浙公报》称余杭这次"水灾之重,为百余年所未见,溺毙乡民数千,冲毁房屋无算,各处塘堤溃决"。③遭灾三四天后,查勘水灾委员陈钟瑛沿途细勘时,见辽阔的东乡区域"仍一片汪洋情形,至为可惨",而此时"灾民共已救出约三千人,其东区北一北二两区救出灾民尚不在内",④可见被灾之重。

仙居"山洪暴发,平地水深丈余,田禾淹没,庐宅为墟,生灵溺毙,莫计其数。人人鹄面鸠形,道路呼号,沿街乞食,已有耳不忍闻、目不忍视之势。忽于本月二十日,复降大雨,水势比前更高一倍,前次之地势稍高处田禾尚存一二,后则一扫无余矣"。⑤

黄岩"大雨如注,东南西乡低洼,各乡水浸屋篱,溺毙牲畜无算。晚禾八月稻蔬果一切薯芋杂粮漂没一光,即城区近村,素称高原,亦水深八九尺,损失甚巨。实为亘古未有之奇劫"。⑥

笔者不厌其烦地罗列反映浙江全省及地市、县区灾况的文字,无非要说明浙江壬戌水灾之重。然而,这次水灾的严重性还远不仅此,通常与大灾伴随的饥民蜂起、盗贼横行、疫病蔓延等诸多社会问题也与浙江壬戌水灾相随而生。1922年11月17日《新浙江》报"本省要闻"以《浙江之匪世界——杀人放火家常便饭,赤眉黄巾还算好人;上等盗匪一品香,下等盗匪一枝香;狭路相逢兵怕

① 《永康余杭之灾讯》,《申报》1922年9月10日第14版。
② 《永康余杭之灾讯》,《申报》1922年9月10日第14版。
③ 《余杭水灾急赈会募捐启事》,《全浙公报》1922年9月28日告白第1版。
④ 《呈报余杭水灾情形》,《全浙公报》1922年9月14日新闻第2版。
⑤ 《仙居:灾民呼吁之惨状》,《新浙江》1922年10月8日新闻第3版。
⑥ 《灾电:黄岩来电》,《嘉言报》1922年10月14日新闻第1版。

匪么，中途饮弹匪是兵呢》为题详细报道了浙江严重之匪患。[①] 绍属灾重，灾后匪势也烈。报载上虞"曹娥江沿岸一带，因今年灾情奇重，民不聊生，弱者转于沟壑，壮者铤而走险，以致匪徒横行"。[②] 诸暨灾后"土匪势甚猖獗，……杀人放火，屡见迭出，居民受害不堪胜计"。[③] 诸暨匪首吴桂法居然公开张贴布告招兵添将，每人月薪十元起至百元不等，当地灾民因家无颗粒，加入者实繁有徒，以致匪势益烈。[④] 嵊县灾后因匪势甚炽，保卫团原有枪械不敷使用，电请省军务善后督办处增拨快枪 80 支，以应防务之需。[⑤] 新昌匪势猖獗，并骚扰台州，告急电纷至省督办公署。[⑥] 黄岩受灾后，至 10 月份水尚未退去，灾重的东南乡一带已"饥民蜂起，劫货夺物，亦有所闻，以致民情恐慌，夜不保夕"。[⑦] 温州也因"水退之后，市上无米，觅食不得，竟至夺食，地方骚扰，危及治安"。[⑧] 义乌灾后也"盗匪猖獗，电请求警"。[⑨] 处州所属缙云、丽水因"水灾甚重"，导致"疠疫丛生，死亡相继"。[⑩] 重灾之嵊县灾后也发生病疫。[⑪]

总之，浙江壬戌水灾灾区之广、受灾之重、危害之大，均为浙江灾荒史上所罕见。

二、上海商界的赈济：以上海华洋义赈会为中心

如前所述，上海华洋义赈会主要由上海商界施子英、陆伯鸿、沈志贤、管趾卿、朱葆三、王一亭、宋汉章、朱志尧、盛泽丞、徐乾麟、庄得之、沈田莘等发起筹备，正式成立后由朱葆三为华会长，余日章为总书记，宋汉章、傅筱庵为经济董

① 见《新浙江》1922 年 11 月 17 日新闻第 2 版。
② 《匪徒横行曹娥江》，《新浙江》1923 年 1 月 5 日新闻第 2 版。
③ 《绍兴来电》，《新浙江》1922 年 11 月 21 日新闻第 1 版。
④ 《诸暨：吴匪张贴布告招匪徒》，《新浙江》1922 年 11 月 24 日新闻第 3 版。
⑤ 《嵊县：匪势甚炽拟再请枪》，《新浙江》1923 年 1 月 31 日新闻第 3 版。
⑥ 《新匪扰台之告急电》，《新浙江》1923 年 1 月 9 日新闻第 2 版。
⑦ 《灾电：黄岩来电》，《嘉言报》1922 年 10 月 14 日新闻第 1 版。
⑧ 《灾电：温州来电》，《嘉言报》1922 年 10 月 14 日新闻第 1 版。
⑨ 《义乌：盗匪猖獗电请派警》，《新浙江》1923 年 1 月 31 日新闻第 3 版。
⑩ 《晨报》1922 年 9 月 8 日。
⑪ 浙江省政协文史资料委员会编：《浙江文史集粹》，社会民情卷，浙江人民出版社 1996 年版，第 315 页。

事。浙江壬戌水灾发生后,上海华洋义赈会积极参与救灾工作。

为赈济浙灾,上海华洋义赈会立即在浙江建立健全了组织系统,完善救灾孔道。9月上中旬,杭州、宁绍两华洋义赈会先后设立,杭州华洋义赈会由钱塘道尹张庶询、华洋义赈会总干事明思德分任华洋会长,辖杭州、湖州、金华、严州4个支会,担任旧杭州、嘉兴、湖州、金华、衢州、严州各属灾赈。宁绍华洋义赈会以会稽道尹黄涵之、浙海关税务司甘福履分任华洋会长,以宁(波)绍(兴)台(州)属及温(州)处(州)两属支会隶属之,担任旧宁波、绍兴、台州、温州、处州各属灾赈。杭州、宁绍两华洋义赈会成立后,积极推进下属支会的成立。如宁波华洋义赈会决定于"被灾最重各县派员前往组织支会,筹办放赈事宜"。[①]到11月底,宁属各县镇海、奉化、慈溪、定海、象山等县成立了8个支会。

图5-1　浙江壬戌水灾筹赈会同人合影

筹赈以筹款为第一要务,浙江壬戌水灾发生后,上海华洋义赈会多次向全

---

① 《义赈会分组支会》,《时事公报》1922年10月11日。《新闻报》1922年10月13日第6版。

国发出为浙省乞赈电，①并连日随《申报》附送《上海华洋义赈会浙灾宣言书》，还特设由王一亭为主任会长的"浙灾募款委办会"，"以募款拯救为宗旨"，②发起设立"浙灾征募大会"，请时任总统黎元洪为征募大会会长，淞沪护军使何丰林、前总商会会长朱葆三及英工部局总董雪姆司、法总领事韦礼德任团长，王一亭、宋汉章、陆达权、乐振葆、袁履登、孙仲英、鲁伊恩（美国商会书记）、苏育德（圣经会书记）任总参谋，③决定设立 25 个总队 250 个分队，全国队员 5000 人，以全国 22 个省及 3 个特别区域为总队名，分队则以分队长之名名之，以征募百万赈款为目标，即每队目标 4 万元，每分队 4000 元，每队员 200 元，开展大征募，并积极与租界当局商议设立总队及筹募赈款办法。④

11 月 24 日，浙商朱葆三、宋汉章、王一亭、乐振葆、袁履登、王晓籁、袁近初及粤商陈雪佳、颜料商邱渭卿和纱商徐庆云、吴麟书、郑松亭、邵声涛与租界当局举行联席会议，商讨浙灾征募大会组织征求总队事宜，并当场在粤商、颜料商、纱业中组成多个总队。⑤ 经过多次筹备会议，至 11 月底，基本确定了各总队的总队长，即钱业公会（陕西队）、陈炳谦（广东队）、杨信之（湖南队）、周采臣（江西队）、甘福履税务司（新疆队）、黄涵之（安徽队）、盛竹书（广西队）、陈伟东（直隶队）、田时霖（山东队）、翁寅初（云南队）、许少卿（山西队）、汪幼农（四川队）、金百顺（吉林队）、王锡荣（甘肃队）、陆伯鸿（江苏队）、李征五（贵州队）、沈

---

① 例如，10 月 12 日的《华洋义赈会为浙省乞赈通电》说"天不厌祸，浙省又告大灾，计人秋以来，飓风淫雨，兼旬累日，加以山洪暴发，河海潮流，同时并涨，凡依山之县，及低洼之区，漂没田庐牲畜，冲毁堤塘桥梁，毁塌房屋，沙压田亩，比处皆是，淹毙人口数万，灾区凡及全省。据调查报告，灾民之无衣无食无住处者，共有五六百万人。九月间，又复淫雨不休，浙东西又告第四次水灾，省垣低洼区已成泽国，墙塌屋倒，……实百年未有之奇变[灾]。现虽联合杭州、宁绍两华洋义赈会分区设法赈抚，无如灾广区深，时长款绌，转瞬冬春施赈，以及工赈，非有巨资，万难救济。……当斯数百万哀鸿势将垂毙，事[时]机急迫，岂忍坐视，……敢乞大发慈悲，迅赐慨解仁囊，并恳设法竭力劝募，源源接济，生死肉骨，功德无量，谨代数百万灾民九顿首命请命。"《申报》1922 年 10 月 12 日第 15 版。

② 上海华洋义赈会编：《上海华洋义赈会预防浙江水灾计划书》"叙"，1925 年。

③ 《黎黄陂允任浙灾征募会长》，《申报》1922 年 11 月 22 日第 14 版。

④ 《义赈会筹赈浙灾办法》，《申报》1922 年 10 月 28 日第 14 版；《华洋义赈会征募浙赈章程》，《申报》1922 年 11 月 3 日第 15 版。

⑤ 《浙灾征募大会之联席会议》，《时报》1922 年 11 月 26 日第 10 版。

冕士(河南队)、谛闲法师(湖北队)、刘山农(浙江队)。①

以上 19 个总队的总队长中,除了甘福履税务司及黄涵之、汪幼农、沈冕士、谛闲法师和刘山农 5 人外都是商界著名人士。12 月 3 日,浙灾征募大会在宁波旅沪同乡会正式开幕。会上,山东队代表绍兴同乡会田时霖预缴 1.1 万元,安徽队代表黄涵之、甘肃队代表王湘泉、吉林队代表金润泉、江苏队代表陆伯鸿、四川队代表汪幼农、新疆队代表甘福履、河南队代表沈冕士、直隶队代表陈伟东、贵州队代表宁波同乡会李征五等各预缴 1 万元,总计达 10.1 万元。② 至 12 月 10 日,浙灾征募大会时过一旬,便于 12 月 11 日在宁波同乡会举行第一次揭晓大会,已揭晓的 13 个队募集赈款已达 177090 元,其中陕西队(上海钱业公会)已征募 38000 元,已基本完成 4 万元征募目标,其他如四川队已征募 28000 元,山东队 21000 元,安徽队 20000 元,云南队 18000 元,贵州队 15000 元,直隶队、江苏队、吉林队均已募集 10000 元。③

首次揭晓的征募成绩虽然"极佳",但离百万元目标还不足 20%。因值商业凋零,年关将至,征募工作异常困难,截止一个月期满,仅征募预定总额的三分之一。④ 1923 年 1 月 7 日,浙灾征募大会在宁波旅沪同乡会举行闭幕会,总计已募得 581000 元。⑤ 虽然离百万元目标尚远,但仅仅 36 天时间,能在岁末年关各业大结束之际募得如此巨款已委实不易。闭幕会上,王一亭提议延长征募至阴历正月底,以达征募目标而救灾黎,获得与会者一致赞成。⑥ 至展期届满已是 3 月中旬,正值浙灾春赈孔殷,灾民嗷嗷,乞赈函电纷驰。为筹春赈,浙灾征募大会又决定"特再展期,且于二十五总队以外,添组春赈义勇队",⑦继续征募。春赈义勇队共设 40 队,每队以 10000 元为目标。⑧

---

① 《征募浙赈大会准备开幕》,《时报》1922 年 11 月 29 日第 10 版。钱业公会队(陕西队)总队长为王鞠如、盛筱珊、锺飞滨(见《钱业助赈浙灾之踊跃》,《申报》1922 年 11 月 26 日第 15 版。),均为钱业公会会董。

② 《浙灾征募大会开会记》,《申报》1922 年 12 月 4 日第 13 版。

③ 《浙灾征募大会第一次揭晓》,《申报》1922 年 12 月 12 日第 15 版;《征募浙赈成绩极佳》,《申报》1922 年 12 月 14 日第 14 版。

④ 《浙灾征募大会通告闭会》,《申报》1922 年 12 月 30 日第 15 版。

⑤ 《纪浙灾征募会之闭幕礼》,《申报》1923 年 1 月 8 日第 15 版。

⑥ 《华洋义赈会紧要启事》,《申报》1923 年 1 月 10 日第 2 版。

⑦ 《华洋义赈会为浙灾告警》,《申报》1923 年 4 月 9 日第 14 版。

⑧ 《孙慕韩为浙灾开茶话会记》,《申报》1923 年 4 月 30 日第 17 版。

　　整个浙灾征募活动直至 6 月 24 日才告结束,共募集赈款达 1209252 元之巨,而且 25 支总队 250 支分队以及春赈义勇队征募历时近 7 个月,所有各项开支总数仅 4896 元。为此,华洋义赈救灾总会特函浙灾征募大会会长王一亭等,对"捐数如此之巨,通盘开支为数甚微"表示钦佩和"深切感谢"。①

　　上海华洋义赈会浙灾征募大会募集的 120 万余元赈款,主要来自商界。如前所述,浙灾征募大会各总队队长中除了甘福履税务司及黄涵之、汪幼农、沈冕士、谛闲法师、刘山农外,其余 19 人都是商界著名人士,这自然有利于激发他们个人捐赈,也有利于他们在商界募赈。他们中不少是工商同业公会或旅沪同乡会的代表,如广东队队长陈炳谦是粤侨商业联合会会长;陕西队即以钱业公会命名,其队长王鞠如、盛筱珊、锺飞滨都是钱业公会会董;湖南队队长杨信之是江浙皖丝茧总公所总董、湖州旅沪同乡会会长;广西队队长盛竹书是银行公会会长;山东队队长田时霖是绍兴旅沪同乡会会长、木业公所总董;甘肃队队长王锡荣是杭州总商会会长、典业公所总董;吉林队队长金百顺是新当选的杭州总商会会长(1922 年 9 月)、杭州银行公会会长。1923 年春浙灾征募

――――――――――

　　① 《华洋义赈会谢函》,《申报》1923 年 9 月 20 日第 15 版。关于华洋义赈会浙灾征募大会募集赈款总额及开支还有不同记载。1. 6 月 26 日,上海华洋义赈会的敬谢广告说"自客秋开办起,截至本年阳历六月廿四日止,统共收入捐款洋九十九万七千四百四十四元六角五分,⋯⋯通盘开支计邮费、外洋电报、纸张、印刷、人工等项共洋四千五百三十二元六角三分"(《申报》1923 年 6 月 26 日第 2 版。该广告在《申报》连刊 5 天)。2. 1925 年上海华洋义赈会编的《上海华洋义赈会预防浙江水灾计划书》说浙灾征募大会共集款洋 1243343 余元。见该书"叙"。本文采用上海华洋义赈会 9 月 20 日的 120 万余元说,因为 6 月 26 日的 99 万余元说,离征募结束仅 2 天,可能还有征募总队、春赈义勇队未及汇总并报送所捐募之款。事实上,直到 9 月 16 日,上海华洋义赈会还在通告各总队、春赈义勇队催交捐助及经募人姓名并捐募各数。通告说:"浙灾征募,前经公决于六月廿四号宣告结束,所有损户及征募人员台衔并捐募各数合于原刊简章之规定,在西湖建塔立碑,分别刊名,永垂纪念,并印征信录暨请奖各节,均需筹备。迭经函请征募各总队及春赈义勇队,开列详示汇办,迄尚有未蒙开送者,有送而未全者。缘此次浙灾荷蒙各界尽力捐助巨款,事关经手之责,且专候已将三月,倘因此迟迟履行,恐招诘责,业于九月十四号开会公决,定阳历九月底为截止之期,凡捐助及经募人台衔并捐募各数,尚未由征募各队开送者,以及各队有前在会场报告并经公布认而未曾缴清捐款者,均请届期前送交敝会,以便按照办理,毋任感盼。"(《申报》1923 年 9 月 16 日第 2 版。该通告自 16 日始至 22 日,连刊 7 天)显然,6 月 26 日的 99 万余元仅是征募大会截止日已报送到会的数字。

大会增设的春赈义勇队各队长 25 人也几乎是清一色的商界要人。[①] 他们所征募的赈款很大部分来自于所属团体。如钱业公会担任的陕西队,推定钱业王鞠如、盛筱珊、锺飞滨任总队长,早在浙灾征募大会正式开幕前,钱业公会即在会员大会上以 74 家汇划钱庄每家 500 元,另由王鞠如、盛筱珊、锺飞滨筹 3000 元,完成了 40000 元征募目标。[②] 李征五任总队长的贵州队也称宁波同乡会队,由方椒伯任参谋。宁波旅沪同乡征募赈款"极为踊跃",旅沪甬商陈蓉馆、石运乾、乐振葆、刘耀庭、孙梅堂、楼恂如、胡甸孙、薛文泰、屠康侯、冯芝汀等纷纷加入征募队。[③] 可以想见,该队所募集的赈款自然主要出自宁波帮。田时霖任总队长的山东队情况也一样,称为绍兴旅沪同乡会队。在征募大会开幕大会上,田时霖就代表绍兴旅沪同乡会预缴 12000 元。浙灾征募大会增设春赈义勇队后,绍兴同乡会一致议决以山东队名义任领两队(即田时霖名义所认 2 队)。[④] 这样,绍兴旅沪同乡会就认募了 60000 元,而这背后是旅沪绍商的强大实力。有些总队长、队长虽不是商会、同业公会等团体负责人,但其所征赈款也主要募自商界。如春赈义勇队第 10 队队长王骏生虽也商界中人,但并非商界要人,主要是以普善山庄经办董事而活跃于社会、著称于慈善界。他征集的赈款主要来自向工商行号亲自劝募。从 4 月 23 日到 5 月 15 日,上海华洋义赈会连续为其刊登广告说,"经公推第十队队长王骏生先生与各队员,分向本埠南北各商家行号躬亲劝募,务恳我商家各善长大发慈悲,慨捐巨款"。[⑤]

华洋义赈会浙灾征募大会募集的赈款,都由前述杭州、宁绍两华洋义赈分会直接放赈灾民,上海华洋义赈会则制定简明放赈原则,要求杭州、宁绍两分会遵照执行。第一,赈务由华洋义赈会直接办理,须华洋共同监视,由总会、各

---

① 春赈义勇队组队简况是:盛竹书认 2 队,田时霖认 2 队,黄涵之认 2 队,虞洽卿认 2 队,吴晴山认 1 队,金润泉认 1 队,王湘泉认 1 队,赵芹波认 1 队,荣宗敬认 1 队,顾馨一认 1 队,王骏生认 1 队,薛文泰认 1 队,施子英认 1 队,潘澄波认 1 队,姚慕莲认 1 队,穆藕初认 1 队,陆维镛认 1 队,吴东迈、姚虞琴两人认 1 队,劳敬修、严直方两人认 1 队,项松茂、黄楚九两人认 1 队,张丹庭、刘山农两人认 1 队。《申报》1923 年 4 月 30 日第 17 版。上述 25 队队长中,除黄涵之、吴晴山、吴东迈、刘山农外,均系商人。
② 《钱业助赈浙灾之踊跃·五分钟筹成四万元》,《申报》1922 年 11 月 26 日第 15 版。
③ 《宁波急赈会职员会纪》,《申报》1922 年 11 月 3 日第 15 版;《宁波同乡会募赈浙灾之踊跃》,《申报》1922 年 12 月 8 日第 15 版。
④ 《绍兴旅沪同乡会临时大会纪:讨论防匪与救灾》,《申报》1923 年 4 月 16 日第 14 版。
⑤ 《上海华洋义赈会通告》,《申报》1923 年 4 月 23 日第 3 版。该通告连续刊登 17 天。

灾区之分会官绅暨各教会一并监视,并不得假手个人所设立之机关。第二,放赈应不分畛域,不分宗教,不涉政治,不受利用。第三,如能以工代赈,较放赈粮为佳,但以工代赈所需材料及涉及私人田地等费不得在赈款内动支。①

至 1923 年 6 月 26 日,上海华洋义赈会已分拨杭州华洋义赈分会 28 万元,宁绍台华洋义赈分会 62 万元,散放灾区。② 在整个浙江壬戌水灾救济过程中,上海华洋义赈会通过杭州、宁绍两分会总计放赈 1243343 元,"对于孀妇孤儒施以急赈,余皆概用粮食以工代赈"。③

三、商界赈济的另一视角:以三个旅沪同乡会为例

浙江人以善商著称。20 世纪 30 年代,王孝通曾在《中国商业史》中说:"浙人性机警,有胆识,具敏活之手腕,特别之眼光,其经营商业也,不墨守成规,而能随机应变。"④早在鸦片战争前,浙江宁波、绍兴、湖州商人就在上海从事航运(沙船)、南北货、杂粮、海货、银楼、酱园、营造、钱庄、锡箔、绍酒、柴炭、豆米、丝绸、茶叶、染坊等业经营,并在上海成立同乡或同乡兼同业的会馆公所如浙绍公所、四明公所等,从事祭祀、殡葬、联谊等活动,都已成为上海最有实力和影响的帮口之一。五口通商后,上海迅速取代广州而成为中国进出口贸易中心,浙江商人利用浙江毗邻上海、水陆交通便捷,是出口大宗产品丝茶产地的条件和优势,大批赴沪经商,积极向近代商业及工矿、金融、航运等各业发展,逐渐成为上海最具实力和影响的区域商人群体。据甬人王正廷 1920 年的说法,在当时百余万上海人中,仅宁波人"居五十余万"。⑤ 以宁波帮为主的浙江商人长期控制着上海总商会。如在 1922 年 7 月选举产生的新一届上海总商会中,由浙江商人宋汉章、方椒伯任正副会长,在 33 名会董中,浙江商人 19 人,占

---

① 《华洋义赈会拨款赈甬之办法》,《申报》1921 年 12 月 20 日第 14 版。
② 《上海华洋义赈会敬谢》,《申报》1923 年 6 月 27 日第 1 版。
③ 黄庆澜编:《上海华洋义赈会预防浙江水灾计划书》"叙",上海华洋义赈会 1925 年刊印。
④ 王孝通:《中国商业史》,商务印书馆 1936 年版,第 221 页。
⑤ 《宁波同乡会征求会宴会记》,《申报》1920 年 4 月 17 日第 10 版。

57.6%,在所有会员中,浙江商人也占 48.4%。[①]

随着新一代浙商的崛起,20 世纪初,浙江各地的旅沪同乡组织的名称与功能也发生了很大的变化,这就是由传统的会馆公所向富有近代意义的同乡会转型,湖州、宁波、绍兴旅沪同乡会先后成立,虽然原有的会馆公所仍存续,但同乡事务已转到以同乡会为中心。

与大批浙商崛起上海相应,浙江各旅沪同乡会的领导层也以商人为主。从表 5-1 可以看出,1920 年代初,浙江几个主要旅沪同乡会会长、副会长中,除了宁波旅沪同乡会副会长王正廷是以官为主、官商兼具的双重身份外,其他都是著名商人。这些同乡会的董事其实也主要是商人,如 1922 年 10 月 30 日绍兴旅沪同乡会选举,除正副会长已如上述外,选出的董事如田祈原(上海钱业公会副会长、总商会会董)、王晓籁(总商会会董)、胡熙生(怡大钱庄经理、中央信托公司董事)、严成德(中央信托公司总经理)、裴云卿(中央信托公司董事)、陈茂恒(中央信托公司董事)、孙铁卿(中央信托公司董事)、徐乾麟(总商会会董)、魏鸿文(著名煤炭商、柴炭公会会长、煤炭总公所董事)、赵漱芗(宝丰钱庄经理)、李菊亭(中央信托公司董事、永余钱庄经理)、冯仲卿(上海中国银行副经理),是清一色的商人,同时公推的名誉董事谢蓉斋(著名茶商、谦益茶栈主)、叶丹庭(上海钱业公会会董)、袁近初(中央信托公司协理)、袁履登(总商会会董)、黄楚九(中法大药房、大世界、日夜银行等总理)、李济生(中央信托公司董事、永丰钱庄副经理)、鲁正炳(绸业钱工会馆董事),也都是商人。

表 5-1　1920 年代初宁波、绍兴、湖州旅沪同乡会负责人情况表

同乡会名	年份	会　长		副　会　长
绍兴	1922	田时霖	总商会会董、中央信托公司董事长、震升恒木号主	宋汉章	总商会会长、上海中国银行总理
				魏清涛	魏清记营造厂及魏清记木号主、总商会会员、中央信托公司董事

---

① 据《总商会第六任职员情况简介》《1922 年上海总商会同人录》统计,分别见上海市工商业联合会、复旦大学历史系编:《上海总商会组织史资料》(上),上海古籍出版社 2004 年版,第 381—382 页、第 354—369 页。

续表

同乡会名	年份	会 长	副 会 长	
宁波	1921	前任总商会会长,时任中法银公司、中易信托公司、江南银行、华商电车公司董事长,华成火险及华安、华兴水火险公司总董,华安合群保寿总公司、舟山轮船公司总董	虞洽卿	总商会会董、上海证券物品交易所理事长、上海三北轮埠公司总理,荷兰银行买办
		朱葆三	王正廷	前北京政府工商次长、代总长,护法军政府外交总长、财政总长,华丰纺织公司总理,中华捷运总公司总董,中华劝工银行董事长
湖州	1922	杨信之	总商会会董、上海江浙皖丝茧总公所名誉总董、上海延昌恒丝厂、泰康祥丝栈主,上海安达银行买办	

注:1.根据《绍兴旅沪同乡会通告》(1922年)、《历任会长、副会长与改为委员长、理事长及任期表》(上海市档案馆,Q117-4-1);《上海总商会组织史资料》(上)及《申报》等资料汇总。2.宁波旅沪同乡会1923年8月1日改选,朱葆三续任会长,虞洽卿、傅筱庵任副会长。3.湖州旅沪同乡会成立后,查不到选举会长、副会长的记载,只有杨信之是会长的多处记载。

图5-2 绍兴旅沪同乡会会长田时霖

图5-3 湖州旅沪同乡会会长杨信之

执近代上海商界牛耳的旅沪浙商乐善好施,积极从事常态性慈善事业和各种突发性灾荒救济,从丁戊奇荒实施大规模义赈到 1920 年华北旱荒救济,旅沪浙商都是中坚力量,是支撑上海作为中国慈善枢纽的重要力量。[①] 浙江壬戌水灾发生后,"旅沪浙人痛切桑梓,均抱救济之怀",除了积极参与前述华洋义赈会浙灾征募大会以及中国济生会、中国红十字会、仁济善堂等组织的救济外,还以同乡会的名义投入救济。

绍兴旅沪同乡会接到会稽道及绍兴、上虞、诸暨、嵊县、新昌各县告灾乞赈急电后,即于 8 月 23 日召开议事会、董事会联席会议,公推徐乾麟为筹赈主任,并推定总务、文牍、调查、会计、庶务各干事,又推李济生、魏鸿文、鲁指南等立即赴绍属各县调查灾情,同时发放捐册,广为劝募。[②] 绍兴旅沪同乡会、绍属水灾筹赈会随即在各大报刊刊发乞赈启事,并吁请中国济生会、中国义赈会、浙江军政当局及浙江各慈善团体实施急赈。经该会宋汉章、徐乾麟的努力,上海华洋义赈会议定先拨绍属 2.5 万元急赈,又得中国义赈会 2 万元急赈绍属。

9 月 3 日,绍兴旅沪同乡会在上海总商会召开绍属水灾筹赈大会,宋汉章、徐乾麟分别报告会议宗旨、绍属灾情,调查员鲁指南、魏鸿文以信函和书面形式报告绍兴、诸暨、新昌、嵊县等县详细灾况。会上正式宣告成立绍属水灾筹赈会,徐乾麟任会长,田时霖任赈务主任,宋汉章、田祈原、王鞠如、严成德等著名绍商任经济董事,总务科黄楚九、袁履登、孙铁卿,调查科魏鸿文、鲁指南、裴云卿、胡照生,文牍科寿孝天、曹慕管。与会绍商纷纷认捐达 2.05 万元,其中黄楚九 5000 元,王晓籁 3000 元,徐乾麟 2000 元,田祈原、王鞠如、叶丹庭、周介堂、宋汉章、袁履登、周蓉江等各 1000 元,胡熙生、李菊亭、孙蔼人各捐 500 元,裴云卿、蒋福昌、严成德、陈炳生、陈奎年各认募 500 元。[③]

绍属水灾筹赈会正式成立后,一面在各大报刊连续刊登乞赈启事,发放捐册 400 余本,指定绍帮经营的上海中国银行、中央信托公司及上海永丰、安裕、

---

① 1920 年 10 月 4 日《申报》评论说"我国每值灾荒,无不以上海为筹赈之要区"(《助赈与办赈》,见该日该报第 16 版)。1919 年 8 月,湖北义赈会董事许棐云曾说"沪上为慈善渊薮,……试问各省水旱偏灾,何一年不在上海募捐,而募捐办赈之人,又皆不出于沈朱(指沈仲礼、朱葆三,——引者)诸公",反映了浙商在民国灾荒救济中的地位和作用。见《湖北义赈会董事会记》,《申报》1919 年 11 月 14 日第 11 版。

② 《绍兴七县同乡开会筹赈水灾》,《申报》1922 年 3 月 24 日第 15 版。

③ 《绍属水灾筹赈大会记》,《申报》1922 年 9 月 4 日第 13 版。

怡大、均泰、承裕、义昌、益康钱庄及绍兴旅沪同乡会事务所为捐赈收款处;一面继续吁请上海华洋义赈会、中国济生会等拨款急赈,赈务主任田时霖及查放员魏鸿文等积极与会稽道尹黄涵之及宁波旅沪同乡会协商分工协赈。同时,筹赈会派田时霖、王晓籁为代表请浙省政府允将绍兴县的附加税截留用于绍属灾赈,又与宁波旅沪同乡会商定联合向太古、招商、宁绍三轮船公司商定沪甬商轮旅客统加水脚一成以充赈捐。至 1923 年初冬赈结束,绍属水灾筹赈会总计放赈 31 万元(包括自筹赈款及浙江壬戌水灾会、上海华洋义赈会、宁波华洋义赈会拨款),放赈各县的玉米、棉衣情况是:绍兴 5560 石,850 件;萧山 2575 石,638 件;余姚 7180 石,500 件;上虞 4520 石,1470 件;诸暨 19486.25 石,4353 件;新昌 6320 石,1860 件;嵊县 10580 石,2970 件;总计 56221.25 石,12641 件。[①] 在整个救济过程中,绍属水灾筹赈会共募集赈款 55 万元之巨,居浙江各旅外同乡团体所设的筹赈会募款之最,在壬戌水灾救济、特别是绍属地区水灾赈济中发挥了极其重要的作用。筹赈会田时霖等人"奔走呼吁,办粮赈济,剔查灾户,劳怨不辞,用能集款多而全活者众"。[②]

　　壬戌水灾发生后,旅沪甬商鉴于宁属"叠遭飓风,灾情极重,为近数十年来所未有,各县驰电告灾纷至沓来",于 9 月 7 日召开理事会,讨论筹赈办法,议决成立宁波急赈会(设事务所于同乡会内),并决定 9 月 10 召开会董会员急赈大会。[③] 9 月 10 日,旅沪宁波同乡 500 余人举行宁波急赈大会,乌崖琴、张文洲、李云书等在会上报告灾情。会议公推了急赈会职员,朱葆三、傅筱庵、盛竹书任会长,秦润卿、孙衡甫、盛筱珊、陈子埌、傅洪水、乐振葆任经济董事,捐务主任李征五,总务主任陈良玉,会计主任陈蓉卿、楼恂如,文书主任江北溪、励建侯,交际主任袁履登,调查主任钱雨岚、何鹿山、康锡祥、洪雁宾,庶务主任任矜苹,另有冯芝汀、胡孟嘉、方椒伯、孙梅堂、张延锺、石运乾、项松茂、盛丕华、李志方、洪贤钫、邬志豪、薛文泰、李孤帆、厉树雄、陈文鉴、金润庠、俞宗周等 40 余人任干事。可以看出,宁波急赈会集中了旅沪宁波帮重要人物。急赈大会上,与会人员纷纷认捐,总计达 10000 余元,主要有李咏棠捐 1000 元,屠景三

---

①　《绍属水灾筹赈会消息》,《申报》1923 年 2 月 8 日第 15 版。
②　《赈务纪要》,第 3 页(栏页),《浙江壬戌水灾筹赈会报告书》,1923 年。
③　《宁波同乡会筹赈消息》,《申报》1922 年 9 月 8 日第 15 版。

1000 元,袁燮元 1000 元,何绍裕、何绍庭合捐 1000 元,陈学坚 500 元,何邀月 500 元,张延钟 500 元,朱哲甫 500 元,王水金 400 元,王才运 300 元,张云江 300 元,邬志豪 200 元,等。另有李云书、李征五认募 2000 元,李咏棠认募 1000 元,邬志豪、曹兰彬、竺梅先各认募 500 元,袁祖怀、袁庆云认募 500 元,周乾康认募 200 元。①

宁波急赈大会正式成立后,一面在《申报》等重要报刊连续刊登《旅沪宁波急赈会乞赈》②,并广发捐册 800 余本,一面经过干事会议,议决多项筹赈办法。一是举行游艺会,请全国名伶会串戏剧及各团体表演游艺;二是派代表分赴各埠同乡会劝募赈款;三是请甬商叶子衡将江湾跑马总会慈善款项名下拨付若干充宁属赈款;四是仿照铁路加收赈款办法,暂时加收行驶宁沪间轮船票价数成,移作赈款;五是发动同乡将中秋节筵资助赈;六是争取官厅、上海华洋义赈会拨助,③并逐项安排专人落实。如急赈会推李征五、乐振葆、石运乾、陈良玉、袁履登、方椒伯与宁波旅沪同乡会、绍兴旅沪同乡会等联合,与招商、太古、宁绍三轮船公司落实行驶沪甬间船票加价一成赈捐及分配办法。④ 自 1922 年 10 月 1 日起实行,以一年为限,其款由上海通商银行代收,汇交会稽道尹黄涵之分配灾赈,⑤仅 10 月份就得此项附加赈捐 5000 余元。至 10 月下旬,仅已经收回的 300 余本捐册统计,急赈会就已募到赈款 5.3 万余元,认而未缴者尚有一万数千元。⑥

由湖州著名丝商杨信之任总董的湖州旅沪同乡会也鉴于故乡风水为灾、请赈孔殷,于 9 月 18 日开会讨论筹赈办法,议决组织筹赈会,刊印捐册,分组劝募,公推前上海总商会副会长沈联芳即日赴杭州与浙江壬戌水灾筹赈会接

---

① 《宁波急赈大会纪》,《申报》1922 年 9 月 11 日第 13 版。

② 其内容为"本会迭据宁属七县函电报告,此次受灾之重,为从来所未有,遍地哀鸿,惨不忍睹。本会曾经召集同乡特开急赈大会,敬给捐簿,分投劝募。惟祈诸大善士慨解仁囊,襄斯义举,承惠捐款,请交宁波同乡会内本会事务所,由会计主任掣给收据,并再登报鸣谢。此布。会长朱葆三、傅筱庵、盛竹书,经济董事秦润卿、孙衡甫、盛筱珊、乐振葆、傅洪水、陈子埭,总务主任陈良玉,捐务主任李征五,会计主任陈蓉馆、楼恂如同启"(《申报》1922 年 9 月 12 日第 2 版)。该广告从 9 月 12 日刊至 10 月 13 日。

③ 《宁波急赈会之昨讯》,《申报》1922 年 9 月 12 日第 13 版;《宁波急赈会干事会纪》,《申报》1922 年 9 月 13 日第 15 版。

④ 《宁波同乡筹赈消息》,《申报》1922 年 9 月 19 日第 15 版。

⑤ 《三公司轮船加收水脚助赈之实行》,《时事公报》1922 年 9 月 21 日。

⑥ 《宁波同乡会之募赈及讲演》,《申报》1922 年 10 月 26 日第 15 版。

洽赈务。① 9月28日,湖商杨信之、刘锦藻、庞元济、沈联芳、王一亭、沈田莘等邀湖州同乡再次会议商讨灾赈。商定水灾筹赈会事务所设杨信之的泰康祥丝栈,并定刘锦藻的刘贻德号、杨信之的泰康祥丝栈、庞元济的庞怡泰号、沈联芳的恒丰号、沈田莘的沈敏德号以及福康、信孚、源裕钱庄为经收捐款处。会上当场认捐募款14000余元。② 从10月9日至11月18日,湖属水灾筹赈会隔日在《申报》刊登《浙江湖属水灾筹赈会筹募急赈》的启事,杨信之、庞莱臣、沈联芳、王一亭、刘翰怡、周湘舲、蒋孟苹、潘祥生、吴登瀛、锺飞滨、许葆初、芮芷芗、沈田莘等著名湖商名列其中。截止筹赈结束,该会共募集捐款32565.26元,先后购米、衣散放湖属各县,计放安吉米1000石,面粉700包,棉衣裤1800件,孩衣300件;孝丰米500石,面粉300包,棉衣裤1200件;吴兴米400石,棉衣裤900件;长兴米400石,棉衣裤900件;武康米400石,棉衣裤800件;德清米300石。③

浙江其他旅沪同乡也纷纷设立赈灾组织,筹款赈济。例如,台州旅沪同乡鉴于所属临海、宁海、天台、仙居、黄岩等县风雨为灾,于8月30日召开大会,报告被灾区域惨况,并推定刘山农、徐聘耕等为筹备员,筹备成立筹赈机关。9月24日,台州旅沪同乡会召开台属水灾急赈会成立大会,推举前上海总商会会长朱葆三为会长,章楷任副会长,议决筹赈进行方法,积极开展筹款赈济活动。④ 急赈会与会稽道尹黄涵之、台州海门各轮船局等商定,自12月4日始,凡航行于台州、上海的轮船水脚增收十分之一拨作台赈。⑤ 9月24日,旅沪镇海籍著名商人虞洽卿联合余姚、慈溪、镇海北部旅沪同乡发起组织三北急赈会,筹款施救,⑥前度支部侍郎陈邦瑞及虞洽卿、吴作镆(锦堂)任总董,积极开展调查灾情、筹款放赈工作。虞洽卿派余连贵到余姚北部调查灾情,吴锦堂捐

① 《旅沪湖州同乡会组织筹赈会》,《申报》1922年9月19日第15版。

② 《湖属筹赈之踊跃》,《申报》1922年9月29日第15版。后因杨信之病重,并于1923年2月23日去世,筹赈会事务所改设北京路敦贻里沈田莘的沈敏德号。

③ 《赈务纪要》,第3页(栏页),《浙江壬戌水灾筹赈会报告书》,1923年。

④ 《旅沪宁台急赈会昨讯》,《申报》1922年9月25日第14版。《宁绍台水灾筹赈近讯》,《申报》1922年9月26日第15版。

⑤ 《轮船增收水脚济灾民》,《申报》1922年12月4日第13版。

⑥ 《旅沪宁台急赈会昨讯》,《申报》1922年9月25日第14版。

赈 5000 元,三北旅沪同乡会拨助 3000 元,在姚北开办粥厂 5 处,"自晨至暮煮粥施与"。[①] 同时,虞洽卿还捐助 20000 元,三北旅沪同乡会也拨助赈济米款 3000 元,在慈溪北部地区开展大规模平粜。为此,慈溪北六乡筹赈会专制银缸一座,献于虞洽卿表示谢意。[②]

通过以上简单罗列,已足以说明:以工商界为主的浙江各旅沪同乡会在浙江壬戌水灾发生后纷纷成立筹赈机构,筹措救灾款物,派员查灾放赈,在这次水灾救济中发挥了重要作用。

① 《苏我鲋涸》,《申报》1923 年 3 月 8 日第 1 版。
② 《慈溪北六乡筹赈会启事》,《申报》1923 年 8 月 23 日第 3 版。

第六章　上海商界与 1931 年水灾救济

一、百年未有之灾情

1931 年,我国长江、淮河、黄河、运河诸大河流同时泛滥,造成民国时期最大的一次水灾。

1931 年进入梅雨期后,江淮流域淫雨连绵,经月不止,降雨持续时间之长、雨量之大,据学者研究是我国 1885—2005 年自有"梅雨"科学记录以来,最严重的"梅雨"洪涝灾害年之一,[①]造成江、淮、河、汉、运诸大江河同时并涨。国民政府救济水灾委员会报告说"灾区之广袤,约自江苏黄海以上溯至湖北沙市,计九百英里;自沙市以南至湖南省洞庭湖计四百英里;自九江以南至鄱阳湖,计一百英里。又自运河至淮河以达河南省,计四百英里,错综贯互,悉成巨浸"。重灾区域为 16.9 万平方公里,较轻灾区至少 1.25 万平方公里,其本身为湖泽区域尚不在此内。[②] 川、粤、湘、鄂、豫、皖、赣、闽、浙、苏、鲁、冀、辽、吉、黑、热等 16 省"均告水灾,灾区辽阔,灾情浩大,为百年所未有"。[③] 据国民党中宣部发表的为赈济水灾告全国同胞书,已报告受灾的 16 省受灾人口至少 5000 万以上。[④] 至该年 9 月,上海筹募各省水灾急赈会的劝募报告说:据报全国受灾区域增至 18 省,占全国土地面积 1/3,灾民已增至 1 亿,约占全国人口的 1/4。[⑤]其

---

① 章淹:《1931 年江淮异常梅雨》,《水科学进展》2007 年第 1 期。
② 《国民政府救济水灾委员会报告书》,应梦霞、李强主编《民国赈灾史料续编》,第 2 册,国家图书馆出版社 2009 年版,第 34 页。
③ 《筹备各省水灾急赈会》,《申报》1931 年 8 月 1 日第 13 版。
④ 《中宣部为赈济水灾告全国同胞书》,《申报》1931 年 8 月 26 日第 4 版。
⑤ 《惊人报告·十八省灾区区域图》,《申报》1931 年 9 月 5 日第 5 版。

中灾情奇重的主要是长江中下游地区及淮河流域的湘、鄂、豫、皖、赣、浙、苏、鲁8省。

我们不妨以原有资料为主简略胪陈相关省份灾况于后。

湖北地势低洼,素称泽国,加以长江、汉水横贯其间,常患水灾。本年自5月始即已多雨,7月更是连绵大雨,8月19—22日,江汉关水位达53.65呎,创60余年新纪录。长江汉口段丹水池、单洞门相继溃决,造成湖北60年罕见水灾。汉口市区内水深达数尺至丈余,街上舟楫往来,"大船若蛙半浮水面,小船如蚁漂流四周",城区浸水达4个月之久。华洋义赈会湖北分会的年度报告说:"全省六十八县,计面积约七十五万零八百七十三市里,人口称三千万。本年受灾县分为数达四十有五,被淹面积约一十六万六千方市里,占总面积百分之二十二强,被灾人口约九百五十万人,占全省人口总数百分之三十五强。就中亟待拯救者约有五百万人之多。至水势高临时,庐舍倾圮,人畜漂没,尚不知其数。诚浩劫也!"①

图6-1　汉口市水灾航拍

安徽南有长江斜穿,北有淮河、泗河,巢湖居中,地势低洼,是十年九涝之地。1931年6—7月,安徽持续大雨、暴雨,"山洪暴发,江流高涨,淮泗冲激,沙

---

① 华洋义赈救灾总会编:《民国二十年度赈务报告书》,应梦霞、李强主编:《民国赈灾史料续编》,第5册,国家图书馆出版社2009年版,第386页。

图 6-2 被水围浸的汉口市政府

河溃决,巢湖横溢,洪波所及,受灾最惨。全省如安庆、芜湖、蚌埠、霍邱、凤台、寿县、怀远、盱眙、宿县、明光、当涂、南陵、凤阳、五河、蒙城、颍上、阜阳、天长、合肥、无为、庐州、泗县、涡阳、太和、亳县、灵璧、六安等数十县,概沦泽国。田庐洗尽,损失难以数计。而洪水所至,壮者栖止树顶山阜,老弱则随流浮沉,甚至全家老幼,因逃死无所,以绳索系成一串,坐以待毙者,尤比比皆"。①

湖南自5月始"淫雨兼旬,山洪暴发,排山倒海,推沙转石,一泻数十百里。滨湖各县,更水势滔滔,概成泽国。计被灾者共有湘乡、湘潭、衡山、衡阳、茶陵、会同、安仁、平江、泸溪、黔阳、沅江、汉寿、湘阴、益阳、南县、华容、安乡、常德、岳阳、临湘、澧县、安化、慈利、津市、溆浦等四十二县。将熟稻麦,漫淹无遗,田庐冲毁,不可数计,人畜漂流,触目皆是。损失在数十百万元以上"。②

江西因蒋介石剿共战事,连年浩劫。该年夏"复巨浸滔天,飓风乘之,崩堤拔圩,田庐漂没,家室流离。南浔路铁轨冲没,不能行车。而被灾区域,如南昌、新建、九江、彭泽、湖口、都昌、星子、德安、瑞昌、鄱阳以及滨湖各县,都一片

---

① 《水灾丛评·(三)长江流域之灾况》,《申报》1931年8月5日第7版。
② 《水灾丛评·(三)长江流域之灾况》,《申报》1931年8月5日第7版。

汪洋,死者浮沉水面,生者逃死山巅,哀声动地,惨不忍听。劫余灾黎,复浸洪流,人寰惨事,宁复再过"。① 另据《江西民国日报》报道说:永修县自 7 月 26 日起,霪雨连绵,数日未止,洪水暴发,圩堤冲倒,酿成亘古奇灾,"除各圩冲溃,颗粒无收外,沿河傍港一带杂粮、棉花,淹没不计其数,其最酷者,全县屋子冲去千余栋,死伤男女数百口,牲畜淹没尤多,哀鸿遍野,饿殍载途,而高居屋顶堤口嗷嗷待拯者,触目皆是"。②

"江苏大江横贯,淮运纵流,而洪泽、太涸、宝应、大纵、微山诸大湖泽,复潴多水,沿湖低地,平时既已泛溢为患,此次淫雨滂沱,山洪暴发,弥漫而来。而大江以及淮、运上游,洪水下激,如从天来,浩浩荡荡,莫可阻遏,各地堤防,多被冲决,于是滨水各县,如镇江、高邮、兴化、扬州、徐州、六合、宜兴、江阴、武进、苏州、无锡、淮安、淮阴、仪征、宝山、上海、临淮、高资、昆山、南通、海门等三十余县,遂全罹惨劫。田禾屋宇,概被浸没,豆麦棉花,损失至大。而南京近畿,灾情亦惨,农田十二万余亩,洪水所至,庭园栖鱼,哭声震天。总计灾民,已在五万人左右。至于京沪、津浦两路,路轨亦多被冲坏,交通阻塞,损失不资。"③

浙江受灾相对较轻,主要受灾区域在地滨太湖沿岸的湖州、嘉兴及杭州地区。"如杭州、嘉兴、嘉善、吴兴、长兴、余杭、昌化、临安、崇德、德清、富阳、平湖、湖州、绍兴等县,都毁禾坏庐,人民尽成鱼鳖。"④据国民政府赈务委员会称"浙省西北部,地滨太湖,此次湖水泛涨,嘉兴、吴兴、长兴等县,首当其冲,四面一片汪洋,水光接天,圩堤冲塌甚伙,禾稼悉付东流。即高处田禾,亦因天阴久雨之故,病象丛生。至沿海一带各县,亦受言不浅,中以宁海等县为最"。⑤ 据调查,浙江被灾 40 余县,受灾田地 600 万亩。⑥

黄河流域河南"受灾最惨,全省河流,纵横溃决,被灾区域,几达全省之半。计有西华、郾城、叶县、襄城、临颍、舞阳、鄢陵、抹沟、商水、淮阳、西平、上蔡、项

① 《水灾丛评·(三)长江流域之灾况》,《申报》1931 年 8 月 5 日第 7 版。
② 《江西民国日报》1931 年 8 月 5 日第 5 版。
③ 《水灾丛评·(四)长江流域之灾况》,《申报》1931 年 8 月 6 日第 7 版。
④ 《水灾丛评·(四)长江流域之灾况》,《申报》1931 年 8 月 6 日第 7 版。
⑤ 转引自李文海等:《近代中国灾荒纪年续编(1919—1949)》,湖南教育出版社 1993 年版,第 315 页。
⑥ 《浙水灾之调查》,《中央日报》1931 年 12 月 10 日第 4 版。

城、沈丘、新蔡、信阳、罗山、固始、潢川、光山、息县、鹿邑、正阳、淅川、邓县、登封等数十县,都水浪波光,浩渺无际,荒村野店,飘若萍浮,淹毙人畜,浪激成群。其幸而得全生者,则群集山岭,俯视洪流,雨淋腹饥,求生无路,号哭之声,震动四野"。①

山东北横黄河,西纵运河,河道改道,迁徙无常,就是寻常年份也多洪涝威胁。"此次淫雨多日,水势陡涨,河堤受激,多呈险状,虽以河务局抢救得力,未致溃决,酿成大祸,而沿河一带洼地,都受水浸,……而济南于水灾之中,继以巨雹,损田庐,伤人畜,损失尤巨。"②

关于这次水灾的受灾省份、受灾县数、灾区面积、受灾人口、经济损失,因为报灾与统计时间先后不一、统计口径不一、统计来源不一等,有多种说法。李文海等根据多种资料的综合考证,就上述灾情最重 8 省灾况各要素,列成如下表(表 6-1)。

表 6-1 1931 年水灾受灾最重 8 省情况

省名	县 份			人口(万人)			农田(万亩)			死亡人口(人)	经济损失(万元)
	总县数	被灾县数	百分比	总人口	被灾人口	百分比	总农田	被灾农田	百分比		
安徽	61	48	79	2171	1070	49	4880	3297	67	112288	38346
湖北	70	46	64	2670	956	35	6100	2360	38	65853	51843
湖南	76	66	86	3150	636	20	4660	1180	25	54837	36400
江苏	61	35	57	3412	887	26	9170	3670	40	89360	53100
浙江	75	40	53	2064	277	13	4220	800	19	329	6100
江西	82	37	45	2032	202	10	4160	940	22	7227	8500
河南	110	84	76	3056	897	29	11300	3015	27	85604	29960
山东	107	30	28	2867	386	13	11070	1400	13	7000	4100
总计	642	386	60	21422	5311	25	55560	16662	30	422499	228349

资料来源:李文海等《中国近代十大灾荒》,上海人民出版社 1994 年版,第 230 页。

由表 6-1 可知,1931 年长江大水,仅重灾的安徽、湖北、湖南、江苏、浙江、江西、河南、山东 8 省受灾县数就达 386 县,占总县数的 60%,被灾人口 5311

---

① 《水灾丛评·(五)黄河流域之灾况》,《申报》1931 年 8 月 7 日第 7 版。
② 《水灾丛评·(五)黄河流域之灾况》,《申报》1931 年 8 月 7 日第 7 版。

万人,占总人口的 25％,被灾农田 16662 万亩,占总农田的 30％,死亡人口 422499 人,经济损失达 228349 万元,是当年国民政府主要财政收入关、盐两税收入 41100 多万元的 5 倍多。[①]

二、上海商界的赈济:上海筹募各省水灾急赈会

上海筹募各省水灾急赈会(以下也简称"急赈会")是由赈务委员会委员长许世英、常务委员王一亭出面组织,上海商界吴蕴斋、闻兰亭、邬志豪、李祖绅、徐乾麟等参与发起,以商界力量为主的赈济此次水灾最大的民间组织。7 月 31 日,王一亭、吴蕴斋、闻兰亭、邬志豪、李祖绅、黄涵之、徐乾麟、张贤清、哈少甫、陈彬龢及潘公展、张公权、陈光甫、史量才等 20 余人,决定成立上海筹募各省水灾急赈会,并详细商讨赈款募集方法,定于 8 月 6 日假上海市商会召开成立大会。[②] 上述报道提到的人员中,除社会局长潘公展及黄涵之、张贤清、陈彬龢外,都是商界著名人士。8 月 6 日在市商会召开的成立大会,"到许世英、王一亭、虞洽卿、王晓籁、哈少甫、王培元、秦洉卿、张之江、王延松等二百余人"。虞洽卿报告开会宗旨后,王晓籁、王一亭相继演说,详述各省水灾奇重亟应救济。王晓籁提出筹款办法:一是用大会名义电请政府迅拨 2000 万元现款施赈;二是组织劝募组 500 组分头劝募,以每组筹募 1000 元为目标。获全场一致通过,当即签认 7.5 万余元。[③]

上海筹募各省水灾急赈会组织完备,设常务委员 11 人,即虞洽卿(常驻)、王晓籁、许世英(常驻)、王一亭(常驻)、黄涵之(常驻)、张之江、张啸林、杜月笙、李晋、秦润卿、林康侯。[④] 常委中除许世英、张之江、黄涵之外,都是商界中

---

① 李文海等:《中国近代十大灾荒》,上海人民出版社 1994 年版,第 231 页。

② 《筹备各省水灾急赈会》,《申报》1931 年 8 月 1 日第 13 版。1934 年刊印的《上海筹募各省水灾急赈会工作报告》说该会发起人还有朱子桥、杜月笙、张啸林、张岳军、秦润卿,见报告第 29 页。

③ 《各省水灾急赈会昨开成立大会》,《申报》1931 年 8 月 7 日第 13 版。

④ 《筹赈各省水灾消息》,《申报》1931 年 8 月 8 日第 13 版。该会后为赈务方便起见,增设常委,有屈文六、俞鸿钧、潘公展、张马育英、郑毓秀、曾溶甫、李祖绅、邬志豪、叶开鑫、关炯之、胡思义、李环瀛、朱庆澜、王正廷、赵锡恩、黄瑞生,其中屈文六为常驻常委。因该会不设会长,赈务主要有常驻常委、干事长和各组主任组织进行。

人。另设干事长闻兰亭、张公权、邬志豪、屈文六 4 人,除屈文六外也都是著名商人。下设总务、设计、财务、宣传、放赈、医药、审核 7 组,后来又先后添设劝募及运输两组。各组主任如下:总务组主任:屈文六(宗教界)、金观甫(政)、毛酉峰(商)、黄伯度(政)。设计组主任:李祖虞(著名律师)、王晓籁(商)、许静仁(政)、张啸林(商)、杜月笙(商)、张俊捷(不详)、邬志豪(商)。财务组主任:吴蕴斋(商)、张公权(商)。宣传组主任:张竹平(商)、史量才(商)、汪伯奇(商)、余大雄(《晶报》主任)、陈彬和(报界)、马荫良(报界)、任矜苹(商)、孙润身(记者)。放赈组主任:朱庆澜(政)、张之江(政)、屈文六(宗教界)。医药组主任:项松茂(商)。审核组主任:闻兰亭(商)、李组绅(商)。劝募组主任:张啸林(商)。运输组主任:陈伯刚(商)。① 其中商界人士占 60% 以上。

赈灾重在款物,筹赈实即筹款。急赈会先后制定的募捐方案主要包括五个方面:一是向中外各团体及个人募捐;二是委托各银行、钱庄及慈善团体等,设立该会捐款代收处;三是于中外各报登载广告征集捐款;四是办理慈善大香槟;五是推定劝募房租助赈特别委员,向各房主努力劝捐。② 在募集赈款的工作中,上海商界起到了举足轻重的作用。下面简略介绍急赈会几种主要筹款方式及成效。

(一)各种游艺助赈

8 月 29 日,急赈会设计、劝募两组召开联席会议,议决推举张啸林、王晓籁、杜月笙 3 人筹备各种游艺筹赈会。③ 8 月 30 日,张石川、郑正秋、周剑云等的明星影片公司、明星歌剧社与中央大戏院联合发起在中央大戏院义务演剧助赈,所得售资 6045 元全部送交急赈会助赈;④黄金荣任总经理的大世界荣记

---

① 《上海筹募各省水灾急赈会工作报告》,1934 年 5 月,第 173—174 页,括号内身份系笔者根据多种资料确认。
② 《上海筹募各省水灾急赈会工作报告》,1934 年 5 月,第 30 页。
③ 《各省水灾急赈会二次联席会议》,《申报》1931 年 8 月 30 日第 13 版。
④ 《各界踊跃助赈·明星游艺会助券价六千余元》,《申报》1931 年 9 月 2 日第 18 版;《上海筹募各省水灾急赈会鸣谢明星影片公司、明星歌剧社联合义务演剧助赈》,《申报》1931 年 9 月 12 日第 6 版。

胜利公司将 9 月 1 日的门票收入悉数助赈；①邵氏昆仲的天一影片公司②将 9 月 2 日、3 日在中央大戏院上演的八集新影片《乾隆下江南》的全部收入助赈；③江苏盐城商人顾竹轩独资经营的天蟾舞台除前后台经理各捐 100 元外，全体职员还在 9 月 9 日加演日戏一天，所得票资全部助赈；④9 月 14—16 日，张啸林、王晓籁、杜月笙在大舞台（系黄金荣免费借座）发起演剧筹款助赈，上台串演者均为上海著名票友，台下座无虚席，总计净获洋 59000 元交急赈会。⑤申商俱乐部也于 10 月 4 日在大舞台演剧助赈，除开支外所得 8329.94 元全部送急赈会。⑥

（二）房租助赈

在 8 月 31 日的急赈会第 2 次执委会上，市民代表邵如馨提出房租助赈一案，张啸林即提议，"请在座有房产者发起先助，以待效法"，得到与会者纷纷响应。"洽少夫以侯家浜房产一月捐助，杜月笙以马浪路房租助两月，王晓籁以太原坊助一月，黄涵之以房租一月五百余厓助赈，王伯元以虹口元余里、景行里、丹凤里、九福里一月一千余元房租助赈，史量才以申报房租一月助赈。"⑦9 月 9 日，急赈会首次公布并鸣谢房租助赈各大房东，即张啸林将九星电影院房租收入 2 个月 2200 元助赈，又将自己住宅估租 2 个月租金共计 1000 元助赈；杜月笙将华德路月华坊房租收入 2 个月 6600 元助赈；王一亭将房租 1000 元助赈；黄金荣将 2 个月房租助赈；金廷荪将敏体尼荫路元声里 2 个月房租助赈；黄静泉将九亩地富润里、德润里 1 个月房租约六七千元助赈；朱世恩以房租 1000 元助赈。上海慈善团体联合会将各善团体 1 个月房租助赈。⑧

---

①　《荣记胜利公司大世界为灾地同胞敬告上海各界仕女》，《申报》1931 年 8 月 30 日第 9 版。

②　1925 年 6 月由宁波旅沪商人邵邨人、邵醉翁、邵逸夫等创办于上海。

③　《卞毓英、王梦萍为电影业助赈水灾事敬代灾民 句天一影片公司致谢启事》，《申报》1931 年 9 月 3 日第 9 版。

④　《天蟾舞台为筹赈全国水灾准于本月九号礼拜三加演日戏一天》，《申报》1931 年 9 月 9 日第 24 版。

⑤　《各界踊跃助赈·王晓籁等演剧筹得五万九千元》，《申报》1931 年 9 月 17 日第 13 版。

⑥　《各省水灾会赈务要讯·申商俱乐部来函》，《申报》1931 年 10 月 15 日第 15 版。

⑦　《急赈会全体执委会议》，《申报》1931 年 9 月 1 日第 17 版。

⑧　《上海筹募各省水灾急赈会鸣谢热心救灾各大房东房租助赈露布》，《申报》1931 年 9 月 9 日第 7 版。

急赈会在公布首批房租助赈大房东的同时，加强了对房租助赈的宣传，又于 10 月 14 日推举 17 名委员成立劝募房租委员会，即王晓籁、王一亭、杜月笙、张啸林、朱子桥、许静仁、邬志豪、褚慧僧、李祖虞、卢少棠、虞洽卿、叶山涛、应子云、黄延芳、钟可成、张效良，其成员中除朱子桥、许静仁外都是商界人士，张啸林主持该项事务，①进一步加强对房租助赈的宣传、劝募，一批"房东"包括工商业者、公司行号、慈善团体等接续响应。11 月 12 日的《申报》公布了包括前述张啸林等在内的"房东"房租助赈具体情况，其中助赈房租 500 元以上者有：张啸林 3200 元，杜月笙 6000 元，黄涵之 587 元，王一亭 1000 元，王伯元 1645.5 两又 1492.6 元，金廷荪 2000 元，朱世恩 1000 元，郭永澜 1200 元，赵引年、赵聘侯、赵周屏 500 元，永基公司 500 元，公裕公司 2000 元，大达公司 2000 元，姚宝善堂 500 元，刘坚记 10500 元，祝伊才 5000 元，京江公所 1300 元，浙绍公所永锡堂 900 元，张兰坪 5000 元，四明银行 3000 元，浙江兴业银行地产信托部 3000 元，大陆银行信托部 1000 元，顾兰记 1000 元，罗伟东 1000 元，兴和营业公司 1000 元，宝耀记名下仁兴公司 1000 元，义生地产公司 1000 元，陈木公 889.25 元，协隆公司 800 元，泰利洋行及同人 1175 元，华达洋行地产部 500 元，华丰地产公司张杏村 500 元，建丰公司 500 元，宝耀记同人 500 元，德昶润 500 元，邱资训堂 500 元，上海慈善团 25600 元，上海仁济堂 7050 元，元济善堂 1260 元，广益善堂 1000 元，邑庙董事会 750 元，联义善会 539 元，开明经租处 2750 元。②

从中可以看出，除了浙江兴业银行、四明银行等各类企业"房东"，刘坚记、杜月笙、张兰坪、王伯元、张啸林等大商人"房东"，上海慈善团等慈善组织也拥有大量房地产，特别是上海慈善团，一个月的房租竟达 25600 元，可见其拥有房地产之多。此后，急赈会陆续公布的房租助赈还有：李咏裳、乾元公司、肇记洋各 1000 元。③ 最后急赈会总共募得各"房东"房租助赈款 10 万余元。④

---

① 《各省水灾会赈务要讯·房租助赈之进行》，《申报》1931 年 10 月 15 日第 15 版；《上海筹募各省水灾急赈会工作报告》，1934 年 5 月，第 31 页。

② 《上海筹募各省水灾急赈会劝募房租助赈启事》，《申报》1931 年 11 月 12 日第 2 版。

③ 《上海筹募各省水灾急赈会鸣谢李咏裳乾元公司肇记大善士房租助赈》，《申报》1931 年 12 月 19 日第 5 版。

④ 《上海筹募各省水灾急赈会工作报告》，1934 年 5 月，第 31 页。

（三）发行慈善大香槟票（即彩票）

至 9 月中旬,急赈会虽已募集赈款 70 余万元,但殊不敷分配。张啸林、杜月笙等计划发行慈善香槟票。13 日,急赈会钱新之、杜月笙、张啸林等召开茶会,王晓籁、郑毓秀、林康侯、穆藕初、吴蕴斋、闻兰亭、王一亭、邬志豪、史量才、张竹平、汪伯奇、李组绅等 200 余人与会,议决发行香槟票 10 万号(张),每号 10 元,计百万元,除 80 万元作奖金外,其余 20 万元全数助赈。会间即由与会者认购 5 万余号,[①]其余 4 万余张,至 10 月中旬,也通过各报馆等代销机关售罄。其中,个人购得 500 张即 5000 元以上者共 38 人,据不完全统计,其中属上海商界者达 21 名,即有穆藕初、张慰如、荣宗敬、林康侯、秦润卿、徐庆云、黄金荣、奚尊衔、吴耀庭、周文瑞、傅品圭、贝涯生、钱志翔、吴瑞元、张啸林、杜月笙、张澹如、范恒德、范回春、锺可成、田鸿年等,另以企业名义认购 500 张以上的有万昌米号、浦东银行、华商证券交易所 3 家,如果再包括杜月笙、黄金荣等手下之人所认购的,则商人、商号购 500 张以上者达 30 余人,[②]占 80% 以上,可见商界对此项善举的推行至关重要。急赈会筹得的慈善香槟票赈款 20 万元,其中拨给国府救济水灾委员会 10 万元,送国水委交朱子桥购买米粮办理河南粥厂。[③]

除上述筹款方式外,急赈会广刊捐赈广告,并发放捐册 1000 余册,商界踊跃捐赈。以下是根据当时报刊鸣谢广告及急赈会征信录摘录的几位商界人士经募、自捐及公司企业、工商同业公会等的大额捐赈情况:

上海银行业、钱庄业及信托公司等 106 万元;

上海银行提股利及职员月薪助赈 10 万元;

---

① 《水灾急赈会昨日议决发行慈善香槟》,《申报》1931 年 9 月 18 日第 18 版。

② 《上海筹募各省水灾急赈会慈善大香槟票发起人销数目列下》,《申报》1931 年 10 月 13 日第 2 版。

③ 《各省水灾会开会纪》,《申报》1931 年 11 月 22 日第 19 版。

张啸林、杜月笙经募韩芸根①裁兵公债 10 万元,由福源钱庄通过华商证券交易所以期货卖出后得款 5.26 万元;

张啸林、杜月笙经募吴瑞元②捐 4 万元,傅筱庵 2000 元;

上海棉布商业同业公会募自同业 3.3 万余元;

张啸林经募张澹如捐 2.8 万元,中国赛马会捐 1 万元,张啸林自捐 5000 元;

闻兰亭经募上海交易所联合会捐 2 万元;

戴耕莘经募上海华成烟草公司捐 1 万元,严如龄 1000 元,戴耕莘自捐 1000 元,上海华成烟草公司职员合计 2400 余元;

潮州会馆经募协成公司捐 1 万元,发纪公司、郭子彬、郭德顺、郑淇亭、郑韫山各 3000 元;

刘鸿生经募 9000 元,自捐 3000 元;

袁履登将父母双亲的寿仪共 1.7 万元移助赈灾;

中国华安合群保寿公司捐 10500 元;

杜月笙经募吴瑞元捐 5000 元,杜月笙自捐 5000 元,吴启鼎、润记、盛记各 3000 元,选青堂 2000 元;

项松茂经募五洲大药房总店 7 天营业提十分之一助赈 1562.31 元,浦东电器公司 2000 元,五洲大药房 1000 元,五洲大药房北四川路支店 7 天营业十分之一助赈 494.5 元,大和大药房 7 天营业十分之一助赈 1000 元,五洲大药房天后宫桥支店 7 天营业十分之一助赈 282.62 元,五洲大药房小东门支店 7 天营业十分之一助赈 260.78 元,项松茂自捐 400 元;

① 韩芸根系浙江定海旅沪著名煤炭商,因在 1931 年水灾救济、1931 年九一八事变后东北难民救济、1932 年一·二八事变后上海战区难民救济等灾荒救济中"筹募赈款并自捐在国币二十万元以上",于 1935 年 1 月被国民政府授予"三等采玉勋章"。因 30 年代初这几次灾荒救济同时被授予该等级采玉勋章的还有杜月笙、张啸林、黄金荣、徐懋棠(宁波旅沪著名商人)4 人(《杜月笙等募捐赈灾荣受国府采玉章》,《申报》1935 年 5 月 3 日第 14 版),其他人不再作注。

② 吴瑞元系上海纱业巨商,因在 1931 年水灾救济、1931 年九一八事变后东北难民救济、1932 年一·二八事变后上海战区难民救济等灾荒救济中筹募赈款,并自捐 5 万元上,1935 年 1 月被国民政府授予"四等采玉勋章"(《杜月笙等募捐赈灾荣受国府采玉章》,《申报》1935 年 5 月 3 日第 14 版)。全面抗战爆发后,他捐助戊种统一公债 15 万元,被誉为上海救国捐个人捐输空前之一人。(《吴瑞元助救国捐十五万》,《申报》1937 年 8 月 14 日第 7 版)。

中央信托公司捐 7000 元，该公司同事仝捐 1303 元；

绍兴七县旅沪同乡会拨助赈款 6000 元；

煤业公会经募煤业各号捐 5500 元；

上海建筑业协会捐 5410 元；

俞守正以耕义堂名义捐 5000 元；

金业交易所经募铸范堂捐 5000 元；

姚慕莲经募 3000 元，即内地自来水公司、敦厚堂及姚本人以姚慕记名义自捐各 1000 元；

黄金荣自捐 5000 元；

黄金荣 64 岁寿辰时收到 1053 人（包括个别公司）奉送的寿仪 5.0288 万元，"悉数助赈"。[①]

以上仅仅是经募总额、个人捐赈都比较大的捐赈情况，至于捐赈 1000 元及以下的工商业者、公司行号，难以计数，以工商同业公会名义经募或捐赈的也多达 117 个，[②]这些以工商同业公会名义经募的赈款实际都捐自公会会员企业。

上海筹募各省水灾急赈会总计募集赈款达 260 余万元，[③]仅从以上罗列，我们就可以看出，所募赈款主要来自商界。急赈会筹募的各类赈灾物品，包括粮食、衣被、药品、首饰、书画等 10 余类，不下数十万件，价值也达数十万元。[④]

急赈会另一重要工作是放赈，急赈会筹募的赈款、赈品除一部分赈款交国民政府救济水灾委员会外，其余都由急赈会施放。施放工作包括发放赈款赈品、搭盖棚舍、收容灾民、掩埋尸体、施行防疫、遣送难民等等。[⑤]急赈会每次常务会议的重要内容就是讨论、议决各灾区赈款、赈品的分配。例如，急赈会 9 月 14 日的常务会议，议决分配赈款：江苏 9 万元，江西 5 万元，湖南 5 万元，安

---

① 上海筹募各省水灾急赈会编：《上海筹募各省水灾急赈会赈款赈品收支报告册》，1935 年，第 604—616 页。

② 据上海筹募各省水灾急赈会编：《上海筹募各省水灾急赈会赈款赈品收支报告册》统计，1935 年。

③ 上海筹募各省水灾急赈会编：《上海筹募各省水灾急赈会工作报告·许世英序》，1934 年 5 月，第 1 页。

④ 上海筹募各省水灾急赈会编：《上海筹募各省水灾急赈会工作报告》，1934 年 5 月，第 31、41 页。

⑤ 《上海筹募各省水灾急赈会工作报告》，1934 年 5 月，第 34 页。

徽 9 万元,河南 5 万元,浙江 3 万元,陕西 2 万元,甘肃 2 万元。[①] 赈款赈品的具体施放(包括赈粮采购)也多由上海商界人士经手,比如仅至 9 月初,杜月笙就"购备面粉数万包,分运皖鄂灾区散放"。[②] 宁波旅沪名商李组绅担任急赈会湖北放赈专员,长驻湖北,全面负责该地区的急赈工作。他组织 4 队分赴鄂城、黄冈、大冶、黄陂 4 县进行急赈,提议急赈会担任此 4 县的赈务。[③] 他看到许多灾民只能栖身于水中,便组织救护队,雇用民船,"分别拖带施救"。[④] 在武汉的青山地区,淹死的不幸灾民有 2000 多人,李组绅派第 4 救护队前往实施掩埋工作。[⑤] 急赈会医药组主任项松茂不仅负责为灾区购买、募集所需药品,还积极进行灾区的防疫工作。当购买药品的款项不足时,项松茂便会以五洲大药房的药品先行发往灾区。[⑥] 当时上海市医师公会表示愿意协助灾区防疫,急赈会便将该项工作交由项松茂全权负责。[⑦]

急赈会的赈济工作历时一年,急赈及稍后的冬赈所及区域达被灾的 16 省 2 市的百余个县市,赈款收付 260 余万元,受赈灾民约有 100 余万人。[⑧]

三、商界主持的上海华洋义赈会、中国济生会的救济

(一)上海华洋义赈会

上海华洋义赈会自朱葆三去世后,一直由浙籍银行家宋汉章任会长,一批商界著名人士如顾吉生(副会长)、王晓籁、朱吟江、陆维镛、孙仲英、陈良玉、王骏生、经润石、严成德、陆伯鸿任副会长、董事。这次水灾发生后,上海华洋义赈会陆续接到各省的乞赈函电。[⑨] 8 月下旬,上海华洋义赈会连日会议,商议

---

① 《急赈会昨开临时会》,《申报》1931 年 9 月 15 日第 13 版。
② 《各界热心助赈·杜宅仆役踊跃助捐》,《申报》1931 年 9 月 3 日第 18 版。
③ 《李组绅报告鄂省灾赈》,《申报》1931 年 9 月 26 日第 15 版。
④ 《上海筹募各省水灾急赈会工作报告》,1934 年 5 月,第 37 页。
⑤ 《上海筹募各省水灾急赈会工作报告》,1934 年 5 月,第 37 页。
⑥ 《各省水灾会开会记》,《申报》1931 年 10 月 16 日第 15 版。
⑦ 《各省水灾急赈会开会记》,《申报》1931 年 9 月 11 日第 13 版。
⑧ 《上海筹募各省水灾急赈会工作报告》,1934 年 5 月,第 47 页。
⑨ 《华洋义赈会续得各省乞赈函电》,《申报》1931 年 8 月 7 日第 14 版。

筹款、放赈诸问题。8 月 21 日,华洋义赈会召开紧急会议,到会者中方董事有宋汉章、陆维镛、张贤清、朱吟江、孙仲英、陈良玉、王晓籁、王骏生、经润石、严成德、陆伯鸿和顾吉生等人。会议除议决迅速组织募款委员会外,华董们还当场募得 2.2 万元,专为救济灾情奇重的汉口难民。[①] 24 日,华洋义赈会又召开特别会议,议决多项重要事项:将已捐到的面粉及赈品,除择重要灾区赶放急赈外,迅速运汉口急赈;延请外滩各银行华经理(即买办)帮同募捐,推宋汉章、严成德、经润石、朱吟江分头面请,并请钱庄暨各商帮一并接洽募捐;通过用外文拟定的为国内各省水灾致海外华侨乞赈电,向华侨乞赈;推宋汉章请中国银行各灾区分行,拍摄灾情影片,以资宣传。[②] 25 日,华洋义赈会再开董事会,宋汉章、王一亭、顾吉生、朱吟江及洋会长饶家驹司铎、白纳脱(花旗银行经理)等与会,除了"精密"讨论各种急赈方法,还议决赶制棉衣 1 万套,以应即将到来的秋冬灾民之需。[③] 27 日,华洋义赈会再次召开水灾急赈会,正式成立"上海华洋义赈会水灾募款委员会",公推孙仲英为委员会主席,朱吟江、顾吉生副之。议决所有放赈汉口的面粉、面包由该会洋会长饶家驹司铎负责办理。[④] 同时,该会连续在报刊刊登《为各省被水灾黎请命》,向"国内外暨本外埠各银行、各钱庄、各大商号、各大洋行、各俱乐部"乞赈。[⑤]

图 6-3　上海华洋义赈会会长宋汉章

上海华洋义赈会向海外华侨、本外埠内外资银行、洋行等的筹款工作很快取得成效,仅检索 8 月下旬的《申报》,

---

① 《华洋义赈会积极救济各省水灾》,《申报》1931 年 8 月 21 日第 13 版。
② 《华洋义赈会拟办各事》,《申报》1931 年 8 月 25 日第 13—14 版。
③ 《华洋义赈会昨开急赈会》,《申报》1931 年 8 月 27 日第 13 版。
④ 《华洋义赈会急赈会议》,《申报》1931 年 8 月 29 日第 17 版。
⑤ 《上海华洋义赈会为各省被水灾黎请命》,《申报》1931 年 8 月 27 日第 7 版。

收到的大宗捐赈、赈品就有:新加坡侨商胡文虎捐助虎标永安堂万金油 6 大箱 4500 打;[①]"义记"5000 元,忠恕堂 3000 元(均指赈汉口);[②]新加坡总商会 10000 元,槟榔屿华侨组织华侨筹赈祖国惨灾会银 5053 两,具名"永善社"者 5000 元,雪兰莪杂货行 3000 元,汇丰银行华职员 1000 元,上海公墓办事处 1000 元;[③]南洋吉隆坡米商公会 5000 元,耕义堂(旅沪绍兴商人俞守正堂号) 5000 元,味秋记、熊记、福记、禄记各 1000 元,利达洋行 2000 元又该行大班个 人 500 元,南洋马尼剌华侨 1000 元;[④]敷德堂琴记、增寿二户各 1000 元,汪三 近堂 1000 元,三蕊堂西服内衣同业会 553 元,中国银行代收 1396 元;[⑤]寿记 10000 元,吴耀庭 1000 元,慎余堂 1000 元,舒崇本堂 1000 元,坤记助洋 1000 元,等等。[⑥]

在积极筹款的同时,华洋义赈会派出人员赴灾区施放急赈。8 月 27 日,华 洋义赈会急赈会议议决:该会已有的赈款除已拨汉口及江北、皖北 54000 元 外,再拨汉口 7000 元,加拨兴化 3000 元,高邮 6000 元,盐城 5000 元,淮安 3000 元,其余全部拨赈皖灾。[⑦]

在华洋义赈会具体放赈工作中,上海商界也起了重要作用。8 月下旬,华 洋义赈会购得痧药 4000 瓶、面粉 500 袋、面包 70 箱,由董事严成德负责派员 到汉口组织发放。[⑧] 9 月初,副会长顾吉生与陆伯鸿、王骏生赶赴扬州,与当地 商会正副会长、各界名流商议组织分会之事。不久,扬州分会成立并开始放 赈。放赈工作"注重穷乡僻壤、各善团遗漏区域",所放面粉由上海总会先运交 镇江商会,然后转运扬州。[⑨] 看到扬州各地灾区已有各慈善团体施放急赈,顾 吉生等便决定华洋义赈会把重心放在"为冬赈之筹备",提前预备冬衣。[⑩] 回到

---

① 《上海华洋义赈会敬谢新加坡侨商胡文虎大善士》,《申报》1931 年 8 月 20 日第 2 版整版。
② 《华洋义赈会所收捐款》,《申报》1931 年 8 月 22 日第 14 版。
③ 以上据《华洋义赈会进行急赈》,《申报》1931 年 8 月 26 日第 14 版。
④ 以上见《华洋义赈会昨开急赈会》,《申报》1931 年 8 月 27 日第 13 版。
⑤ 以上见《华洋义赈会急赈会议》,《申报》1931 年 8 月 29 日第 17 版。
⑥ 《上海华洋义赈会敬谢各大善士捐助各省灾赈款》,《申报》1931 年 9 月 1 日第 9 版。
⑦ 《华洋义赈会急赈会议》,《申报》1931 年 8 月 29 日第 17 版。
⑧ 《华洋义赈会进行急赈》,《申报》1931 年 8 月 26 日第 14 版。
⑨ 《华洋义赈会赈灾工作》,《申报》1931 年 9 月 15 日第 13 版。
⑩ 《华洋义赈会赈务会议》,《申报》1931 年 9 月 9 日第 13 版。

上海后，华洋义赈会便一直在《申报》上呼吁各界捐献棉衣救灾，并开始定制新棉衣 3 万套。[1] 到 10 月初，华洋义赈会开始陆续向灾区运去棉衣，如 10 月 8 日运往兴化、盐城、东台、泰州和扬州的新旧棉衣共计 9000 余件。[2]

因安徽芜湖水灾严重，顾吉生、陆伯鸿与宁松泉（安徽旅沪商人）于 9 月 17 日奔赴该地调查灾情。[3] 10 月 9 日，顾吉生、朱吟江第二次出发到江北查看施赈情况，并"监视一切"。[4] 到了中旬，朱吟江、顾吉生和王骏生又亲赴江北察看水灾情形及各分会赈灾工作。他们一行先乘车到镇江，然后又雇一小船到扬州、高邮等地，历时一周。[5]

上海华洋义赈会在赈灾后期的工赈中也成绩卓著。水灾使京杭大运河 6 处决口，幸得华洋义赈会募得林隐士毁家助赈的 20 万元，指作江北水利之用，使得该项工程得以开工修筑。华洋义赈会专门组织成立"修理高邮决口委员会"，由宋汉章、饶家驹、顾吉生、费吴生、朱吟江、黄涵之担任委员，以襄此举。[6] 华洋义赈会先派人进行测量，制成工程计划，估计工程需款 40 万元。该会商得江苏省政府同意拨款 20 万元，又得国民政府救济水灾委员会允拨赈麦 2000 吨，开始了大规模的以工代赈项目，每日雇用工人 1 万至 1.2 万人修复运河水毁工程。[7]

（二）中国济生会

中国济生会以"灾赈为天职"[8]。20 年代末 30 年代初的中国济生会，一直由前总商会副会长王一亭任委员长，前总商会会董徐乾麟及前上海市公益局局长黄涵之任副委员长，其委员也多商界人士，如秦润卿、王晓籁、陆维镛、顾吉生、李寿山、冯仰山、朱寿丞、孙月三、黄翙昌、徐宝琪、傅松年等。

① 《华洋义赈会赈灾工作·赶制棉衣》，《申报》1931 年 9 月 16 日第 13 版。
② 《华洋义赈会赈灾工作·新旧棉衣运出》，《申报》1931 年 10 月 8 日第 11 版。
③ 《华洋义赈会赈灾工作·赴芜调查灾况》，《申报》1931 年 9 月 18 日第 13 版。
④ 《华洋义赈会赈灾工作》，《申报》1931 年 10 月 10 日第 19 版。
⑤ 《华洋义赈会察看江北灾情》，《申报》1931 年 10 月 16 日第 15 版。
⑥ 《江北运河堤不久竣工》，《申报》1932 年 4 月 8 日第 4 版。
⑦ 《去秋高邮决口六堤》，《申报》1932 年 4 月 4 日第 1 版。
⑧ 中国济生会委员长王一亭等上国民政府行政院、内政部书，即《济生会为灾民请命》，《申报》1930 年 4 月 2 日第 16 版。

7月中旬后，湖北、安徽、江苏等各地告灾乞赈函电如雪片纷至济生会。济生会坚持择灾情极重地区施赈的方针，把武汉、皖南皖北、江苏江北及河南南阳、唐河等地作为救济重点，推济生会常委朱弃尘等救济武汉，翟展成、刘玲生赈济皖南皖北，周元恺、李玉书赈济江苏淮安、淮阴、泗阳等地。①

8月22日，朱弃尘偕同赈务人员，乘凤阳丸轮船前往武汉查办急赈，携带赈款并面粉万包、赈药数万瓶。为统筹武汉的办赈事宜，朱弃尘等专门设立了济生会武汉地区办赈总部，内设总务、船务、救护、收容、医药、赈务、赈品管理及输运、经济、编纪各部（科）。总务部"统率全部，内分总务主任、秘书、书记、会计、交际、收发、杂务、司送电信，以及一切杂务。船务部内分船务主任，专司轮船到汉及开行事宜，及驳船之支配，受命于总务部而行。救护部内分主任、救护员若干人，所需轮船或驳船及军警，均向总务部接洽，由船务部照发。收容部内分主任、管理员、灾民造册员、杂务员，须要何项，由总务部出条，向各部领取，登簿造报。医药部内分主任、医生、药剂师、司赈员，专任临时医院职务，视察收容之难民身体"，及灾民轮送下游，派随船医生及药品支配。赈务部内分主任、赈务员，专在灾区内发给灾民需要食品，及收容所内施给需要衣食等品。赈品管理及输运部内设主任，专司赈品到汉提取及发出登簿等事。经济部设主任，专司银钱之责，由总务部凭支取之条照付。编纪部设主任，专编灾情状况、施救经过，以志纪念而示征信。② 朱弃尘等武汉办赈人员还制定了临时救护方法：1.组织救护驳船，每组10只编号。2.每组分区施救。3.救护聚集高堤之灾民，因人多恐争先恐后危及救护工作，每船配以军警，维护秩序。4.分区游行救护组，专救屋内被困于水之难民，或送当地收容所或至下游他埠，听其自便；不愿离屋者，示以利害，如仍不愿离，则助伊需要之品。5.难民中如欲资助数元或干粮若干而自谋生路者，尤易照办。6.采用清洁饮水组，专供收容所及屋内灾民日用之水。组织机构相当完善、严密，救济方法也非常具体，由此也可见济生会对武汉水灾救济的重视。

朱弃尘等于8月26日抵汉后，即在中央旅社设立临时办事处，作为汉赈

① 《济生会苏赈纪要》，《申报》1931年8月31日第13版。
② 《济生会办理武汉急赈》，《申报》1931年8月25日第14版。

图 6-4　上海筹募各省水灾会、中国济生会赴湖北办赈人员

临时指挥机构。虽然大灾中的武汉环境恶劣、条件艰苦。例如,临时办事处
"屋内水深 3 尺有余,机气熏蒸,令人难受,蚊虫之多,终宵难睡,蚊帐蚊香,均
属无效,其他地点,淹水更深"。[①] 但办赈人员到汉后即投入当地赈灾、慈善机
构联络及调查、放赈、救护等工作。据朱弃生 9 月中旬报告办赈情形说:"汉口
收容所十四处,派友前往接办";汉阳归元寺附近高地灾民千余人,武义善会灾
民 200 余人,朝阳庵内灾民 900 余人,龟山蓬户灾民 7000 余人,梅子山灾民
3600 余人,均已调查,预备造册、散赈;关了屯里大小村 18 村,灾民 3000 余人,
乐里大小村庄 70 余,灾民 4000 余人,已按户造册,以便散给赈票放粮;"武庆、
武惠、武丰三闸溃决后,灾民尤为惨苦,现派友调查,设法补救";"又武昌长春
观附近灾民万余人,日〔内〕多疾病,本会补助赈款,以中医中药为主体,按人施
诊";"又蔡甸地方淹水后,灾情甚重,现拟急救之策,拨助赈面,交该县商会具
领散放";"又因浮尸腐烂,亟须掩埋防疫,拟市棺木千具,以除积秽,保卫民
生"。"九月一日,派赈友至武昌,散发赈票,明日照票给粮。汉阳之赈票手续
办完,即便往赈。""武昌南湖岸畔关了屯地方,已查放三百八十六户,共大小老

---

① 《朱弃尘查赈武汉报告书》,《申报》1931 年 9 月 6 日第 17 版。

幼灾民一千八百五十人,每大口发赈面五斤,小口三斤,足敷五日之粮。""武丰闸全村房屋十坍其九,现择最苦灾民,先分发馒头一千斤,一面调查需要之灾户,再发赈面。武惠、武庆等闸户查完,即放赈。""汉阳武义堂收容所六十七户,山岭埠四百余户,共计大小口二千四百五十七人。九月五日,已发赈票,明日发面。"另在蔡甸"设收容所四处,人多屋少,不敷收容,本会拟补助赈面,以救眉急"。由此可见,济生会武汉办赈非常细致而有成效。①

济生会派往江苏赈济的有常务委员张贤清及周元恺、李玉书等人。张贤清带领赈务人员及赈款、赈粉、赈药前往高邮、江都赈济。高邮在此次水灾中城北挡军楼决口,灾情极为惨重,灾民在 10 万以上。②济生会赈务人员至高邮后,即拟定急赈办法,将人员分成两组,一组专任调查,一组专任散放,随查随放。灾民大口分 3 等,分别给面粉 20 斤、15 斤、10 斤,小口减半。该会委托其他赈灾机构人员调查灾情,如切实可靠,即给赈票由该会派员监放。对于灾情相对较轻的江都,济生会选择受灾最重之区,给票散赈。此外,如水能早退还能播种,济生会即与当地慈善机构合作,散放籽种。高邮因灾重,如待水退,播种已失时,拟进行工赈,修筑堤圩。③周元恺、李玉书则被派往淮安、淮阴、泗阳3 县赈济。10 月,济生会又运大批赈粮、棉衣放赈江北。其中运高邮、邵伯等处面粉 20200 包,清江、淮安等处面粉 5000 包,仪征面粉 1500 包,扬州 3500包,并运高邮新旧棉衣 7000 套。④

在办理江北急赈的同时,济生会根据灾情轻重不同和水退情况,进行农赈,及时购办种籽散放灾民,补种秋粮及次年夏粮。9 月底,淮阴二区、泗阳三区及淮安西乡等被灾地区水已退落,可以补种,济生会及时拨款采办麦种运往灾区施放。10 月初又加拨赈洋 5000 元,交李玉书赶办籽种千余石散放泗阳。⑤ 另外还从无锡运小麦种籽 1000 石,至淮安等县散放。⑥

济生会在河南与上海筹募各省水灾急赈会联合办理赈务。至 9 月中旬,

---

① 《济生会所接武汉办赈经过之报告》,《申报》1931 年 9 月 14 日第 13 版。
② 《济生会苏赈纪要》,《申报》1931 年 8 月 31 日第 13 版。
③ 《济生会江北赈务消息》,《申报》1931 年 9 月 28 日第 10 版。
④ 《济生会江北灾赈》,《申报》1931 年 10 月 5 日第 11 版。
⑤ 《济生会散发籽种》,《申报》1931 年 10 月 1 日第 15 版。
⑥ 《济生会江北灾赈》,《申报》1931 年 10 月 5 日第 11 版。

济生会河南办赈主任冯仰山已代放水灾急赈会所拨赈款 4 万元、济生会自拨 2.5 万元。① 此外,济生会独自办理河南南阳、唐河、沈丘等县赈务。南阳、唐河是匪灾、水灾叠加的重灾区,济生会先后几次拨款交该会南阳分会会长姚重邦散放急赈,并要求该分会长切实调查水灾之后能否补种秋粮,以便发放籽种。另外,冯仰山报告济生会总部:沈丘灾重,应由济生会办理赈济。济生会于是两次拨款,交冯仰山偕同办赈人员散放急赈,并筹办籽种。② 在皖南皖北,济生会均与上海筹募各省水灾急赈会联合办理赈务。济生会推翟展成、刘玲生到皖北放赈,并代放急赈会拨付的赈款赈品。③ 在皖南,济生会推翟凤翔为皖南办赈主任,调查皖南、宣城、芜湖、当涂、南陵、繁昌 5 县灾情,因皆系赤贫灾民,只得根据人口多少来分灾民等次,三口以下为三等,四口至五口为二等,六口以上为一等,根据等次散放急赈。④

(三)参与政府水灾会救灾——以江苏水灾义赈会为例

上海商界还参与各级政府组织的救灾机构的水灾救济,这里仅以江苏水灾义赈会为例予以简要论述。

虽然 1927 年上海从江苏省划出独立设市,但因历史和地缘关系,与苏省关系特别密切。这次大水成灾后,7 月 30 日,江苏省赈务委员会决议聘请王一亭为该会驻沪劝募主任,杜月笙等人为劝募委员,以便于募赈。8 月中旬,苏省赈务会又决定以王一亭、黄涵之、成静生为正副筹赈主任,拨发库券 100 万元,在沪组织义赈会,按照义赈办法,施放急赈。⑤ 8 月 18 日,江苏水灾义赈会在上海六马路仁济善堂召开成立大会。会议通过了《江苏水灾义赈会组织大纲》,规定该会公推委员若干人,筹办一切事务,设常务委员 15 人,并设主任常务委员 3 人,驻会负责主办一切事务。另设查放组,每县设主任 1 人;办事组,设正副组长各 1 人,由该会敦请素有赈务经验的公正人士担任。该会查放人员,经该会议定

①　《各省水灾会昨日开会》,《申报》1931 年 9 月 19 日第 13 版。

②　《济生会豫赈纪要》,《申报》1931 年 9 月 22 日第 14 版。

③　《各省水灾会昨日开会》,《申报》1931 年 9 月 19 日第 13 版。

④　《济生会皖南赈务纪要》,《申报》1931 年 9 月 25 日第 15 版。

⑤　《江苏水灾义赈会定期成立》,《申报》1931 年 8 月 12 日第 14 版。

后由省赈务会加聘,并予以保护。会议推定王一亭、黄涵之、成静生为主任常委,闻兰亭、杜月笙、张啸林、王晓籁、张公权、吴蕴斋、史量才、席云生、胡笔江、王彬彦、张效良、林康侯、金侯城、翁寅初、陆伯鸿15人任常务委员,①会址就设在王一亭任总董的仁济善堂内。江苏水灾义赈会实际上主要是在王一亭的主持下开展救济工作的,从义赈会各常委身份看,15名常委清一色都是上海商界要人。

该会成立后,即发表启事和乞赈通电。成立启事提出了灾赈具体办法:(一)创办收容所,收容被水冲没庐舍无家可归的灾民。(二)急赈。为灾民发放衣食用品。(三)养婴。一是对灾区受困儿童的寄养,二是对灾区孤儿的留养。(四)赈药。防止灾区时疫、传染病流行。(五)掩埋。(六)工赈。用以工代赈的方式修筑灾区冲毁的堤圩。② 8月20日的江苏水灾义赈会第一次常务会议,通过了《查放细则》《办事细则》《查放人员禁戒》10条等,推定了查放主任及审计、会计、文书各股股长、干事人选,并通过预购面粉2万袋运放。其中的《查放细则》规定了严格的放赈标准及防治舞弊腐败的措施。如规定:施赈标准,救命不救贫,严剔次灾,加放急户;查放急赈,须亲历灾区,亲手给票;查放员不管钱,钱由地方政府及各公团保管,当众凭票发给灾民,并须预发公告,注明钱数,俾众周知,将来凭票根报销。③

江苏水灾义赈会是官为倡导、支持,民(主要是商界)任筹募、放赈之责的合作救灾组织。为提高筹募效率,江苏赈务会又特聘王一亭、黄涵之、成静生为劝募主任,并聘张公权、虞洽卿、杜月笙、张啸林、王晓籁、黄任之、顾馨一、姚紫若、史量才、黄金荣、唐寿民等商界人士为劝募委员。所有捐册也由江苏赈务会发送义赈会,加盖义赈会章函发,分请劝募。义赈会一成立,即确定以"非急赈不足救垂毙灾民"的重灾区江浦、铜山、高邮、宝应、涟水、东台、江都、扬中、溧阳、

---

① 《江苏水灾义赈会昨日成立大会》,《申报》1931年8月19日第13版。
② 《江苏水灾义赈会启事(一)》,《申报》1931年8月19日第9版。
③ 《江苏水灾义赈会常务会议》,《申报》1931年8月21日第13版。《查放十戒》即(1)戒延任生手,不能识别受灾成分,及不能杜冒滥防顶替,致使轻重倒置,误縻赈款;(2)戒畏难苟安,请托官厅,派人代为查户;(3)戒曲循地方士人士私见,查放轻重,不能得当;(4)戒并不亲历灾区,假手甲保;(5)戒受地方士民酒食,及一切供应;(6)戒意气用事,不肯虚衷,详求灾民之隐;(7)戒心慈意软,认次灾为极贫,滥给赈票;(8)戒敷衍塞责,草率从事;(9)戒任意迁缓,迁延时日;(10)戒同人不能和衷共济,致误进行。

金坛、赣榆、六合 12 县,为施放急赈区,派定办赈熟手分别担任查放。①

8 月 25 日,高邮、邵伯间运河决口 15 处,高邮全城、邵伯全镇尽被冲没,里下河之兴化、东台、泰县、盐城、阜宁及沿运河之宝应诸县,水深丈余,浅亦在七八尺,死亡数十万众。② 水灾义赈会立即派常务委员成静生带赈务人员并携赈款 2 万元及多种药品赶赴镇江,与各方筹商堵口、施赈事宜;同时,义赈会急电江苏省政府、镇江商会、镇江民政厅及赈务会、宝应县长及赈务会、苏州县长及镇江乔孟乾、苏州曹松乔等,希望与成静生接洽,商议救济之策。③

成静生等到镇江后,即分乘轮船实地勘视灾况,携款至高邮、邵伯、兴化、宝应等地施救,并电告水灾义赈会。④ 又与冷御秋、陆小波等主持的江北水灾临时义赈会商定联合办理赈务,成被推举为江北临时义赈会副理事长。⑤ 双方合作后在镇江设立江苏水灾义赈会驻省办事处,并陆续在扬州、泰县、里下河沿途设分办事处 5 处,延聘正副主任各一人 会同当地官绅、地方团体,协同办理。义赈会办事处组成多个分队,分往施救。第一队往兴化、东台,第二队往高邮、邵伯,第三队往泰兴,第四队往樊川、周庄一带,第五队往兴化沙沟。各队共带轮船 14 只,民船拖船 20 余只,均携苈米面及烧饼、锅把、罗干、红糖、生姜、草纸、火柴、洋烛、防疫药品等物,前往急赈。各队到达后,又另雇小船,分往四乡觅救灾民,送往各处收容。不到一周,运至镇江、扬州收容所的灾民就达万人以上,泰县更逾 2 万人,还在南通、如皋等县设所收容。⑥

后因灾区太广,江苏省赈务会议决江北灾区仍划归上海江苏水灾义赈会和江北水灾临时义赈会分区赈济,将江浦、铜山、赣榆、六合、扬中、兴化、涟水、溧阳、淮安、宝应、金坛、淮阴、高邮、泗阳、江都、阜宁 16 县,划归上海江苏水灾义赈会施赈,其他盐城、东台、泰县、如皋、宜兴、江宁、镇江、高淳、宿迁、沭阳、泰兴、丹阳、仪征、睢宁、邳县、句容、溧水、沛县、东海等 22 县由江北水灾义赈

①　《江苏水灾义赈会近讯》,《申报》1931 年 8 月 27 日第 13 版。
②　《江苏水灾义赈会万急启事》,《申报》1931 年 8 月 29 日第 9 版。
③　《江苏水灾义赈会要迅》,《申报》1931 年 8 月 29 日第 17 版。
④　《江苏义赈会所得电讯》《申报》1931 年 8 月 31 日第 13 版。
⑤　《水灾临时义赈会议案》,《申报》1931 年 8 月 31 日第 11 版。
⑥　《各省灾赈昨讯·成静生查勘回沪报告书》,《申报》1931 年 9 月 6 日第 17 版。

会施赈。[①] 江苏水灾义赈会为有效组织施赈,除了上述在镇江设立驻省办事处外,又陆续设立驻扬州、驻高邮、驻宝应、驻汜水、驻兴化5个办事处。

至9月中旬,江苏水灾义赈会已收赈款228283余元,已拨驻省办事处18500元,驻扬办事处26000元,驻高邮办事处10000元,驻宝应办事处10000元,驻汜水办事处2000元,驻兴化办事处20000元,另拨太仓急赈1500元,购置面粉10000元。已运镇江、扬州、高邮、汜水、宝应、兴化各办事处面粉7004包,饼干40箱,面包600磅,痧药、痢疾散、至圣水、奎宁片、济众水、人丹等各种药品13000件。[②] 已在扬州(共6处)、镇江(3处)、高邮(4处)、界首(1处)、汜水(1处)、宝应(2处)设立收容所17处,先后收容灾民四五万人(当时在所仍有2万余人,其余已陆续外运上海、遣散或转投亲友)。[③]

截至1932年4月,江苏水灾义赈会共收赈款1266325.92元,其中赈务委员会拨82000元,江苏省赈务会拨338000元,上海筹募各省水灾急赈会拨364740元,各善团及善士捐助476566.87元,收银行利息5019.5元。已拨各县急、冬两赈暨备办赈粮赈衣等1194176.22元,补助上海收容所及战区难民救济会等10600元,运输、广告及置办用品等费15216.72元,各县查放局经费23399.5元,该会运行经费及抚恤费9706.66元,总计已支出1253099.1元。[④] 12月3日该会完全结束,主席王一亭总结了一年来的救济工作:总计该会施赈区域达48县,受赈灾民约190余万人,共发放赈款142.72万元。所发放赈款中,除46.0088万元来自政府各部门的官款外,其余均向社会筹募而得。[⑤]

①　《江苏水灾义赈会消息·划办急赈》,《申报》1931年9月9日第13版。
②　《江苏水灾义赈会执委会议》,《申报》1931年9月12日第13版。
③　《江苏水灾义赈会消息·报告经过》,《申报》1931年9月15日第13版。
④　《江苏水灾义赈会结束》,《申报》1932年4月14日第6版。
⑤　《江苏水灾义赈会闭幕》,《申报》1932年12月3日第12版。

下　篇

上海商界与民国兵灾救济

第七章　上海商界与江浙战争兵灾救济

一、江浙战争及其危害

1924 年 9、10 月间,江苏督军齐燮元(直系)与浙江督军卢永祥(皖系)为争夺淞沪地区管辖权爆发了战争(即江浙战争,也称齐卢之战),战争主要在苏南浙北的宜兴、沪宁线、嘉定、浏河、青浦 5 个方向展开。9 月 3 日,苏齐在宜兴、黄渡、嘉定发起进攻后,双方连续多日在宜兴、黄渡、安亭、嘉定、浏河、罗店、青浦等地激战,但处于胶着状态。9 月 8 日,孙传芳的闽赣联军(直系)攻占了浙西南的仙霞岭,并于 16 日攻下江山,18 日进占衢州,使战争形式突然剧变。浙卢决定放弃浙江,退保上海。齐燮元、孙传芳则联手发起攻势,相继占领桐庐、杭州、嘉兴、嘉善、长兴等地,至 9 月底,浙省境内战火熄灭。随后,苏、闽两支大军齐向上海,分别于 10 月 4 日、8 日、10 日和 13 日相继占领金山卫、松江、青浦、龙华,逼近上海。浙卢见大势已去,于 10 月 13 日发表通电,自解兵权,宣告下野,卢永祥、何丰林等人逃入上海租界。浙军余部推皖系徐树铮为总司令,欲继续作战。但 10 月 15 日,徐氏被上海租界工部局软禁,江浙战争至此而告结束。

持续 40 余天的战争给江浙地区造成巨大的灾难。一般战争的社会危害如难民潮、生命财产的直接损失、对城乡经济的直接间接破坏等,这场战争应有尽有;一般现代战争少有或没有的勒逼饷需、劫掠财物、烧杀奸淫等,这场战争也无所不有。以下略而陈之。

（一）战争导致的难民潮

早在 1924 年 8 月底,因江浙时局岌岌可危,避战赴沪的难民就日见增多。有报道说:自 8 月 26 日起,由扬州开往上海南市的各轮船就拥挤不堪,都是扬州、江阴、邵伯等地"逃难来沪者"。[①] 8 月 29 日始,南京、镇江等地居民也因"风声日急,纷纷向上海逃避"。[②] 至开战前夕的 9 月初,沪宁路被阻断于黄渡车站,电报、电话线被割断于青阳港车站,战争一触即发。南京、镇江、江阴等地居民继续大量乘船逃沪,"长江班轮到沪逃难人之乘轮来沪者甚伙,大半为镇江而来者,随带之贵重行李物件甚多"。[③] 上海周边南翔与上海的火车尚可通行,所以南翔车站避难者拥挤至极。9 月 2 日,仅由南翔至沪的难民就达1000 余人。[④] 上海外围吴淞、江湾、月浦等地居民也纷纷逃沪。[⑤] 而上海市区华界居民则纷纷逃亡租界,"南市及城内一带居民之搬迁往北市避难者,沿途一带,触目皆是,自晨至暮,无稍减断"。[⑥]

这些开战前先行避难上海的"难民",其实多是富室殷户。当时报刊在报道他们"逃难"时,大多指出他们"随带之贵重行李物件甚多"[⑦]、"随带行李物品,尤为众多"[⑧]。9 月 3 日开战以后,上海周边市县逃难上海者更为拥挤,各地上、中社会人家此前就逃避一空,所以开战以后"陆续尚在逃出者,多系农民苦力等等"。[⑨] 开战初,苏属各埠镇江、无锡、常州、吴江仅仅从镇江乘江轮逃难至沪的难民,平均每日就有一千二三百人。[⑩] 9 月 8 日,仅嘉定旅沪临时维持会雇船运到上海的嘉定难民就达 2000 余人。[⑪] 开战消息传遍上海后,上海闸

---

① 《扬澄难民纷来》,《申报》1924 年 8 月 29 日第 15 版。
② 《江浙备战中之航运讯》,《申报》1924 年 8 月 30 日第 14 版。
③ 《镇江难民继续来申》,《申报》1924 年 9 月 3 日第 14 版。
④ 《沪翔人民徙居之昨况》,《申报》1924 年 9 月 3 日第 14 版。
⑤ 《吴淞近乡人民亦逃沪》,《申报》1924 年 9 月 4 日第 14 版。
⑥ 《昨日拉夫及迁徙之情形》,《申报》1924 年 9 月 4 日第 14 版。
⑦ 《镇江难民继续来申》,《申报》1924 年 9 月 3 日第 14 版。
⑧ 《扬澄难民纷来》,《申报》1924 年 8 月 29 日第 15 版。
⑨ 《昨日各方战讯之报告》,《申报》1924 年 9 月 5 日第 13 版。
⑩ 《难民到沪益多》,《申报》1924 年 9 月 9 日第 14 版。
⑪ 《嘉定难民昨日到沪》,《申报》1924 年 9 月 9 日第 14 版。

北等华界居民逃亡租界更行拥挤，"搬移家具箱件至租界者络绎不绝"。[①] 至 9 月 8 日，据日本人切实调查，上海租界内增加的江浙两地逃难人员，总数已近 50 万人。[②]

随着战事逐渐逼近上海，上海本地及周边乡镇居民持续逃亡租界，而且这股难民流越到战争后期越大。10 月 12 日晚开始，莘庄附近战事激烈，上海本埠炮声不断，"迁家者比往日更盛，凡浦东、杨师桥、六里桥、周家渡、塘桥、白龙港、川沙、南汇、沿护塘一带稍有身家者，无不大起恐慌，纷纷挈眷携带贵重行李箱笼等件，乘船及长途汽车来沪，往租界遴难。各处路口交通，为之阻塞"。[③] 仅 10 月 13 日，上海南市从城内经西门、老北门、小东门等迁出的，到当日傍晚，就达万余人。[④] 浦东一带，"南码头、严家桥、塘桥等处，沿浦数十里乡民，扶老携幼，背负棉被衣包，纷纷渡浦，向租界方面逃避，渡船甚为拥挤"。[⑤]

（二）生命财产的直接损失

这类灾难既包括村镇、街肆、房舍、稼禾、财物等的被毁坏，也包括工厂企业商号及公私财产被劫掠、勒逼报效，还包括军阀发行无法还本付息的"公债"等。

就前者而言，太仓县浏河兵灾善后会在致内务部的呈文中说："江浙兴戎，以浏河为战场，相持历四十昼夜，人民生命财产始厄炮火，复遭淫掠，加以海军时时开炮遥击，故房屋焚炸独多。如学校、庙宇、商店、教会、善堂、医院以及长途汽车，尽遭兵劫。除损害生命及其他一切损失，统由地方汇案调查，报县呈省咨部，请求察核外。兹单就商民等，痛其刃肤，自行查见合市被炮火全毁之房产，计一百五十四户，共一千五百二十九间，炮弹炸坏房屋约三千三百余间，综计损害断在七十七万元以上，而屋内之财物不与焉。夫商民等罹兹战祸，谁为为之，孰令致之，使居户则流亡在外，无家可归，商店乃屋宇无存，不能复业，

① 《闸北迁徙家具者之拥挤》，《申报》1924 年 9 月 4 日第 14 版。
② 《难民到沪益多》，《申报》1924 年 9 月 9 日第 14 版。
③ 《浦东与南市居民纷纷迁往租界》，《申报》1924 年 10 月 14 日第 10 版。
④ 《昨日南市居民避难情形》，《申报》1924 年 10 月 14 日第 10 版。
⑤ 《浦东乡民纷纷避难来沪》，《申报》1924 年 10 月 14 日第 10 版。

其惨痛之情,势难自己。"①重灾的昆山县"大军陆续来往不下十万人,封船至千余艘之多,拉夫又达数千人,居民震恐,相率逃避,军队土匪,四出劫掠,损失达八百万之巨,时间亘二月之久,以至花稻颗粒无收,灾区状况达于极点"。②

上述两则史料都提到了兵匪劫掠之事。在江浙战争时期(不仅限于战争期间),兵匪劫掠之普遍、之严重,也为民国时期所罕见,几乎是无日无之,无地无之。当时各大报每天都有这类报道,而且常常一日数起至十几起。战争一开始,首当其冲的昆山就遭严重劫掠,因压境的大军,"兵多将杂,统率无人,遂致奸淫掳掠,无所不为。城厢内外,十室九空,勾结土匪,择肥而噬,打家劫舍,日必数起,强奸致命者,亦有所闻。至于随处拉夫,沿途劫掠,视为当然。占据民房,打烧柴火,器用什物,地板门窗,烧毁殆尽,乡野农民,亦皆弃耕而逃,稍有米粒,无不倾倒以去,钱财饰物,更无论矣"。昆山难民团何良玉急电江苏督军、省长严整军纪。③ 10 月 12 日,苏、浙两军在嘉定纪王庙镇西北交战,附近居民逃避一空,镇上各商铺、住户以及乡间各村落,即日起均遭抢劫,挨户查抄,无一幸免。④

图 7-1　被劫掠焚烧后的南翔

① 《项尧仁等请求赔偿浏河遭受兵灾损失给内务部呈文》,中国第二历史档案馆:《中华民国史档案资料汇编》"军事"(三),江苏古籍出版社 1991 年版,第 224 页。
② 《昆山县议会报告灾区状况》,《申报》1924 年 11 月 10 日第 13 版。
③ 《昆山难民团电请两长严整军纪》,《申报》1924 年 9 月 4 日第 14 版。
④ 《嘉定纪王庙镇旅沪同乡之呼吁》,《申报》1924 年 10 月 29 日第 10 版。

有的地方遭不同军队轮番劫掠。如嘉定方泰镇，前后驻军八九万人。先到苏军第6师，9月3日始与浙卢联军相持匝月，9月8日起全镇被劫掠一空，"尤以益泰当及陈赋声住宅、各米店、南货店、清节堂、仓坊，损失为最巨"。妇女被奸者数十人，13岁幼女也遭此难，产妇也不能幸免，甚至有50岁老妇因不遂所愿而被勒死的。后又有鄂军一团、皖军一混成旅、鲁军一旅、苏军第三混成旅到镇，军队各不相统属，号令不一，镇上已劫无可劫，就到近镇各村劫掠，仅陆家村陆长甫、陆国珍，丘家宅丘思敏，陆家车秦姓，唐庄张慎甫等数家损失就达万元以上。"总之不论贫富，无一幸免。全镇鸡犬毫无，马牛绝迹，甚至开棺盗赃。……所有房屋，除四收容所外，均为军队所占满，粪秽狼藉，骸骨遍地，河水为赤，至十月初，米盐俱断，以麦屑支持。"①

这类劫掠在江浙战争结束后，仍屡发不止。11月6日，江湾镇东兵士闯入乡民家强劫衣物，并沿途开放空枪示威，各商家闻警纷纷闭门逃避，各兵士即三五成群，由镇东向西大肆劫掠，每至一店，虽零星什物，也携之而去，东街元豫酱园、万安桥张德顺南货店、中市王元发米店、西市恒丰泰洋袜厂、北弄杨乾和烛号及大寺前第一春浴池、李鸿茂豆腐店等20余家被劫一空。② 11月17日，吴淞镇被兵匪焚烧劫掠，自东镇东升路至西镇豆市路止，包括文昌阁街、淞兴路、同兴路、洪源路、万隆街、大长街、禾丰街、同泰街、典当街、中兴路、桂枝路、豆市路等被焚劫113户，计楼房76幢，平房40间，损失20380余元，这还不包括被劫的宝成银楼、万兴布庄、延生钱庄、景云银楼及曹福卿、俞葆村两住宅因主人避沪未回，无法查计损失。③

整个战争期间，公私财产被勒逼借款、"报效"的事件也是层出不穷。冯筱才曾爬梳报刊史料，列表汇总自8月22日至10月20日间苏州、杭州、南京、上海、扬州、宁波、镇江、江阴、青浦等地14起军阀勒款事件。④ 他把此间军阀当局发行公债、兑换券也列入此类（本文将于下文概述），其中浙江地方银行发行的金库兑换券（先后总发行200万元），基本属正常发行，也尚有信誉，后由

① 《方泰镇被灾之惨状》，《申报》1924年10月25日第10版。
② 《江湾兵士前晚大肆劫掠》，《申报》1924年11月3日第13版。
③ 《吴淞被焚劫之损失》，《申报》1924年11月8日第13—14版。
④ 冯筱才：《在商言商：政治变局中的江浙商人》，上海社会科学院出版社2004年版，第149—151页。

发行机关收回,并会同杭州总商会销毁,①所以似不应归于"勒款"。但被勒逼"借款"而有去无回的,当然另外还为数不少。例如,战事爆发后,淞沪护军使何丰林为筹战费,通过上海县公署严令上海绅商、上海公款公产处总董秦锡田、副董沈周"勒提官产",官产处"迫于威力","和盘托出",先后被提银106200元。当奉令时,副董沈周稍有"迁延",被指贻误军机而被逮捕,等到公款缴清,又说他"有通敌嫌疑",不予释放,直到孙传芳抵沪后由沈氏之子呈请才获释。②该笔款项当时声明将来在县公署征存国税项下拨还,但卢、何很快兵败他走,上海县议会虽曾努力试图收回此项"借款",终成泡影。③ 安徽督理马联甲以拟发的金库券作抵向皖岸盐运商"勒借"40万元,经驻扬州皖盐商总代表贾颂平商洽后允借30万元,10月初先交10万元,余款11、12两个月付清,④8个月还本付息。后续又交13500元。但用于抵押的金库券未及印就,马氏即因蚌埠、合肥等地各旅团长纷纷宣布"独立",而于11月16日被迫宣告"引退"。⑤ 盐商们拿着芜湖中国银行的收据,一再向省政当局催还,但直至1925年8月仍在"磋商"中。⑥ 江浙战事临结束之际,无锡县署连续接到淞沪护军使署筹措若干万元的电报,县知事紧急召市公所总董高映川、米业公所赵子新、九丰面粉公司经理蔡兼三等磋商借用茧捐积谷等款,并由各面粉厂及米麦堆栈认解军用面粉米麦等。起初高氏等还表示:各公团早已罗掘俱穷、无力应命,愿听候处分。但最终不得不同意在茧款项下拨借7000元,米业筹借1000元,并由茂新、九丰两面粉公司分认面粉2000袋,限5天内解交。⑦ 10月份浙卢第四师向松江各商号勒借的5000元,原定1个月奉还,至12月中旬,松江县商会还在追还中。⑧

人民生命财产的直接损失还包括军阀勒销无确实基金或后因故无法还本付息之公债。如9月27日,淞沪护军使何丰林布告发行淞沪公债200万元,

① 《杭州快信》,《申报》1925年12月2日第6版。
② 《沈周有已开释讯》,《申报》1924年10月31日第10版。
③ 《款产处被提款项之通知》,《申报》1924年11月11日第9版;《县议会议决收回地方借款案》,《申报》1924年12月14日第14版。
④ 《芜湖快讯》,《申报》1924年10月2日第6版。
⑤ 《马联甲被逼去皖之经过》,《申报》1924年11月20日第10版。
⑥ 《芜湖近讯》,《申报》1925年8月16日第10版。
⑦ 《无锡县署会议筹解军费》,《申报》1924年10月12日第7版。
⑧ 《松江县商会开会董会议》,《申报》1924年12月15日第11版。

指定淞沪所属丁漕较多的松江、上海、青浦、南汇4县丁漕收入作抵,分5年抽签偿还;说是"先尽沪南、沪北有房产者应募,特设公债经理局,委任淞沪警察厅长、上宝两县知事、南北工巡捐局局长共同管理,按现住房客应付之月租数目募之,由房客先行垫缴,即以是项债券抵付房金","各住户应即将一个月房租照数购买公债,即以此项公债付给房东,倘房东不肯收受,准其来署控告,本署自有相当制裁"。除了向有房产者应募外,其余以普通募债办法经募。① 但实际上,当时军事十万火急,"应募"变成了"挨户征收,警吏同临,急于星火,筹付稍迟,拘押随之,贫苦之家,典卖以应,当时情景,惨不忍述"。不到20天,卢永祥、何丰林兵败亡命日本,但已"被募至三十万余","被募之户,呼吁无门"。②

以上所述仅是此次兵灾直接损失的大概方面,至于具体直接损失,现有记载中概述性描述居多,总体确切数据缺失。虽然当时东南大学组织调查团做过"切实调查",但也只是江苏一省,而且只有嘉定、宝山、太仓、昆山、宜兴、上海、松江、青浦、金山9县的数据,共计损失6232.48余万元,③江苏其他被灾县如奉贤、江阴、无锡、武进、丹阳、常熟、丹徒、吴江、吴县9县就缺数据。至于兵灾导致交通阻塞、工商业停工歇业、金融市场动荡而造成的损失,更是难以计数,也缺乏全面估算,但据上海总商会在一则电文中说,开战仅7天,仅上海非直接战区的损失就已超过1亿元。④ 所以,当时舆论常有这次兵灾是江浙地区自太平天国后60年未有之劫难之论。⑤

----

① 《何丰林劝募淞沪公债》,《申报》1924年9月27日第10版。
② 《县议会请清理联军所募善后公债》,《申报》1924年12月26日第14版。
③ 《兵灾各县损失统计表》,见娄东、傅焕光:《江苏兵灾调查纪实》,上海商务印书馆1924年12月1日印。
④ 《致顾少川君请力持中立之议电》,上海市工商业联合会编:《上海总商会议事录》(四),上海古籍出版社2006年版,第2151页。
⑤ 上海市保安会为灾黎乞赈电说:江浙战争"灾区之广阔,灾情之惨重,实较洪杨为尤甚"。《申报》1924年11月11日第9版;陆家鼎、王家襄等众议员在关于兵灾善后建议电中也说:"苏松太三属被祸之惨,实为洪杨以来所未有。"《申报》1924年10月29日第6版;游山在《救济灾孩之重要》的评论中说:"东南战争,为苏省自洪杨劫后六十年来所未有之惨剧。"《申报》1924年11月20日第12版。

二、上海商界与战时救济

上海商界的战时救济包括在上海组织设立保卫团队维护治安,抑制兵匪劫掠;组织各种救护团队深入战区进行伤兵、难民救护;在沪地设立难民救济所、收容所、伤兵医院等,收容难民,医治伤兵;在战区开展卫生防疫,收尸掩埋;等等。

(一)组织保卫团队,抑制兵匪劫掠

江浙战争爆发前,以商界为主,上海各界曾发起东南和平运动,试图避免战争,使上海免受战火。随着战争形势趋紧,上海商界自 8 月下旬始便积极筹办保卫团队,以应对不可避免的战难。8 月 28 日,闸北著名商人、闸北慈善团总董沈联芳、陈辅臣①及王彬彦等邀集闸北各团体会议,讨论组织保卫团并议定了枪械、服装解决办法;会上认定陈辅臣向广帮募 1000 元,沈联芳向丝业募 1000 元,张晋峰、蔡春舫合募 1000 元,各公团合募 1000 元,作为置办服装经费。② 经过几次筹备会议,闸北保卫团于 9 月 6 日成立,沈联芳、徐乾麟任正副团董,王彬彦、尹郆夫任正副团总。至 9 月中旬,闸北保卫团已建立第 1 至 6 支团及商务印书馆补助团(系商务印书馆独资自办),是江浙战争时期上海最具规模的保卫团。在上海南市,战争爆发后,上海县商会姚紫若即与县议事会议长莫子经、著名商人姚子让、穆抒斋等筹商成立保卫团。③ 9 月 11 日,南市保卫团成立,姚子让任团董,姚慕莲、穆抒斋任正副团长,该团额定团丁 300人,依照救火会分区划全市为 4 区。9 月 15 日,上海南市董家渡天主堂董事著名商人朱志尧、陆伯鸿等邀集各商界领袖成立董家渡保卫团,朱志尧任总董,陆伯鸿为副董,朱少沂为团总司令。④ 该保卫团额定团员 100 名,至 10 月上旬,已组建第 1 至 4 支队。此外,江浙战争时期(9—10 月),上海建立的保卫团

---

① 陈辅臣(? —1928),广东旅沪商人,时任南洋烟草公司大股东、董事,英商祥茂洋行买办,广肇公所董事,闸北慈善团总董等。
② 《闸北议组保卫团》,《申报》1924 年 8 月 29 日第 14 版。
③ 《县商会筹办保卫团》,《申报》1924 年 9 月 7 日第 14 版;《南市保卫团组织就绪》,《申报》1924年 9 月 8 日第 14 版。
④ 《董家渡保卫团开会》,《申报》1924 年 9 月 17 日第 10 版。

还有沪南东区保卫团、浦东洋泾市保卫团、闸北商界自卫团、虹镇保卫团等等（见表7-1）。

表 7-1　江浙战争期间上海设立保卫团、自卫团等一览

序号	团体名称	成立时间	发起人（团体）或负责人及身份	保卫团概况
1	东北城商业自卫团	9月4日	东北城商联会	会员商家每家派出一二人任团员，从现有资料看，没有枪支武器，每员佩戴臂章及警笛、藤条各一。
2	闸北保卫团（也称上宝保卫团）	9月7日	团董沈联芳（前任总商会副会长，时任上海丝厂茧业总公所总理、闸北慈善团总董）副董徐乾麟（时任总商会董、南京路商界联合会会长、闸北救火联合会会长）团总王彬彦（时任闸北商会副会长）副团总尹邨夫（1925年任唐家湾九路商界联合会名誉会长）	团员暂定220人。至9月中旬初，已成立第1—6支团及商务印书馆补助团，第1支团长陆端甫，第2支团长范和笙，第3支团长窦耀庭，第4支团长陈翊望，第5支团长甘燸初，第6支团长朱静庵，有手枪60支，步枪120支。至10月20日，团员目丁已有2000人。
3	闸北商界自卫团	9月7日	闸北十一路商联会，团长陆瑞甫	9月上旬有自卫团员109人；制服仿照万国商团式，帽徽为一篆文"商"字。"团长团目团丁等无一不是商界中人。"
4	曹家渡自卫团	9月8日	曹家渡商业联合会团长姚榆关（曹家渡商联会会长）副团长俞紫标（曹家渡商联会副会长）	每一商号选派强壮伙友1名，约有百余名，每12人为1队，以4队组成1团。
5	广西路商界自卫团	9月9日	广西路商联会团长程桂初（时任广西路商联会调查股长兼交际）	团员10人，团员便服，挂该团徽，出巡该路，遇有警盗发生，吹警笛告警，并协助探捕。
6	豫园商民自卫团	9月9日	邑庙豫园商联会王荣旦、成玉麒等筹备；自卫团总主任薛麟冈（上海永义堂南北纸器公所总董）	
7	法租界商团		法租界商联会	9月上旬已有150人，其中多数为退伍军人。
8	南市保卫团	9月11日（淞沪警厅批准日为10月12日）	县商会会长姚紫若、县议事会议长莫子经、绅董姚子让、穆抒斋等发起。团董姚文枏（时任上海市董事会总董、上海县清丈局总董）总团长姚慕莲（时任上海县商会副会长、嘉属商会联合会会长、上海内地自来水公司总经理）副团长穆抒斋（时任总商会董、爱多亚路商联会副会长、上海救火联合会副会长）副团长叶惠钧（时任县商会董、上海杂粮公会会长）	经费由县商会先筹垫1万元，并向各业商分别筹募；定额并招足团员300人，编成东西南北4个区团，东区团副叶惠钧等，西区团副王壮飞等，南区团副朱少沂等，北区团副石运乾等。佩手枪，采用陆军式专门服装，其帽章金色八角形，中心有"南卫"两字，服装用青黄色哔叽呢，黄管裹腿，黑皮鞋，皮带中心有"卫"字。

续表

序号	团体名称	成立时间	发起人(团体)或负责人及身份	保卫团概况
9	董家渡保卫团	9月15日	总董朱志尧(东方银行华经理、求新机器厂厂主) 副董陆伯鸿(县商会会董、华商电气公司总经理) 副董赵芹波(振豫公司劝业场经理、上海公发公司董事、闸北商会会董) 总司令朱少沂(时任华商电车公司总稽查,后任冠生园董事)	额定团员100名,经费由各业担任筹募。至10月上旬,已组建第1—4支队,10月下旬有团员150名。
10	沪南东区保卫团	9月16日	沪南东区商联会陈良玉(总商会会董、上海卷烟公会会长)等	额定100人,经费各业分认。后南市保卫团姚文枌、姚慕莲以南市已建保卫团,分东南西北4区,呈准上海县知事撤销该团。东区各商业公所再次呈请设立,11月县知事又核准设立。
11	浦东洋泾市保卫团	9月18日	洋泾市总董刘志涛(浦东电气公司名誉董事)筹办 团长徐益藩(洋泾镇救火会副会长,1925年3月15日曾作为商界代表出席洋泾镇绅商学各界会议)	9月18日成立大会时有团员100余人,洋泾市为第1保卫团,烂泥渡镇为第2保卫团,十六图其昌栈镇为第3保卫团。
12	北城保卫团	9月20日	北城商联会	9月20日为筹备会时间,至10月底未见成立及保卫团编制等信息
13	江湾保卫团	9月22日	团总严慈苏(宝山县交通局董事、江湾救火会副会长) 副团总徐志千、陆鉴堂	团员90人,服装、枪械费约3500元,其中700元在乡公款内支拨,其余商界自筹。
14	虹镇保卫团	10月7日	正团长袁士勋(虹镇商界联合会会长) 副团长尹星涛(虹镇救火会副会长)	始初编成2组,每组10人,经费由会自筹,配有武装。
15	漕河泾保卫团	10月10日	杨福元任团长(漕河泾乡乡董)	初有团员40人,并无枪械,仅有临时制成的印有"保卫团"字样的统一服装。
16	龙华九图保卫团	10月下旬	团长汤季廉(龙华九图图董)	招募团员50人。
17	沪南六路商界自卫团		沪南六路商联会乐树滋(沪南六路商联会评议长)、王奎元(沪南六路商联会总务主任)等筹备	至10月底未见正式成立信息。

注:

1.本表据《申报》《时报》等相关资料整理而成,因表中一栏往往据多种资料整理而成,为节省篇幅,不再一一注明。

2. 创办人或团董、团总的时任身份,系笔者据《上海总商会组织史资料汇编》(上下册)、《申报》等资料确认,在各级商会、商界联合会、同业公会任职的,只注明其行业任职,一般不再注明其执业的公司行号。

3. 本表时段限于1924年9—10月,按成立先后排列,能确定成立月份但不能确定具体成立时间的,列于当月最后。

4. 还有一些乡镇保卫团、自卫团如浦东塘桥镇、张家楼、杨家镇、龙王庙、马桥乡、北蔡御界桥保卫团及周浦镇商团等没有被列入,上海周边其他县属保卫团、自卫团也不列。

　　江浙战争时期上海建立的各保卫团、自卫团等,本质上属于商团性质。一是保卫团的发起人基本上是商人团体或商界中人,其团董、团总基本上是当地商界领袖。从表中看,名为"自卫团""商团"的,都是各路商界联合会发起成立的,团长基本上就是商联会负责人。闸北保卫团虽然由闸北慈善团发起,但该慈善团长期由商界领袖沈联芳总董、王彬彦主持,保卫团成立后,即由沈、王分任团董、团总,副董徐乾麟、副团总尹邨夫也都是商界中人。南市保卫团虽然由南市县商会、县议会、县教育会、救火会、市议会等诸多团体发起,但该保卫团团长、副团长都是上海商界领袖。董家渡保卫团则由董家渡天主堂董事、商界领袖朱志尧、陆伯鸿发起,成立后即由朱、陆任总董、副董,聘请的总司令也是商人。二是保卫团团员、团丁均来自辖区内商店、厂号的正当职员,强调需要"殷实商号"的保证。如闸北保卫团章程规定,"当地商店、厂号职员具志愿书由殷实商号两家担保介绍者为团员"。[1] 董家渡保卫团章程也规定"现有职业备具志愿书由殷实商号保证者为团员"。[2] 南市保卫团简章也规定,团员需有正当职业、备具志愿书有殷实商号保证。三是各保卫团经费基本来自商界。各保卫团筹备费基本上由发起人认垫,后续购置枪械、服装之类及维持费基本捐募自区域内各商号。如闸北保安团开办服装费即由商务印书馆认垫2000元,陈辅臣认2000元,沈联芳认1000元。[3] 开办后因进一步购置枪支200支需款15000元,闸北保卫团召开董事会商议解决办法,各董事即席认捐:丝厂业十董各200元计捐2000元,福新厂(王尧臣代表)认捐1500元,商务印书馆捐1000元,顾竹轩500元,朱榜生300元,王尧臣自捐200元,朱节仓200元,

① 《闸北保卫团之筹备会议》,《申报》1924年9月5日第14版。

② 《董家渡拟办保卫团》,《申报》1924年9月16日第10版。

③ 《闸北保卫团之筹备会议》,《申报》1924年9月5日第14版。

源顺木行 200 元,傅采芹、朱兆坼、钱梅生、通和厂各 100 元,总数即近 6000 余元,①不足部分再进行劝募。南市保卫团的章程也明确规定"本团经费,由董事部向南市绅商募集之"②,其筹办之初,由南市各商号任募经费,但因购枪置服,不敷之数颇巨,于是经董事会议决向各大商号再"酌量劝募"。③ 各商界联合会发起成立的自卫团,其所需经费更来自商界。如沪南东区商联会设立的保卫队,定额团员 100 人,所需万元经费"由各业分认筹募"。④

为应对战争成立的保卫团,其主要职能是维持治安,收容散兵,防止兵匪劫掠,协助慈善团体救伤济难。江苏兵灾救济同志会在电请成立保卫团的电文中,把成立保卫团作为救济战祸之不二法门,说"保卫团早一日成立,即我民少一日逃亡,勿使大兵之后,继以凶年"。⑤ 各保卫团成立后,在防止兵匪劫掠方面起了重要作用。10 月 11 日,浙卢联军张允明部在南市西门一带抢劫,居民四处逃难,南市保卫团集中南北两区保卫团员荷枪前往,将活动在西门一带的溃兵驱离。10 月中旬战事结束后,华界吴淞、杨行、顾家宅及大场等处,仍有散兵滋扰,保卫团出防,竭力予以制止。⑥ 战事结束后,龙华西乡一带时被散兵抢劫,乡民群赴漕河泾乡保卫团求救,11 月初又有 20 余散兵从龙华到漕河泾,拦截乡民,意图抢劫,巡防此地的保卫团长鸣笛后附近团员迅速将兵围住,并将散兵逐退。随后,该保卫团各支部进一步加强力量,荷枪实弹在该乡各村巡逻,"制止兵劫"。⑦ 据战后兵灾善后调查团在战争重地浏河的调查,凡成立保卫团及保卫团成立较早的乡镇"地方受灾较轻"。⑧

① 《闸北保卫团之董事会》,《申报》1924 年 9 月 30 日第 10 版。闸北保卫团后因经费筹募困难,于 12 月始向商家征收保卫捐,除临时费由各商临时捐助外,保卫团所有按月经常费 15000,向房东房客按比例各半征收。《闸北开收保卫捐宝山县知事之布告》,《申报》1924 年 12 月 2 日第 10 版。《闸北房客反对保卫捐》,《申报》1924 年 12 月 4 日第 10 版。

② 《南市保卫团组织就绪》,《申报》1924 年 9 月 8 日第 14 版。

③ 《南市保卫团之募捐通启》,《申报》1924 年 10 月 9 日第 10 版。

④ 《沪南东区商联会筹组保卫队》,《申报》1924 年 9 月 17 日第 10 版。

⑤ 《江苏兵灾救济同志会要电》,《申报》1924 年 9 月 17 日第 6 版。

⑥ 《华界租界最近之概况》,《申报》1924 年 10 月 18 日第 10 版。

⑦ 《漕河泾乡保卫团之保护治安》,《申报》1924 年 11 月 3 日第 10 版。

⑧ 《兵灾善后调查团昨讯》,《申报》1924 年 11 月 1 日第 10 版。

（二）组织救护队，进行伤兵救护

红十字会以伤兵救护为最主要职志，江浙战争时期，上海商界通过中国红十字会上海总办事处，积极开展战地救护和伤兵救治工作，发挥了极其重要的作用。

中国红十字会 1924 年 4 月刚进行了会长到期改选，因会务"有关国际，非外交人才不足以膺斯任"，于是选举前外交总长颜惠庆为会长，蔡廷干为驻京副会长，担任对外会务，前外交部特派江苏交涉使杨晟为驻沪副会长，担任对内之会务。该会总部设于北京，但在上海设红会常议会和总办事处，红会的实际会务工作主要是在该会理事长庄得之、常议会议长王一亭及驻沪副会长杨晟、常议会副议长盛竹书的主持下进行的。庄得之、王一亭、盛竹书均商界领袖人物，杨晟的主要经历虽然在政界，但当时也兼任中华国货维持会会长、中华工商研究会会长，与工商界联系密切。

随着江浙形势日益吃紧，以战时伤兵救护为主要使命的红十字会早在 8 月底就组织救护队，租定内河招商轮局"河安"轮，并联系沪宁及沪杭甬路局各拨火车 2 辆、机车 1 辆，又在太仓、宜兴、苏州等地组织分会，筹设医院，已派救护队出发太仓、松江枫泾等地，以便随时出发救护。[1] 9 月 3 日战争爆发后，红十字会立即大规模派出救护队实施战地救护，当天就派出 3 队，一赴吴淞，住同济学堂；一赴江湾，住万国体育场；一赴宝山，住商务印书馆图书馆。[2] 仅至9 月 4 日，红会上海总办事处派出的救护队就已达 11 队，即昆山总队，与太仓、嘉定相呼应；浏河队；常州总队，与宜兴、长兴、吴兴相呼应；吴淞队；江湾队；北车站队；镇江队；南车站队；松江队；后备队出发南翔；游行队接应各处。

同时，红十字会在沪埠增设伤兵医院和救护地点，接纳战地救护后运来的伤兵。红会将附设的时疫医院作为救护所，可容纳百余人，将上海公立医院作为临时伤兵总医院，又将斜桥路、车站路、中华路、新开路等处分作东南西北 4 所救护驻在所，又借用商务印书馆俱乐部改作临时救治诊所。红会沪城分会

---

[1]　《江浙风云益趋紧急》，《申报》1924 年 8 月 30 日第 13 版；《红会之救护消息》，《申报》1924 年 8 月 31 日第 14 版。

[2]　《红会添派三队出发》，《申报》1924 年 9 月 5 日第 14 版。

也借江湾万国体育场、沪闵长途汽车公司、中华路普济会作为救护驻在所,[①]伤兵由红会救护队等运沪救护医治,迨伤势痊愈,即交警察厅派警遣送。至9月11日,红十字会已在上海时疫医院、红会总医院、时济医院、公立医院、新普育堂、商务印书馆、同仁医院、南洋医院等建立11处救治伤兵的医院或救护所。9月19日,红十字会总办事处以王一亭、盛竹书、庄得之名义电告会长颜惠庆说,开战以后,总办事处(不包括应战事需要设立的分会)直接派出的救护队计10队,自上海经昆山至常州三条战线上开展救护工作,已救回伤兵700余人,在上海设立临时医院10处,费款10万余元。[②] 自9月7日至28日,红会总办事处各医院先后送到伤兵1251人,除痊愈者已遣送外,在院仍有709人。[③] 整个战争期间,红会总办事处先后设立伤兵医院12处,参与救护的干事、医生、看护员达400余人。[④]

(三)设立收容所,救济难民

面对纷涌的难民潮,上海商界或成立专门机构,或通过原有的慈善团体、同乡组织,积极进行难民救济,以下仅以红十字会总办事处、济生会白十字会、闸北慈善团蓝十字会、上海商界总联合会黄十字会、灵学会和上海保安会为中心,略予概述。

红十字会总办事处派出的救护队以救护伤兵为主,也从事难民救济。9月8日,红十字会从嘉定前线救护难民300余人,运至法租界洋布公所收容所。9月9日,红会总事务处在江湾中国妇孺救济会留养院内设立了妇孺收容所,并在游民工厂内设立贫民收容所,收容救济战事激烈的浏河镇一带避难来沪的难民、妇孺。[⑤] 9月11日,红会总办事处派吴仲裔、张士佳、江子文、韩梦九等带队,乘车10余辆,往返浏(河镇)沪救护难民4次,救出难民500余人。[⑥] 据9

---

① 《红会之救护消息》,《申报》1924年9月4日第14版;《红会之救护消息》,《申报》1924年9月6日第14版。

② 《红十字会电请协款》,《申报》1924年9月20日第11版。

③ 《红十字会救护伤兵》,《申报》1924年9月30日第10版。

④ 《红会救护员之宴聚》,《申报》1924年10月31日第10版。

⑤ 《红会分设难民收容所》,《申报》1924年9月10日第10版。

⑥ 《红会救护浏河兵民讯》,《申报》1924年9月12日第10版。

月 19 日,王一亭、盛竹书、庄得之向北京红会总部报告,仅红会总办事处就已救济战难灾民 2 万余人。① 随着战事逐渐蔓延至上海附近,总办事处原设于上海周边县镇的难民又面临二次转移收容。例如,战事爆发后,总办事处曾将新普育堂松江分医院改设为红会第五疗养所驻松分所,10 月初,松江形势吃紧,红会常议长王一亭与水木业董事张效良及济生会张贤清等商量将住所难民转移。10 月 3 日,第 1 批 130 名妇孺难民转移到沪,收容于大西路水木业收容所。10 月 4 日,第 2 批 150 人,5 日第 3 批 200 余人,6 日第 4 批 65 人先后到沪,都由济生会收容于小沙渡及西门等处各收容所。随着战事推进到上海,总办事处又为上海南北市所有难民收容所预各红会旗帜,给予悬挂,以备不得已时将部分难民运入租界,并已与租界当局商定必要时将难民暂留于杨树浦、平凉路等处。南市收容所则集于中华路群会学、邑庙萃秀堂豆业公会、小东门泉漳会馆、西门外京江公所、西门内关帝庙,北市收容所集中于兆丰路物华栈房、闸北大统路慈善团、闸北普善路德和栈房、普善路吴江会馆和北车站联义善会等处。②

　　由浙籍旅沪商人王一亭、徐乾麟任正副会长的中国济生会,早在战事爆发前就拟前往形势紧迫的昆山"设法先将妇女救护来沪"。③ 为适应战时救护需要,济生会成立白十字济生队④,并购置必要的粮食,配备人员,于 9 月 2 日议决次日出发至吴淞、苏州、无锡、宜兴等处设立妇孺收容所,昆山因交通断绝暂不前往设立。⑤ 9 月 3 日始,济生会白十字济生队连日出发救护难民。因南市地区幅员辽阔,济生总队应付不及,又决定在南市设立分队。同时,济生会积极在上海寻找场地,收容从战地救护至沪的妇孺等难民,9 月 6 日与工部局总办商定借用东唐家弄新建的大市场作为临时难民收容所,可容数千难民。⑥ 同时,又由王一亭出面,借定浙绍公所内大批空房为战难妇孺暂留所。每日派白

　　① 《红十字会电请协款》,《申报》1924 年 9 月 20 日第 11 版。
　　② 《各界救济兵民》,《申报》1924 年 10 月 14 日第 10 版。
　　③ 《江浙时局之昨日消息》,《申报》1924 年 9 月 1 日第 13 版。
　　④ 也称白十字会,以蓝地白十字为标识,救护因战而无处可投的妇孺、老弱等难民。
　　⑤ 《白十字济生队将出发》,《申报》1924 年 9 月 3 日第 14 版。
　　⑥ 《白十字队筹设南市分队》,《申报》1924 年 9 月 6 日第 15 版;《工部局允借市场作难民收容所》,《申报》1924 年 9 月 7 日第 14 版。

十字济生队员到南翔、浏河、昆山、大场、曹家渡、黄渡、观音堂等战地或战地附近救济妇孺，也接受收养战地旅沪同乡会救护出来的妇孺难民，凡自愿出所或返家难民，白十字会给予舟车票；同时在淞镇各火车站广贴布告，"凡有战地避险妇女小孩，而无亲友可投者，可往上海车站本救护队报名，接往本会暂留所寄寓"。① 至 9 月中旬，白十字会已在浙绍永锡堂（第一暂留所）、振华堂祥布公所（第二暂留所）、静安寺（第三暂留所）、大王庙（第四暂留所）等建立多处收容所，各收容所（暂留所）收容被难妇孺 700 余人。② 随着难民收容规模的扩大，所需经费浩大，济生会连续刊登征集寒衣棉被、劝募经费启事。③ 据 9 月 25 日《申报》报道，白十字会已设立浙绍永锡堂、振华堂祥布公所、静安寺、大王庙、怡和货栈、小沙渡路、北苏州路 7 处收容所，在所难民超过 1416 人。④ 因收容的妇孺难民越来越多，济生会又借定浙绍永锡堂新堂等处作为暂留所，至 10 月上中旬，白十字会已建立收容所 10 余处，救济队员每天救护的难民达几百人、甚至上千人。如 10 月 14 日，白十字会自备汽车 4 辆有队员 18 人，分批出发，往返几次，救济难民 1000 人以上。⑤ 除资遣、自愿返乡或他投亲属者外，在所妇孺难民此时仍有 2000 余人。⑥

如上所述，闸北慈善团由著名商人沈联芳、陈辅臣任总董，主任王彬彦实际主持日常事务。战争爆发后，王彬彦即与闸北地方各团体代表会议，议决组织"闸北慈善团救护队"、"闸北慈善团灾民收容所"，救护战区灾民，收容逃难沪上的妇孺，旗帜、袖章概以白底蓝十字为标识（即蓝十字会），暂以闸北该团原有的灾民收容所及施粥厂作为收容所，可收容 3000 人。⑦ 随后召开的该团董事会议进一步明确：以该团及裴家桥旧有灾民收容所暨各施粥厂为收容所，"一切经费，均由该团各董捐助"。⑧ 9 月 15 日，沈镛（联芳）、陈辅臣、王栋（彬

① 《白十字会救护妇孺之文告》，《申报》1924 年 9 月 8 日第 14 版。

② 《白十字会救济讯》，《申报》1924 年 9 月 13 日第 10 版。

③ 《上海中国济生会劝捐寒衣棉被通告》，《申报》1924 年 9 月 16 日第 3 版。

④ 即永锡堂 293 人，振华堂 300 余人，静安寺 188 人，大王庙 305 人，怡和货栈 70 人，小沙渡路 60 余人，北苏州路 200 余人。见《白十字会消息》，《申报》1924 年 9 月 25 日第 10 版。

⑤ 《白十字会消息》，《申报》1924 年 10 月 15 日第 10 版。

⑥ 《上海中国济生会筹劝救济妇孺捐款》，《申报》1924 年 10 月 19 日第 2 版。

⑦ 《闸北慈善团组织蓝十字队》，《申报》1924 年 9 月 6 日第 15 版。

⑧ 《蓝十字救护队之进行》，《申报》1924 年 9 月 14 日第 10 版。

彦)在呈江苏督军、淞沪护军使文中指出,蓝十字会除了办理收容所、妇孺难民救护队外,还组织掩埋队办理兵民尸体掩埋。[1] 蓝十字会成立后,每天派出多个救护队到浏河、北新泾、罗店等战线所经之处救护妇孺。据 9 月 28 日蓝十字会向上海保安会报告:闸北慈善团蓝十字会以救济难民、收容妇孺、掩埋尸骸为宗旨,对于疾病难民,轻者医治,重者外送医院,并附设临时产妇室,以便所内难妇生产。该会以闸北慈善团为总机关,已在诸翟镇、南市群学会设立第一、第二调查所,并在北新泾等地设通讯处。已经在闸北慈善团内设总收容所,包括妇孺收容所 11 室,男收容所 2 室,因场地不敷收容,又在草地搭盖大席蓬 20 余间。此外,已在闸北太阳庙路施粥厂、闸北裴家桥慈善团止园路止园、宝山路颐福里等设立多处分收容所。从 9 月 4 日至 26 日,救出男女老幼难民 4732 人,在所难民仍有 506 人。[2] 随着救出的难民增多,蓝十字会各收容所人满为患,只得不断寻找合适场所作为临时收容所。10 月 15 日,沈联芳、王彬彦又向徐家汇某教堂商借该堂之公学基址为难民收容所,可收容 2000 人。[3] 据后来闸北市董给官厅的呈文,在江浙战争时期,闸北慈善团蓝十字会救护的难民达数万人之众,[4]在难民救济中起了重要作用。

上海各马路商界总联合会也积极参与战难救济。战争爆发后,上海新闸路商界联合会首先发起组织难民收容所,商界总联合会也于 9 月 8 日派邬志豪、潘冬林两委员向各路商联会联系筹设收容所事宜。[5] 9 月 13 日,商界总联合会钱龙章、邬志豪、蒋梦芸、王汉良、潘冬杯等发起,拟在虹口伯顿路菜场(后因菜场有碍卫生改兆丰路)创设第一收容所,其简章规定该所"以救济战区避难贫苦妇孺为宗旨",暂定收容难民 100 人,除供给难民膳宿外,并设备茶水、医药等,经费由发起人会同各马路商界总联合会筹募,欢迎外界捐助。[6] 9 月 18 日召开的各马路商联会代表会议推定商界总联合会会长袁履登为收容所主任,并推举邬志豪、陈翊庭为会计股主任,钱龙章为医务主任,吴仲裔、蒋梦芸

---

① 《闸北慈善团筹救被难妇孺》,《申报》1924 年 9 月 16 日第 10 版。
② 《蓝十字会昨讯》,《申报》1924 年 9 月 29 日第 10 版。
③ 《蓝十字会商借收容所》,《申报》1924 年 10 月 16 日第 11 版。
④ 《闸北市董呈各官署节略》,《申报》1926 年 6 月 13 日第 14 版。
⑤ 《商界纷纷组织难民收容所》,《申报》1924 年 9 月 9 日第 14 版。
⑥ 《各路商总联会筹设收容所》,《申报》1924 年 9 月 14 日第 10 版。

为救护股主任,潘冬林、余仰圣为总务股主任,王汉良、陆文韶为调查股主任,谢惠廷、徐允根为卫生股主任,其他发起人均为委员,逐日到所轮值;与会发起人(或以马路商联会名义)纷纷捐助经费,即袁履登、邬志豪、谢惠庭、蒋梦芸、西华德路各捐100元,沪北六路陆文韶、文监师路潘冬林、海宁路余仰圣各50元。① 而此时,先期开设的新闸九路商联会难民收容所已收容嘉定旅沪临时维持会、安亭同乡救护所、黄渡同乡会陆续送到的难民达883人,其中妇孺占80%。②

商界总联合会避难妇孺第一收容所的地址,几经波折难以落实,最后福建路商联会会长邬志豪出借其在民国路老北门的三楼三底巨宅作为所址。为出入战区救护方便,该会以蓝底黄十字为标识(简称黄十字会)。第一收容所刚成立,该会就向有关方面商借法租界内大花园作为第二收容所。③ 黄十字会收容所除收容各同乡会、各善团送来的妇孺难民外,还派出救护队员吴仲裔、潘冬林、张贤芳等分队出发至闵行、太仓等处救援,至10月9日已收容难民170余人,远超额定的百人之数,所以将办公室、储藏室搬出改装,增收难民百余人,同时积极寻找合适场所建立第二所。④ 10月中旬,该会终于借定浸会堂作为难民临时收容所,增收闵行、泗泾等处难民400人。⑤

上海灵学会在1917年设立时以研究鬼神、钻研人类精神和各种超自然现象为宗旨,也从事义务教育、扶乩消灾、慈善救济等活动。1924年春,该会由王一亭任名誉会长,顾馨一、叶惠均任会长,当时在上海徐家汇、松江已办有3所义务小学,"至于施衣、施米并常年施材、施药,尤能实事求是,办理甚佳,会员中大都殷实商家而热心慈善事业者"。⑥

---

① 《各马路商联会组织收容所之进行》,《申报》1924年9月19日第10版。

② 《新闸九路商联会办理难民收容所》,《申报》1924年9月20日第11版;9月26日会议时,捐助的发起人(或以马路商联会名义)还有:邬志豪加捐100元,王才运100元,叶惠钧、陈韵笙、鲍梅舫、孙注培各50元,引翔乡商联会、沪东商联会、山东路商联会各50元,胡凤翔20元,王汉良10元,一善社200元。连前共计1480元。《申报》1924年9月27日第10版。

③ 《商界黄十字收容所之进行》,《申报》1924年10月4日第10版;《商联会捐募收容所经费》,《申报》1924年10月4日第10版。

④ 《黄十字难民收容所近闻》,《申报》1924年10月10日第10版。

⑤ 《商总联会收容所消息》,《申报》1924年10月14日第11版。

⑥ 《灵学会将举行团拜礼》,《申报》1924年2月18日第22版。另据报道,该年10月初时灵学会董事长王一亭、沈田莘,会长顾馨一、叶惠均,均为著名商人。《申报》1924年10月4日第3版。

战事爆发后,灵学会组织救济队出发战地,接收难民,分发面包、大饼等食品,并向丝商杨奎侯借定北浙江路老垃圾桥堍三层楼洋房作为难民收容所(后称第一所),[①]又得福新、中华、阜丰等面粉厂,各大糖行、各大米行暨公茂盐栈分别慨捐大宗物品,以供收容所内难民。[②] 至 9 月 24 日,灵学会已先后收容难民 900 余人,除已出所者外,尚有 600 余人。[③] 10 月初,灵学会又借上海煤炭公所房屋设立第二难民收容所。鉴于战事向松江发展,灵学会派出救济队到松江救济难民到沪,移送上海总会收养,[④]并派出救济队在浦东设立避难暂留所,暂时收留浦东难民,再由总会派船渡江分发收容所收容。[⑤] 10 月 6 日,灵学会接受联义善会送来难民 163 人,嘉定同乡会送到难民 219 人,娄塘同乡会送来 37 人,红十字会送来 18 人,其他各处送到 73 人,计达 510 人。[⑥] 为使难民出所后谋生有一技之长,灵学会对收养的难民施以各种教育,包括幼儿教育、成人识字教育、缝纫等技工教育,还时常请青年会派人开演影戏及留声机,以丰富难民留养生活。[⑦]

图 7-2　灵学会设立的第一难民收容所

---

① 《灵学会组织救济队》,《申报》1924 年 9 月 11 日第 11 版。
② 《灵学会设立救济队及收容所函》,《申报》1924 年 9 月 14 日第 10 版。
③ 《灵学会之救济难民》,《申报》1924 年 9 月 25 日第 10 版。
④ 《灵学会第二难民收容所之救济讯》,《申报》1924 年 10 月 5 日第 10 版。
⑤ 《灵学会在浦东设立避难暂留所》,《申报》1924 年 10 月 14 日第 11 版。
⑥ 《灵学会收容难民之报告》,《申报》1924 年 10 月 7 日第 10 版。
⑦ 《灵学会难民收容所近讯》,《申报》1924 年 10 月 2 日第 10 版;《灵学会收容所教育难民》,《申报》1924 年 10 月 9 日第 11 版。

上海其他商人主持的团体和个人也纷纷救济兵灾难民。比如,四川路商联会会长陆文中主持的联益善会 10 月初获悉松江有 1000 余名难民面临险境,即分派队员组织救护队,雇佣船只 6 艘,驰赴松江救护难民出险。① 盛庄夫人商借大德晋榨油厂栈房,以愚斋义庄名义独资创设盛氏收容所,制定章程规则,举定收容所主任及会计、纠察、守护、书记各职员,创办仅 2 天,收容难民 300 余人。② 至 10 月下旬结束,仅 20 余天,先后收留难民数千人。③ 水木业董事张效良在静安寺大西路附近空地上搭盖芦席棚,设立难民临时收容所,并派员乘舟分至南翔、黄渡、嘉定、安亭、浏河等处救护难民,至 9 月 27 日,在所收养难民已达 1300 余名。因原搭席棚不敷容纳,又雇匠添造数间,所需经费除张效良自捐外,均由张氏向同业劝募,创新建筑公司谢秉衡及顾兰洲、江裕记等都捐助大额经费。④ 旅沪嘉定商人朱吟江、顾吉生收容嘉定难民也达数千人之多。⑤ 这些都足见上海商界对此次兵灾难民救济的热心及在战难时期为维护社会稳定所起的作用。

(四)卫生防疫,收尸掩埋

"大军之后,必有凶年。"大规模战争必然造成重大伤亡,如不能及时掩埋处理,尸骨遍野,狗啮虫蛀,往往引发疫疠流行。江浙生战后,激战区域黄渡、浏河、昆山等地积尸盈野,甚至河湖水中,也有尸体随波逐浪,恶臭四溢。⑥ 有识之士大声疾呼,急宜进行"掩埋尸体、消毒防疫等事"。⑦ 上海商界通过红十字会上海总办事处、联益善会、普善山庄、济生会组织的白十字会等慈善团体及时进行收尸掩埋、卫生消毒等工作。

红十字会是这次战尸掩埋的主要力量。战争爆发后,红会即成立掩埋队,

---

① 《联益善会赴松救济难民》,《申报》1924 年 10 月 3 日第 10 版。
② 《盛氏义庄独资设立收容所》,《申报》1924 年 10 月 7 日第 10 版。
③ 《盛氏收容所遣送难民回籍》,《申报》1924 年 10 月 29 日第 10 版。
④ 《水木业董嘉惠难民》,《申报》1924 年 9 月 28 日第 10 版。
⑤ 《韩省长为兵灾善后事复杨卫玉函》,《申报》1924 年 10 月 21 日第 6 版。
⑥ 黄炽:《战地居民务宜注意饮料以防疫疠》,《申报》1924 年 10 月 7 日第 8 版。
⑦ 絮庐:《战地宜预防疫疠》,《申报》1924 年 9 月 18 日第 13 版。

凡红会各救护队救回的伤兵,如至各医院已气绝的,即送往掩埋。① 红会掩埋队也于开战初赴战区掩埋,②《申报》常有浏河、黄渡、昆山等处战事激烈,兵士尸横遍野,红会不及掩埋的报道。③ 9 月 19 日,红会总办事处王一亭、庄得之、盛竹书向该会会长颜惠庆报告说"而战地掩埋数,尤不可胜计"。④

上海四川路商联会会长陆文忠主持的联益善会是一家主要从事施医药衣米、施材、掩埋的慈善机构,在上海颇具影响。战事发生后,联益善会特组织埋葬队,赶制棺木,雇佣扛夫,深入战区收葬。该埋葬队也逐日到红十字会各伤兵医院等处,"运棺收殓,埋葬冢地,极形忙碌"。⑤ 仅 9 月 18 日,该会埋葬队棺殓红会第一、第二、第五、第七医院死亡兵士葬于该会义塚就达 63 具,还不包括当日运往黄渡棺木 40 具的殓葬者。⑥ 该会还向红会等供给殓葬兵士的棺木,并向灵学会、中国济生会、闸北慈善团、新闸九路商联会等团体赠送痧药水,分发避难者。⑦ 为了持续开展殓葬死亡兵士等善举,联益善会只得时常向慈善团体、社会人士劝捐善款及相关物资。其中 9 月 29 日的捐启说:"自江浙开战以来,敝会为尊重人道、注意卫生起见,组织埋葬队,备棺收殓,妥为埋葬,一则藉安骸骨而慰幽魂,一则免尸气酿成疫疠,以谋安全。所有中国红十字会设立各伤兵医院等处身故兵士,悉由敝会从事殓葬。迩来日夜赶造棺木,以应急需,只以战事延长,尚未卜何时停止,经费支绌,进行深恐艰难,不得不出之劝募。……务祈慷慨输将,不论经费、棺木、板料或石灰、洋钉、避疫消毒药品等,如蒙鸿施,实为盼祷。"⑧从中也可窥见该会殓葬善举确如报刊一再所说的"异常忙碌"。

由王一亭任总董、沪商王骏生任主任的普善山庄是近代上海最大的施棺

---

① 《红会救护消息》,《申报》1924 年 9 月 6 日第 14 版。

② 《慈善机关往战地埋尸》,《申报》1924 年 9 月 9 日第 14 版。

③ 《浏河难民之口述》,《申报》1924 年 9 月 13 日第 10 版;《苏州快信》,《申报》1924 年 9 月 30 日第 6 版。

④ 《红十字会电请协款》,《申报》1924 年 9 月 20 日第 11 版。

⑤ 《联益善会组织埋葬队》,《申报》1924 年 9 月 7 日第 14 版;《联益善会消息》,《申报》1924 年 9 月 14 日第 11 版。

⑥ 《联益善会埋葬队近讯》,《申报》1924 年 9 月 19 日第 10 版。

⑦ 《联益善会馈难民药品》,《申报》1924 年 9 月 25 日第 10 版。

⑧ 《联益善会埋葬队准予保护》,《申报》1924 年 9 月 30 日第 11 版。

代葬类慈善团体。江浙战争爆发后,普善山庄即组建临时掩埋队,派往嘉定、浏河等地,在嘉定临时维持会的协助下收葬战死兵士。该会专制圆蓝地白十字旗帜,夫役均着印有"普善山庄"字样的衣服,以便于识别。10月中旬,该会又增添掩埋队,"向各战区分队办理",不遗余力。[①]

然而战时环境下,商界的掩埋工作常受阻碍。上述普善山庄9月份的战地掩埋就因为炮战而受阻。尽管商界组织的掩埋队进入战地掩埋前大都呈报双方军事当局,请予以"保护",甚至明确要求双方停战若干小时,以便于掩埋队集中时间就地掘坑埋葬。[②] 但要激战双方为掩埋而停战,显然是不现实的。所以,各慈善机关的埋葬队只能在战争间隙,征得军事官长同意进入战地掩埋。但又因战争中常有军人冒充红十字会救护队事情发生,[③]所以要获准利用战争间隙进入战地掩埋也不容易。

不少战死的遗体因得不到及时掩埋而腐烂,也有的被狗啮虫蛀,面目全非。为防止疫病发生,红十字会及各慈善团体掩埋队收殓掩埋时,大多用浙商项松茂经营的五洲药房亚林臭药水厂生产的亚林臭药水进行消毒处理,并敷以石灰,以致五洲药房该厂生产"极形忙碌"。[④]

三、上海商界与战争善后

10月中旬江浙战争宣告结束,也就意味着兵灾善后的开始。战争灾难既为江浙地区60年来所未有,"非数十年之休养,无以复已伤之元气"[⑤],也就意味善后工作之艰巨。上海商界在战事结束后立即由战时救济转入"善后",包括资退(遣)军队、清理积骸、安辑流亡、资遣难民、灾区重建、恢复生产等等。

---

① 《普善山庄组织临时掩埋队》,《申报》1924年10月13日第10版。

② 例如,9月8日,红十字会及济生会所组织之白十字会等善团,以浏河、黄渡等处战事剧烈,双方战死甚众,率同夫役携带埋葬具,乘车分往战区掩埋,事先函双方军事长官停战数小时,以便就地掘坑埋葬。《慈善机关往战地埋尸》,《申报》1924年9月9日第14版。

③ 如9月9日,有20余名苏齐士兵乔装红会救护队,冒雨冲过联军阵线。《国闻通信社昨日战讯》,《申报》1924年9月11日第9版。9月4日,有苏水警队冒穿红十字会服装并用红会旗帜。《青浦激战情形》,《申报》1924年9月8日第13版。

④ 《掩埋队购防疫臭药水之忙碌》,《申报》1924年9月26日第10版。

⑤ 《江苏兵灾善后之建议》,《申报》1924年10月29日第6版。

战争结束后,首先必须解决的是退驻上海北站、闸北等地 3 万余联军士兵的编遣问题,这是避免战争再起、大规模兵劫的关键。所以,总商会于 10 月 15 日电齐燮元、孙传芳,"卢何出走已逾三日,数万饥军,麇集一隅,无人抚驭,厝火积薪,不足喻其危险,请立派委员来沪,办理善后"。同时电韩国钧,说"各军麇集,哗变堪虞,现已勉力暂垫,筹备粮食,以顾目前。① 至于借款解散军队问题,千端万绪,请会同督军速派重要人员来沪商办"。② 同时,总商会等商界团体紧急筹措经费,购置食米等供应驻军,以防生变,仅闸北慈善团就为此拨借垫款 56000 余元。③ 17 日孙传芳到沪后,总商会会长虞洽卿当晚即至孙下榻处一晤。18 日,虞洽卿及总商会会董顾馨一、祝兰舫,县商会会长姚紫若、会董朱吟江,上宝两县商会筹备处主任沈田莘、上海保安会干事陆伯鸿、中国济生会会长王一亭、闸北慈善团总董沈联芳、闸北保卫团团总王彬彦等 9 人与孙传芳商议收束军队、撤使(护军使)移厂(制造局)、恢复沪杭宁路交通等问题。孙均表示同意,唯要求商界代为筹措善后经费。商界为谋治安,表示愿意筹垫。虞洽卿随即邀集上海银行、钱业两公会,报告接洽情况。④ 孙传芳在会上出示、随即在报刊公布(此前已在联军部队宣布)的联军资遣标准是:兵士 20 元,司务长 30 元,排长 40 元,连长 50 元,愿收编官兵可收编,无兵之官,则以原薪暂行候差。⑤

经过多次磋商,10 月 20 日,苏浙全权代表白宝山(苏军第一师师长)、上海总商会代表、淞沪联军代表朱声广(联军第十师师长)在北浙江路联军司令部就联军改编、遣散办法再行磋议,双方代表签字生效,"所有善后费,暂由总商会向银行公会筹垫,将来归苏浙两省设法筹还"。当天下午,上海军事完全结束,滞留上海北站、闸北等地的淞沪联军全部依约开至新龙华、南站、江湾等地,听候受编或资遣。⑥

---

① 筹备粮食费,以每人每天 5 角计,3 万人每天需 15000 元。《军事将次收速之昨日概况》,《申报》1924 年 10 月 17 日第 9 版。
② 《总商会请速办理善后之两电》,《申报》1924 年 10 月 16 日第 10 版。
③ 《闸北慈善团函请保安会代筹经费》,《申报》1924 年 12 月 30 日第 10 版。
④ 《各团体代表与孙传芳接洽收束军队办法》,《申报》1924 年 10 月 19 日第 9 版。
⑤ 《收束军队之训词》,《申报》1924 年 10 月 19 日第 9 版。
⑥ 《上海军事完全结束》,《申报》1924 年 10 月 21 日第 9 版。

军事完全结束后，上海商界将注意力转到清理积骸、继续收养及资遣难民、灾区恢复重建等救济事业上，而所有这些，在在需款，所以筹募经费成为当务之急。由上海总商会、县商会联合银行公会、钱业公会等各同业公会及中国济生会、红十字会总办事处等各慈善团体组成的上海保安会在劝募兵灾善后捐启中说："现战事已告结束，亟应妥筹善后。此次兵燹之余，各处被难人民多数已无家可归，瞬届寒冬，冻馁交迫，若不设法赈济并分别资遣，必仍至流离失所"，乞求善士解囊相助。[①] 在随后分致各地商会的为灾黎乞赈函中，上海保安会又指出：江浙战争导致的东南灾祸，"灾区之广、灾情之重，实较洪杨为尤甚"，各地避难灾民无家可归者十居八九，瞬届严冬，冻馁交迫，如不妥筹善后，从事救济，数十万流亡无告，必至尽填沟壑，甚或铤而走险。[②] 以王一亭、盛竹书、庄得之为代表的红会总办事处也刊发劝募兵灾善后捐启，指出灾民冻馁，尤当悯怜救济，仍在该会各医院治疗的 700 余伤兵，"医药需费，饮食需费，衣服需费，遣送需费"，希祈各善士"或助金钱，或助食品，或助棉衣，或助药料，共襄美举"。[③] 上海各马路商界总联合会 10 月 19 日为筹善后经费召开紧急会议，会议推定执行委员 9 人组织委员会专司此事。[④] 25 日，各路商界总联合会函各路商联会，指出"兵灾善后问题关系重要，凡我商人义无容辞"，要求各路商联会自 11 月 1 日起，分头向各路商号进行募捐。[⑤] 27 日，商总联合会又将募捐启、募捐办法、捐册等通告各路商联会。其捐启云："江浙战事，相持月余，军旅所过，庐舍荡然，浏河、黄渡、嘉定、南翔、真茹、罗店等处或受炮火之灾，或被劫掠之祸，田园鞠为茂草，房屋变成瓦砾，加以溃兵土匪乘机肆虐，无论木箱竹篚，捆载而去，一丝一缕，均无留存，难民避地他方，事后遣归，蔽体无所，饮食莫给，呼庚呼癸，无衣无褐，人生困苦，莫过于斯！""本会有鉴于此，敢以真诚代呼将伯，虽自军兴以来，吾商界首受影响，间接直接均蒙损失。然以之比战地人民，则室家完善，犹庆苟安，境遇之殊，几等霄壤，思念及此，尤当踊跃输

---

① 《上海保安会劝募兵灾善后捐款启事》，《申报》1924 年 10 月 23 日第 2 版。

② 《保安会为灾黎乞赈》，《申报》1924 年 11 月 11 日第 9 版。

③ 《中国红十字会总办事处劝募兵灾善后捐款启事》，《申报》1924 年 10 月 28 日第 1 版。

④ 《商界筹募善后经费之进行》，《申报》1924 年 10 月 21 日第 9 版。

⑤ 《各路商总联合会定期征募善后费》，《申报》1924 年 10 月 26 日第 10 版。

将,广为劝募,多捐一钱,多救一命,体上天好生之德,开自己方便之门,庶几兵燹余生,得延残喘。"其办法规定:此项捐款全数充作战地最苦难民衣食住三项用度,由各路商联会负责劝募,汇总后解商总联合会,捐期自 11 月 1 日至 10 日。[①] 由商界主持的中国济生会、仁济善堂、广益善堂、灵学会、位中善堂、联益善会、普善山庄 7 善团也联合发出《为兵灾善后乞告文》,以集款救护灾黎。[②]

商界组织的兵灾善后捐款主要来自商界。上海保安会 11 月 1 日公布了首批捐款清单,自该会成立至 10 月 31 日共收捐款 19233 元,其中 200 元以上的捐款有:总商会 2000 元,县商会 1000 元,银行公会、钱业公会各 1000 元,通商转运公所 600 元,中国济生会、铁业公会、上海县议会、中国红十字会、同仁保安堂、钱江会馆、普善山庄、丝业会馆、盛经公所、仁济善堂、出口公会、同仁辅元堂、机器面粉公会、联义善会、潮州糖杂货业、灵学会、厢业集义公所、商船会馆各 500 元,茶业会馆 400 元,洋货公所、典质业、银炉公会、烟叶商会各 300 元,东庄洋货公所、铜锡业公会、景伦堂纸业公所、药业公所、呢绒公会、金业公会、点春堂糖业各 200 元,[③]以上已达 16600 元,已占总额的 86.3%。上述捐款总额中,除了上海县议会、红十字会、同仁保安堂、普善山庄、仁济善堂、同仁辅元堂、联义善会、灵学会之外总计 4000 元捐款,直接来自商会、各同业公会的捐款共 12600 元,已占 16600 元总额的 75%;如果再统计 200 元以下的全部捐款,则直接来自商界的捐款达 78.94%。但实际上来自商界的捐款比例肯定远不至此,因为上海县议会及红十字会等 7 家团体的总计 4000 元捐款中,毫无疑问有很大部分也来自商界。至于各马路商界总联合会的捐款,则完全直接募自各马路商联会所属商号。如至 11 月 15 日,已汇解商界总联合会的有文

① 《商总联会筹募战地善后经费之进行》,《申报》1924 年 10 月 28 日第 10 版。此时中国济生会、灵学会、联益善会、普善山庄的主持人已见上述。仁济善堂,时由董事、著名商人朱葆三、施子英、王一亭主持,广益善堂、位中善堂都由董事朱葆三、王一亭主持。

② 《上海各慈善团为兵灾善后乞告文》,《申报》1924 年 10 月 28 日第 1 版。

③ 200 元以下捐款还有:东陆银行经募 119 元,华商火险公会、晋省汇业公所、绸业绪纶公所、蛋厂公会、茶商公会、纸行同业、机器碾米公所、李馥苏、吴蕴斋各 100 元;中国实业银行、船业公所、吴江同乡会、镇江大关诸同仁各 50 元。虞永和银楼经募 107 元,源源银楼经募 41 元,又吴蕴斋经募 40 元,祥和银楼经募 27 元,灵泰银楼经募 27 元,庆华银楼经募 35 元,义和银楼经募 35 元,聚兴银楼经募 50元,郑炽昌 27 元,德和银楼、物华银楼各经募 24 元,宝兴银楼、乐祥云银楼、孙镜湖各经募 10 元。《上海保安会经收捐款志谢第一号》,《申报》1924 年 11 月 1 日第 3 版。

监师路潘冬林所募 147.09 元,沪北六路陆文韶募得 120 元,汉口路陈筱荪等所募 100 元,曹家渡俞紫标所募 90 元,福建路邬志豪经募 80 元,浙江路虞仲咸所募 67 元;百老汇路许廷佐等募得米 86 石 5 斗 3 升,折算洋 848 元。①

上海商界善后兵灾的主要工作除了前述筹资退兵、彻底结束军事外,还包括清理积骸、收容及资遣难民、灾区赈济与重建等救济事业。

如上所述,上海商界在战时即纷纷组织掩埋队、埋葬队等进入战区掩埋,或收葬各医院死亡之士兵。但战时进入战地掩埋多有障碍,且激烈战区阵亡士兵也不胜掩埋,所以各战区多有未埋遗尸。战事结束后,各地日有遗尸因暴露于野,已腐烂发臭,甚至被兽噬虫蛀、残缺不全、不堪入目的报告,商界把清理积骸作为兵灾善后的重要工作。10 月 23 日,联益善会埋葬队携带棺木百余具至莘庄一带掩埋积尸。② 25 日,该会埋葬队派出部分队员率领夫役随带棺木、器具等,至新桥镇西、蟠龙塘、红新桥、蒋家石桥、西河桥、马桥镇以及松江南门外、东门外、星桥等处掩埋;同时,另派队员至黄渡、安亭、南翔、嘉定、浏河、罗店、太仓等地掩埋,并一路调查灾区情形报告总会,以便设法赈恤。因积骸太多,几路队员随带的棺木均不敷使用,纷向总会报告,要求增发棺木,总会则不断续运棺木给各处分队,并根据埋葬队报告,另派施赈人员到灾区施赈衣米。联益善会埋葬队这次集中清理积骸,历时 2 月,足迹遍及所有重要战地,棺殓、掩埋积骸无以计数,并向灾民施放棉衣棉裤 200 余套。③

红会总办事处及沪南分会战后也积极清理、掩埋积骸。10 月 22 日,沪南(也称沪城)红十字会会长夏应堂(中华医药联合会副会长、沪南北广益中医院董事)等,派该会掩埋队长滕克勤(华实实业公司协理、中华武术会副委员长)率同医生史国藩、吴天化及救护队员 10 人、扛夫堂夫 12 人,并联义善会、同仁

---

① 《上海各路商总联会兵灾善后消息》,《申报》1924 年 11 月 17 日第 10 版。
② 《联益善会赴莘庄掩埋》,《申报》1924 年 10 月 24 日第 10 版。
③ 《联益善会埋葬队消息》,《申报》1924 年 10 月 26 日第 10 版;《联益善会埋葬队消息》,《申报》1924 年 10 月 29 日第 10 版;《联益善会埋葬队消息》,《申报》1924 年 11 月 3 日第 10 版;《联益善会施赈埋葬近讯》,《申报》1924 年 11 月 5 日第 14 版;《联益善会埋葬队消息》,《申报》1924 年 11 月 27 日第 9 版;《联益善会在方泰镇埋葬遗尸》,《申报》1924 年 11 月 29 日第 14 版;《联益善会在方泰埋葬之消息》,《申报》1924 年 12 月 1 日第 14 版;《联益善会续运棺木至黄渡》,《申报》1924 年 12 月 8 日第 15 版。

辅元堂提供的棺木各 50 具,出发前往莘庄新桥、明星桥一带收尸掩埋。[①] 10 月 23 日,应联义善会主任翁寅初[②]之邀,沪城红会又派掩埋队长滕克勤与联义会掩埋队方筱兰协同赴浏河掩埋,同时又另派队员至松江掩埋,该地一些尸骸因战时当地慈善机构掩埋时掘土太浅,间有被犬拖出,掩埋队重行予以深埋。[③] 12 月,红会总办事处派出医生、掩埋队员赴青浦镇、黄渡乡、外冈乡、马陆乡一带掩埋,并在当地绅董协助下,对极贫灾民施赈,发给现洋、衣米、面粉等物,有病者并施诊给药。[④] 1925 年 1 月 16 日,沪城红会掩埋队长滕克勤又率队员及夫役多名至新龙华办理掩埋,其他掩埋队员则于 17 日分成 2 组分头出发,巡查兵尸掩埋,一组乘汽车往徐家汇、漕河泾等处,另一组乘火车至老龙华。各组掩埋尸体颇多,在新龙华就掩埋兵尸 40 余具。[⑤] 普善山庄战后办理掩埋也"极形繁忙",先是派掩埋队赴南翔、嘉定收尸归葬,继则应黄渡兵灾善后会之邀,至黄渡掩埋,又会同中国济生会至方泰掩埋,因为该处开战时匆匆掩埋的兵民尸体,经雨冲日晒干裂后大半暴露于外,甚至已残缺不全。[⑥]

战事结束后,浏河、罗店、昆山、黄渡、青浦、松江、太仓等各地避难沪上的难民归乡思切,上海商界的难民工作由广事收养转向资遣回乡,各难民收容所资遣难民,日有多起。[⑦]

沈联芳、王彬彦主持的闸北慈善团蓝十字会各收容所先后收容黄渡、罗店、纪王庙等地难民近 2000 人,10 月 19 日开始资遣首批难民 32 名,由救护队员偕乘汽车,再送上民船回籍。每名难民分给棉衣、干粮并给大洋 1 元。首批难民资遣后,蓝十字会广购棉花、布匹赶制帼衣,并紧急购置棉衣百余套,以备资遣后续难民之用。[⑧] 后续几天,闸北慈善团蓝十字会以同样的资送标准和方

① 《沪城红会掩埋队出发》,《申报》1924 年 10 月 23 日第 10 版。

② 翁寅初时任常熟德记织布厂驻沪经理,中华国货维持会评议员、闸北慈善团董事、济生会经济科主任、宁波旅沪同乡会理事、联义善会主任。

③ 《沪城红会掩埋与救护消息》,《申报》1924 年 10 月 25 日第 11 版;《沪城红会掩埋队消息》,《申报》1924 年 10 月 28 日第 10 版。

④ 《红会派员赴黄渡掩埋放赈之报告》,《申报》1924 年 12 月 10 日第 14 版。

⑤ 《沪城红会出发掩埋》,《申报》1925 年 1 月 17 日第 14 版;《沪城红会昨日出发掩埋兵尸》,《申报》1925 年 1 月 18 日第 14 版。

⑥ 《普善山庄掩埋尸体近讯》,《申报》1924 年 11 月 21 日第 11 版。

⑦ 《难民纷纷回里》,《申报》1924 年 10 月 22 日第 11 版。

⑧ 《蓝十字会昨遣回难民两起》,《申报》1924 年 10 月 20 日第 10 版。

法,分批资遣难民回乡。① 商界总联合会妇孺收容所收容的妇孺难民在战事结束后除亲属领回外,尚留的 200 余人,在 10 月 23 日、24 日资送回籍,每人也发给棉衣 1 套、现洋 1 元。② 新闸九路商联合会及育伦善会两收容所也于 10 月 26 日将南翔、黄渡等地难民五六百人,资送回籍,并沿途派人照料。③ 翁寅初主持的联义善会与至圣善院联合设立的收容所,战事结束时仍留养妇孺 400 余人,这些难民均为青浦籍,战后资送回籍时,翁氏发给极贫难民每人 2 元及被子、衣服各一。④

济生会白十字会曾设立收容所 10 余所,战后该会函请沪杭、沪宁两路局同意,以半价票运送难民回籍,陆续为难民购票并派会员护送回籍。例如,该会第一、三、六、九、十各收容所收有松江籍难民 552 人,其中 300 名由该会购买半票于 10 月 28 日护送回籍。⑤ 该会收容的其余松江籍难民以及宝山等其他地区难民,也陆续由会购票护送回籍。难民回乡时,该会也另给川资棉衣等件。⑥ 盛庄夫人创设的盛氏收容所收容的数千难民,也于 10 月底前先后遣送原籍。⑦

红会总办事处创设的各处伤兵医院、疗养所,至战事结束时尚有伤病、残废兵民 700 余人,红会一方面持续筹募经费,疗养伤病兵民,另一方面陆续遣送治愈者回籍。⑧ 治愈伤兵回籍时,红会除为之购票外,一般都由该会职员护送登上舟车,并给予一定川资。10 月 23 日,该会资送杭州、平湖籍伤兵回乡时,发给每人川资 4 元。⑨ 大量伤病兵民遣送回籍后,红会将战时设立的 13 处医院、疗养所归并成海格路红会总医院、十六铺红会南市医院、新闸路红会北市医院、天津路红会时疫医院和西藏路上海时济医院 5 处,继续疗养残废、重

---

① 《难民救护所资遣难民回乡》,《申报》1924 年 10 月 22 日第 11 版。

② 《各路商界联会妇孺收容所消息》,《申报》1924 年 10 月 25 日第 11 版。

③ 《大批难民送回原籍》,《申报》1924 年 10 月 27 日第 10 版。

④ 《联义收容所青浦难民回籍》,《申报》1924 年 10 月 31 日第 10 版。

⑤ 《济生会遣送难民回籍》,《申报》1924 年 10 月 29 日第 10 版;《白十字会送回松江避难妇孺》,《申报》1924 年 10 月 30 日第 10 版。

⑥ 《济生会续遣难民》,《申报》1924 年 11 月 14 日第 10 版。

⑦ 《盛氏收容所遣送难民回籍》,《申报》1924 年 10 月 29 日第 10 版。

⑧ 《中国红十字会总办事处为医院残废兵民乞捐启》,《申报》1924 年 12 月 12 日第 2 版。

⑨ 《红会遣送医愈伤兵回籍》,《申报》1924 年 10 月 24 日第 10 版。

伤兵士并进行寻常慈善救护事业。①

　　然而,罹遇兵燹各地区已成一片焦土,难民返乡后住无所居、食无所依、种无所籽,露宿待援者,遍地皆是,又临冬令时节,正如各路商界总联合会兵灾善后会所言,如不"及早筹谋,实施救济,诚恐灾地难民,死于冻馁者,将百倍于炮火"。② 所以,上海商界便积极开展战区灾况调查、赈济与重建工作。

　　中国济生会白十字救济队派出多个小组分头赴方泰、马陆、石门冈、陆家行、漳浦、赵泾、南横沥、沙泾、鹤林山等地谙查灾情,以"按灾情之大小,定赈济之厚薄"。各组随带凿井工人,沿途掘井(名济生井),使乡民免误饮不洁河水而杜疫疠,并随带臭药水、石灰等,施泼于街道、河流,以消毒灭菌。③ 根据调查所得灾情,济生会给灾民施放现洋和衣米等物品。 如对嘉定方泰镇 40 余村分两批调查后,即分两批对之施赈,计放现款 1300 余元,衣服 17000 余套,被子 1300 余条,大米 200 余担,并以同样方法在安亭、黄渡、南翔查放。④ 11 月下旬,宝山兵灾善后会会长袁观澜以县属罗店、月浦、盛桥、刘行一带灾民流离失所、衣食无着,亲赴济生会乞赈,济生会即派 5 人前往调查,并发给赤贫者"领物券",由上海总会发运衣被等物品,灾民"凭券给领"。⑤ 在浏河,济生会于 12 月中旬施赈棉衣裤 4000 余套,棉被 400 余条,大米 100 余担。⑥ 在太仓,济生会应太仓同乡会乞赈函,拨给棉衣 500 套。⑦

　　商界总联合会也于军事结束后派救护主任吴仲裔带领职员到灾情最重的浏河、黄渡等地实地调查灾情,以便精准救济善后。⑧ 该会所办的避难妇孺收容所结束后,即成立兵灾后援会,进行灾区救济等善后工作。11 月 1 日,商总联合会各路代表会议决把收容所存余的 1300 余元,赶制棉衣棉被散放浏河急赈。同时,发动所属各路商联会开展大规模募捐。 次日,商总联合会董事邬志

---

① 《红会医院之兼并》,《申报》1924 年 11 月 4 日第 10 版。
② 《各路商界兵灾善后会之赈灾意见》,《申报》1924 年 11 月 11 日第 9 版。
③ 《济生会调查各地灾情》,《申报》1924 年 11 月 7 日第 9 版。
④ 《济生会之赈济消息》,《申报》1924 年 11 月 21 日第 10 版。
⑤ 《济生会派员到宝施赈》,《申报》1924 年 11 月 29 日第 14 版。
⑥ 《济生会赈务近讯》,《申报》1924 年 12 月 15 日第 15 版。
⑦ 《济生会拨赈棉衣》,《申报》1924 年 10 月 28 日第 10 版。
⑧ 《各路商界联合会妇孺收容所消息》,《申报》1924 年 10 月 25 日第 11 版。

豪、王汉良、钱龙章、蒋梦芸、陆文中、吴仲裔等 20 余人,再赴浏河察看灾情,以便放赈。① 11 月 15 日,商总联合会兵灾善后会议议决把收容所结束后所余物品,包括棉被、毯子、席子、衣服、袜子、饭碗、脸盆、手巾、臭药水、痧药水、茶叶及厨房用具等全部助入太仓兵灾善后会散放。② 11 月底,商总联合会全体委员分头赴南翔、嘉定、黄渡实地勘灾,并赶制棉被 500 条,于 12 月上中旬放赈嘉定、青浦、真如、黄渡等地,计放青浦、嘉定棉被各 100 条,真如 50 条,黄渡、浏河棉衣裤各 100 套。③

商总联会所属各路商联会也纷纷组织募捐队、劝募队等,向各会员商号劝募,并将募集的捐款移交商总联合会,或自行购置赈济物资派员施赈。如百老汇路商联会组织了由正副会长邓志扬、许廷佐及会董王汉礼等组成的兵灾善后募捐队,于 11 月购买赈米 100 余石,交商界总联合会运灾区赈施。④ 12 月又购米 87 石,自行派员到黄渡 10 余村施放灾民。⑤ 南京路商联会除了派员前往浏河施放棉衣裤,还向该地 3 处粥厂(每天就食千余人)供应赈米(每天约需5 石)。⑥ 新闸九路商联会则指捐吴淞乡赈米 80 石。

① 《商界兵灾委员赴浏河观察》,《申报》1924 年 11 月 2 日第 14 版。

② 《上海各路商总联合会兵灾善后消息》,《申报》1924 年 11 月 17 日第 10 版。

③ 《商界兵灾委员会组织二次查灾团》,《申报》1924 年 11 月 27 日第 9 版;《商总联会议董会纪》,《申报》1924 年 12 月 12 日第 14 版。

④ 《百老汇路商联合开会纪》,《申报》1924 年 11 月 8 日第 14 版。

⑤ 《百老汇路商联会散放赈米》,《申报》1924 年 12 月 13 日第 15 版。

⑥ 《沪商界往浏河放赈记》,《申报》1925 年 1 月 5 日第 14 版。

第八章　上海商界与九一八事变后
东北难民救济

一、兵灾、天灾交乘下的东北难民

1931 年是中国近代史上创巨痛深之年。如前所述,这年 6 至 8 月,以江淮地区为中心,发生了百年不遇的全国性大水灾,洪涛滚滚,大地沉沦,大约 40 万人葬身洪流。正当近亿灾民啼饥哀嚎、辗转流徙之际,关外又传来了九一八事变的隆隆炮声,仅 4 个多月时间,东三省全境近百万平方公里土地被日本帝国主义侵占,2700 余万同胞沦于日军铁蹄之下。

九一八事变发生后,成千上万的东北民众为避战乱,离乡背井,流亡关内。随着日军侵略的扩大,形成了持续的难民潮。9 月 20 日前后,沈阳等地难民沿北宁路逃入关内的日益增多,北宁路局"尽路局列车运输难民",9 月 23 日运输难民到北平的就有 8 列车。[①] 北宁路局除客车之外,"加开敞车、铁闷车,用以装运难民,有一车即开行一车,尽量输运,不稍滞留"。[②] 至 9 月 26 日,据"路局统计,东北难民入关已达二十余万人"。[③] 另有多种报刊报道说,至 10 月上述,东北难民入关者达数十万。[④] 同时,也有大量难民从大连等处乘船通过海路逃离东北,这类难民大多为山东籍,他们从大连等地坐船至青岛,转回原籍。这

---

① 《副部行营公布东省情报》,《申报》1931 年 9 月 24 日第 8 版。
② 《救济难民联合会成立 东北难民西来者已逾两万》,《益世报》(天津)1931 年 9 月 25 日第 2 张第 6 版。
③ 《东北难民达廿余万 副部急令调查设法安置》,《中央日报》1931 年 9 月 27 日第 3 版。
④ 《东北难民入关数十万 组织东北人民自决会》,《中央日报》1931 年 10 月 4 日第 3 版;也见《观海》1931 年 11 月第 5 期辑录《大青岛报》1931 年 10 月 7 日的报道。

些难民大都是 1920 年代末至 1931 年上半年因旱灾、兵灾逃赴东北谋生的,现在因日军侵占东北,他们又被迫逃回故里。10 月中旬的《益世报》就说"山东因连年荒歉,各地人民赴东三省谋生者,岁以数十万计。刻东北被暴日侵占,该地人民任其宰割,生命财产亦均失其保障,于是旅居东北之鲁籍人民,争思脱离虎口,遣返故里,故近日由大量来青之船,莫不满载此项难民"。①

通过陆路逃入关内的难民,除了沿线下车的外,多麇集于北平、天津等,也有部分再经平汉、平绥、津浦等路转至其他地区。据铁路部门统计,至 9 月 26日,已入关的 20 万难民中,到北平的已有 3 万余人。② 9 月 25 日,又有 2000 余名难民由皇姑屯至北平。至 9 月底,仅平津两地收容机关已经收容的东北难民已有 2 万余人。③ 通过陆路进入平津地区的"难民"包括原东北地区党政官员及家属、东北军军人及家属、大中学校师生以及一般普通民众。其中的一般民众大多是因 1928—1930 年华北、西北地区天灾人祸而逃赴东北垦荒谋生的难民,多为河南、河北、山东省籍。他们到达平津以后,又多经津浦、平汉、平绥路等返回原籍。《大公报》曾就某批难民说:该难民多系鲁籍,即由津浦路驻津办事处安排资送回籍,仅 9 月 25、26 日就送回四五百人。④ 10 月初的《中央日报》也指出:当时已入关的 20 万难民中,凡自愿回籍的,由国难救济会商由路局,经平汉、平绥、津浦分送回籍。⑤ 据康健哲研究:至 1932 年 2 月,东北入关难民总计达 49 万人,其中流向北平 200000 人,天津 100000 人,重庆 35000 人,成都15000 人,上海 10000 人。可见,入关难民主要集中于平津地区(见表 8-1)。

表 8-1 九一八事变后东北难民流向(1932 年 2 月) 单位:人

分布地点	人数	备注	分布地点	人数
北平	200000		陕西	4000
天津	100000		兰州	4000
重庆	35000		万县	3000

① 《大批难民由东北返鲁原籍》,《益世报》(天津)1931 年 10 月 16 日第 1 张第 4 版。
② 《东北难民达廿余万 副部急令调查设法安置》,《中央日报》1931 年 9 月 27 日第 3 版。
③ 《东北难民纷逃平津》,《上海日报》1931 年 9 月 30 日第 2 版。
④ 《东北来津难民一部已返山东原籍》,《大公报》(天津)1931 年 9 月 26 日第 7 版。
⑤ 《东北难民入关数十万 组织东北人民自决会》,《中央日报》1931 年 10 月 4 日第 3 版。

续表

分布地点	人数	备注	分布地点	人数
成都	15000		三台	2500
上海	10000		自流井	1500
迪化	5000		中国其他各地	100000
昆明	5000			
贵州	5000	由广西撤退者在内	总计	490000

资料来源:康健哲:《九一八事变后东北难民救济问题研究》,湖南师范大学历史文化学院中国近现代史专业硕士论文,2019 年 5 月。本文引用时对排序作了调整。

当东三省同胞或受日本帝国主义蹂躏处于水深火热之中,或流亡他乡、衣食无着、饥寒交迫之际,东北地区又发生特大天灾。1932 年夏秋,黑龙江、吉林两省淫雨连绵,松花江、牡丹江和嫩江等诸河暴涨,多处决堤,江水漫漫,成史上罕见之大水灾。早在 8 月中旬,当地报刊就报道灾况说"吉林省滨江县、宾县、方正县、依兰县、桦川县、富锦县、同江县,黑龙江省呼兰县、巴亭县、木兰县、通河县、汤原县、绥东县,以上各县被水面积约占百分之八十,田禾均遭淹没,牲畜死伤无数,损失约在一千万上下"。[①] 随后慈善救济机关调查的灾情是:黑龙江龙江县城冲毁房屋 679 间,四乡灾民或用船救护出险,或自行逃避,为数甚多。青冈县因地势洼下,一片汪洋,即使稍高处水深也在 2 尺以上,被害灾民为数至巨。雅鲁县城内大街水深二三尺不等,房屋倒塌其多,四乡尽成泽国。讷河县境内沿江沿河各村屯,多被水淹。甘南县全境除山地岗田外,尽遭淹没,城内水深四五尺,县署房屋多被冲毁,民房坍塌尤多。松花江北岸的呼兰县水灾尤重,几占全县。通和县县街内外 40 余里尽成泽国,县城内房屋被冲毁 7000 余间,商民损失约数百万元。木兰县灾情也特重,全境浸水,其他沿江沿河各县,均已成灾。哈尔滨因江水暴涨,冲决江堤多处,江水灌入市内,中央大街、新城大街均被淹没,道外水深一丈四五尺,道里水深二三尺不等,全市一半以上面积被水浸没。吉林省依兰县因松花江、牡丹江同时暴涨,江水浸

---

① 《东北水灾概况》,《吉林日报》1932 年 8 月 19 日第 2 版。

入街内达五尺,即使高地也皆被水,难民 4 万余人,食粮缺乏,急待救济。苇河县县城当蚂蜓河流域,因河水暴涨至二丈以上,全县均被浸灌,食粮衣服大半流失,计浸水房屋 7500 户,各项捐失约 300 万元。综计东北水灾损失 1 亿元以上。[①] 朱庆澜 1932 年 9 月中旬电陈国民政府行政院说,东北难民已达 30 万人。[②]

日伪统治的横征暴敛,加以严重的水灾,使一班衣食无着、接济缺乏、呼吁无门的民众,纷纷入关。[③] 据铁路部门统计,关外难民逃至秦皇岛、唐山、开平、滦县等处者,达 2 万余户。[④] 李文海先生等研究后指出:这次水灾致黑吉两省耕地面积被淹者接近八成,农产损失也达到往年收成的七成以上。灾民数十万,溺毙者数万人,兼以霍乱盛行,民不聊生。[⑤]

然而更为凄惨的是,前灾未过,后灾又踵至。日军占领辽西走廊后,于 1933 年 1 月 1 日又向榆关(山海关)进犯,并在占领山海关后入城大肆抢掠财物,滥杀无辜,山海关及附近难民逃亡秦皇岛、唐山、滦州、天津等地为数甚众,"难民人数益形扩大"。2 月 21 日,日军又大举进犯热河,东北军 12 万人节节败退,仅十几天热河陷落,370 余万同胞又沦于日伪统治之下,东北全境至此全部沦陷。随着战事的扩大,"东北难民,日益增多"。热河沦陷前后,热省民众"逃难至平津或多伦、察哈尔等处者甚多,无衣无食,痛苦万状"。[⑥]据熊希龄 3 月 9 日所言,仅热河难民就已达 10 余万人。[⑦]

二、上海商界的救济:上海东北难民救济会

上海东北难民救济会是由上海市地方协会联合上海市商会及银行界发起

---

① 《东北难民救济会发表东北各地水灾详情》,《民报》1932 年 10 月 7 日第 2 张第 3 版。
② 《本会为准文官处文电奉交朱庆澜电陈东北难民已达三十万人祈捐赈济一案令仰遵照迅速拨款救济文》(1932 年 9 月 15 日),《赈务月刊》(南京)1932 年第 3 卷,第 9、10 期。
③ 《东北灾民纷纷入关》,《申报》1932 年 11 月 1 日第 3 版。
④ 《沿伪路日军掘战壕》,《申报》1932 年 10 月 17 日第 3 版。
⑤ 李文海等:《近代中国灾荒纪年续编》,湖南教育出版社 1993 年版,第 327、329、354 页。
⑥ 《旅京蒙人会商救济热河难民》,《申报》1933 年 3 月 15 日第 6 版。
⑦ 《熊希龄由沪到济》,《申报》1933 年 3 月 10 日第 6 版。

成立的致力于东北难民救济的重要组织,发起宗旨"在于慈善事业之外兼为唤起民族意识"①,即通过救济东北难民,唤醒民族意识,增强抗战凝聚力。

1932 年 9 月上旬,商界王晓籁、史量才、徐寄顾、贝淞孙、王延松、杜月笙等,鉴于东北地区九一八事变后兵祸连年,农失耕作,民食匮乏,又值大水为灾,田禾均失收获,认为救济东北难民,关系"民心向背、东北存亡者甚巨",就联合发起上海东北难民救济会,列名的发起人除上述 6 人外还包括骆清华、陈蔗青、俞佐庭、马骥良、闻兰亭、方椒伯、裴云卿、黄任之、朱庆澜、何德奎、徐静仁、俞寰澄、褚慧僧、刘鸿生、李祖夔、徐新六、簣延芳、穆藕初、郭顺、聂潞生、胡孟嘉等近 50 人。② 9 月 23 日,召开首次发起人会议,著名棉纺企业家穆藕初任会议主席,报告会议宗旨和各项函件,会议通过了该会发起缘起,推定人员起草章程及具体进行办法。③ 9 月 27 日又在上海市地方协会召开第二次发起人会议,王晓籁、史量才先后致辞指出:筹谋救济东北三省人民,刻不容缓,此举不仅为慈善性质,实与东北存亡有莫大关系。会议认为"欲谋长期抵抗,端赖长期之接济",一致通过了由会议主席王晓籁提出的月捐运动办法,举行月捐运动,成立了月捐运动理事会,推定王晓籁、史量才、杜月笙、张啸林、虞洽卿任主席理事,穆藕初、徐寄顾、贝淞孙、王延松、俞佐庭、簣延芳、郭顺、秦润卿、刘鸿生、陈蔗青、劳敬修、褚慧僧、聂潞生诸君为理事会理事。④

上海东北难民救济会由上海市地方协会联合上海市商会及银行界发起成立,而上海地方协会又由"上海实业界、银行界"领袖人物发起成立⑤,所以上海东北难民救济会发起人几乎都是商界著名人士,笔者根据资料将上海东北难民救济会发起人当时的身份列成表 8-2。

---

① 《王晓籁等发起救济东北难民》,《民报》1932 年 9 月 8 日第 2 张第 1 版。

② 《王晓籁等发起救济东北难民》,《民报》1932 年 9 月 8 日第 2 张第 1 版。

③ 《东北难民救济会发起人会议》,《新闻报》1932 年 9 月 24 日第 4 张第 2 版。

④ 《东北难民接济会前晚开发起人会议》,《申报》1932 年 9 月 29 日第 13 版;《办理月捐运动之经过》,上海东北难民救济会编:《上海东北难民救济会月捐运动收支报告书》,1933 年 8 月,第 1 页(栏页)。

⑤ 《上海地方协会即日成立》,《申报》1932 年 2 月 1 日第 6 版。

表 8-2 上海东北难民救济会发起人情况

姓名	籍贯	主要任职	姓名	籍贯	主要任职
王晓籁	浙江嵊县	上海市商会常务执行委员、主席,中央造币厂副厂长、上海公共租界纳税华人会主席	王延松	浙江上虞	上海大新绸缎局主、上海绸业银行董事长兼总经理、上海市商会常务执行委员
陆文韶	上海市	上海达隆国货呢绒哗叽厂、陆中和米号总经理,华安合群人寿保险公司董事、上海米号业同业公会主席、上海市商会常务执行委员	骆清华	浙江诸暨	上海绸缎同业公会常务委员、上海绸业银行副经理、上海市商会常务执行委员
诸文绮	上海市	上海丝光棉织业公会主席、上海市商会执行委员	贝淞荪	江苏吴县	中国银行董事兼上海分行经理、上海市商会常务执行委员、上海银行公会常务委员
陈蔗青	湖南湘乡	盐业银行经理、上海市商会执行委员	郑泽南	江苏苏州	上海广源糖行经理、上海糖业公会主席、上海市商会执行委员
马少荃	江苏无锡	上海市矿灰业同业公会主席、上海市商会执行委员会	俞佐庭	浙江镇海	上海恒巽钱庄经理、上海市商会、上海市钱业公会常务委员
陈翊周	广东番禺	上海忠信昌茶栈主、新新公司董事、洋庄茶业公会主席、上海市商会执行委员	马骥良	浙江平湖	上海聚丰木号、开泰木行经理,上海木业公会常委、上海市商会执行委员
潘旭升	上海市	上海三新染织厂经理、丝光棉织公会常务委员、上海市商会执行委员	叶家兴	浙江慈溪	上海牲肠公司主、上海市肠业公会主席、上海各业保险总经理处股份公司副经理、上海市商会执行委员
闻兰亭	江苏武进	上海证券物品交易所理事、上海市商会执行委员	劳敬修	广东鹤山	南洋兄弟烟草公司董事、上海市商会监察委员
陈松源	浙江鄞县	上海振和染织厂经理、丰大棉布号总理、市棉布业公会主席、上海绸业银行董事、市商会监察委员	蒋志刚	浙江慈溪	上海天发祥皮货局总理、上海裘业公会主席、上海市商会监察委员
杜月笙	江苏上海	中汇银行董事长、法租界商总会主席委员、法租界公董局董事、法租界纳税华人会主席、招商局常务理事	方椒伯	浙江镇海	上海益中拍卖行常务董事、中华国产联合大商场总经理、中国国煤产销联合会常务委员、宁绍轮公司董事、上海市商会执行委员
裴云卿	浙江上虞	同春钱庄经理、钱业公会常委、中央信托公司董事、上海绸业银行董事、上海市商会执行委员	史量才	江苏溧阳	申报馆总经理、上海日报公会会长、招商局常务理事、太平水火保险公司董事

续表

姓名	籍贯	主要任职	姓名	籍贯	主要任职
胡筠庵	安徽绩溪	中国棉业贸易公司经理、华商纱布交易所副理事长、和昆信托公司总经理、中华劝工银行董事	尤菊荪	江苏无锡	安利洋行华经理、进顺烟叶公司股东兼经理、东方纺织公司协理
俞叶封	浙江杭州	大中华水火保险公司董事长、霖记木行监督、长城唱片公司监察人	黄任之	江苏川沙	申报馆设计部长、中华职业教育理事、上川交通公司董事长
邹秉文	江苏吴县	前工商部（实业部）技正兼上海商品检验局长、财政部统税署署长，上海信托公司常务董事	张慰如	浙江嘉兴	上海华商证券交易所理事长、中国银行监察
徐采丞	江苏无锡	成记纱花号经理，上海民生纺织公司总经理、飞花棉业联合会会长、法租界纳税华人会监察委员	钱志翔	江苏吴县	江南银行总经理
朱子桥	浙江绍兴	国民政府赈务委员会委员常务委员	杨志雄	江苏上海	德商西门子洋行买办、招商局常务理事、吴淞商船学校校长、
何德奎	浙江金华	公共租界工部局会办	徐静仁	安徽当涂	马鞍山福利民铁矿公司总理、溥益纱厂经理、上海银行董事
胡筠庄	安徽绩溪	德华银行华经理、上海华商纱布交易所经纪人（胡梅记）、招商局理事	俞寰澄	浙江德清	上海轮船招商总局营业科科长
褚慧僧	浙江嘉兴	浙江全省茧联会主席、上海丝厂同业公会主席委员、浙江民丰、华丰造纸公司董事，江浙丝业公债专门委员会常务委员、上海法科学院院长、全浙公会主席董事	胡筠秋	安徽绩溪	华比银行华经理、和昆信托公司董事长
刘鸿生	浙江定海	大中华火柴公司总经理、中国企业银行董事长兼总经理、中华码头公司经理、上海水泥公司经理、章华毛麻纺织公司经理、招商局总经理	李祖夔	浙江镇海	华安合群保寿公司董事、华安商业储蓄银行常务董事
徐新六	浙江杭县	浙江兴业银行常务董事兼总经理、泰山保险公司董事长、公共租界工部局华董	黄延芳	浙江镇海	浙江兴业银行董事兼地产部经理、上海房地产业同业公会主任委员、中华捷运公司总理、汇中鱼业公司（鱼市场）经理、太平水火保险公司董事

续表

姓名	籍贯	主要任职	姓名	籍贯	主要任职
杨习贤	江苏上海	上海隆茂纱厂总经理兼厂长、上海华商纱布交易所经纪人、天隆花纱号经理	查良钊	浙江海宁	国府救济水灾委员会急赈处长兼易粮委员会委员
穆藕初	江苏上海	豫丰纱厂总理、德大纱厂协理、上海华商纱布交易所理事长	徐寄庼	浙江永嘉	浙江兴业银行常务董事、上海市商会执行委员、上海银行公会常务委员、上海公共租界纳税华人会主席
郭顺	广东中山	永安纺织公司董事兼总经理、纬通合记纺织公司董事长、华商纱厂联合会执行委员	聂潞生	湖南衡山	恒丰纺织新局董事兼总经理、中华棉产改进会常务委员、华商纱厂联合会执行委员
胡孟嘉	浙江鄞县	交通银行总经理兼上海分行经理、上海银行公会常务委员			

主要资料来源:上海市工商业联合会等编《上海总商会组织史资料》(上、下),上海古籍出版社 2004 年版;海上名人传编辑部《海上名人传》,上海文明书局 1930 年版;上海通志馆编《上海市年鉴》,1935 年,"名人录";中国征信所:《上海工商人名录》,1936 年;陶水木著《浙江商帮与上海经济近代化研究》,上海三联书店 2000 年版;陶水木编著《近代浙商名录》,浙江人民出版社 2005 年版;《申报》《新闻报》《时报》《上海商报》等各相关年份有关资料。

图 8-1　上海东北难民救济会发起人、
月捐运动主席理事王晓籁

从表中可以看出:列名发起人的 49 人中,除国民政府赈务委员会常务委员朱子桥、公共租界工部局会办何德奎和国民政府救济水灾委急赈处长查良钊外,都是商界要人,其中有上海市商会执监委员 21 人(包括常务执行委员 6 人)。当然,像褚慧僧即褚辅成、黄任之即黄炎培等具有多重身份,不少人多认可他们的非商人身份。但实际上当时的褚辅成是浙江全省茧业联合会主席、上海丝厂同业公会主席委员,是江浙地区丝茧业领袖,还是浙江民丰、华丰造纸公司的董事。黄炎培当时也是上川交通公司董事长、申报馆设计部长,谓之商界中人也属符实。

东北难民救济会成立后,推行月捐运动筹集救济东北难民经费成了最重要的工作,该会月捐运动理事会也几乎成了该会领导决策层,而月捐运动理事会成员中,除张啸林、虞洽卿、秦润卿外,都是该会发起人。虞洽卿时任三北轮埠公司总经理、上海证券物品交易所理事长、上海航业公会主席、公共租界工部局华董,秦润卿则是福源钱庄经理、上海钱业公会主席、中国垦业银行董事长、上海交通银行行长、中央银行监事,都是上海商界领袖人物。对于张啸林,我们很长一个时期给予贴上"流氓"之类标签,使得一般人不知道其主要身份,其实张氏主要身份还是商人,当时他任长城唱片公司董事长兼总经理、霖记木行总经理、招商局理事、法租界公董局董事,已由"商"而成为上海上层名流。可见,东北难民救济会月捐运动理事会几乎是清一色的商界名流。

为了推进月捐运动,月捐运动理事会又成立了干事部,主席理事、理事及发起人均为干事,并推定了干事部各组正副主任,即总务组主任穆藕初,副主任王延松、江问渔;捐务组主任王晓籁,副主任骆清华、贾延芳;宣传组主任林康侯,副主任严谔声、黄任之;保管组主任贝淞荪,副主任胡孟嘉、吴蕴斋;支给组主任史量才,副主任徐寄庼、俞佐廷;审核组主任胡筠庄,副主任徐玉书、潘序伦。① 对照该会发起人和月捐运动理事会名单,上述职员中只有江问渔、林康侯、严谔声、吴蕴斋、徐玉书和潘序伦 6 人不是发起人和理事会成员,主要是因各组工作性质和需要而增加的。江问渔时任中华职业教育社主任,林康侯时任全国商会联合会主席委员、上海银行公会秘书长、中央银行监事、公共租界工部局华董,严谔声是上海市商会秘书,吴蕴斋是金城银行上海分行经理、上海银行公会常务委员、太平水火保险公司常务董事、公共租界工部局华委,徐玉书即徐永祚和潘序伦分别是上海最著名的 2 个会计师事务所徐永祚会计师总事务所和立信会计师事务所的主任。可见,因工作性质和需要而增加的 6 名干事部职员,也主要是商人身份。总之,东北难民救济会是由上海商界发起成立并主持运作的。

如前所述,举行月捐运动是上海东北难民会最重要工作。1932 年 10 月 10 日,该会发表了由黄炎培起草并经多次理事会讨论议定的"月捐运动宣言"。

---

① 《东北难民救济会推定月捐运动职员》,《申报》1932 年 9 月 30 日第 13 版。

这份语言沉痛的宣言充满民族之恨、爱国之情、同胞之爱。宣言写道:"自去年九一八以来,我东北同胞受暴日荼毒亦已极矣! ……夫弱者宛转挣扎于刀锯惨戮之下,求生而无路,求死而无所,斯亦酷已! 乃若强者不忍家国之沦亡与兄弟姊妹之横遭淫杀,宁掷其万死不顾一生之性命,为中华民族争垂绝之人格,前者仆,后者继,不恤以肉以血,膏涂渲染此残破之河山! ……一年以来,为此爱乡爱国一念所驱迫以就死(者),不知凡几! 其未死者,饥不得食,寒不得衣,昼则浴血而长驱,夜则枕戈而露宿,凉秋绝塞,乌尽风号,此真非人类之生活也。彼何人? 斯谓之义民也可,谓之难民也亦无不可。夫中华者,吾四万万人共有之国家也! 东北既为吾中华之一隅,东北之得失,既为吾全民族生死存亡之绝大关键,我内地、我上海民众,忍熟视而若无睹耶? 忍充耳而若不闻耶?"东北水深火热,非扩大援救不可;国难方兴未已,非长期接济不可。"用集各界同志,举行月捐运动","人而不欲行善则已,苟欲行善,救死扶伤,此是最大之行善;人而不欲报国则已,苟欲报国,国破家亡,此是最后之报国。吾全国同胞共起任之,吾上海同胞率先任之!"①

这份发自肺腑、充满情感、富有感染力的宣言,对于推动月捐具有重要作用。至于月捐办法,自上海东北难民救济会发起人会上商会主席王晓籁提出举办月捐后,经多次会议,议定办法如下:1.此项月捐运动自开始之月起,以6个月为限;2.北平设有东北难民救济协会,由朱子桥将军主其事,本会收集捐款悉数汇交该会支配;3.本会办公费用统由发起人负担,绝不动用捐款分文。办法规定了40余家银行、钱庄作为捐款收款机关。② 可见,这并不是一个可实际操作的月捐办法。

月捐运动自10月26日正式开始后,各业纷起响应,一些行业为便于操作,制定了本业月捐办法。例如,上海华商纱布交易所在月捐运动开始次日即向上海东北难民救济会函告了月捐办法。该办法规定:1.职员薪俸25元以下者,捐否听便;2.薪俸26至50元者,月捐1%;3.薪俸50至75元者,月捐2%;4.薪俸75至100元者,月捐3%;5.薪俸100元以上者,月捐5%;6.该所月捐,

---

① 《上海东北难民救济会月捐运动宣言》,《申报》1932年10月10日第18版。
② 《东北难民救济会通过月捐运动办法》,《申报》1932年10月23日第14版。

照职员所捐之总数倍之。确如当时报刊报道时所评论的,该办法不仅比较详细公允,为各界之倡,"亦大可为各公司机关所仿行也"。①

上海市商会鉴于月捐主要出自商界,而又无统一的办法,于是在吸收一些行业月捐办法后,制定了捐款办法 10 条。规定:1. 此项捐款"以救济东北难民、唤起民族意识为目的";2. 捐款办法分商店营业提成、员工薪资提成、自由捐助 3 种;3. 商店营业提成以逐日营业收入千分之一为最低捐款标准;4. 员工薪资提成以每月薪资收入千分之五为最低捐款标准;5. 上项提成办法,由捐款人自行认定,其自愿照标准额增加者,由东北难民救济会酌予奖励;6. 自由捐助办法,由东北难民救济会制具捐册,交由各业劝募;7. 捐款交付办法依照东北难民救济会规定办理;8. 上项捐款由上海东北难民救济会汇交北平救济协会朱子桥将军主持支配,并登报报告;9. 东北难民救济会为便利各业捐款接洽起见,在上海市商会特设捐务组分办事处;10. 本办法由市商会执监委员会议通过施行。市商会这一捐款办法规定了各类公司企业行号、企业职员和自由捐助标准与办法,成为此后上海东北难民救济会通行的月捐办法。

上海东北难民救济会发起人、月捐运动理事会及其干事部职员主要是商界人士,月捐运动也主要由市商会及救济会捐务组正副主任王晓籁(市商会主席)、骆清华(市商会常委)组织推进,商界也是月捐的重要来源。

上海市商会为使各业认识月捐之重要意义,使全市商民明悉捐款用途、唤起民族意识起见,由市商会常务执行委员、东北难民会理事兼捐务组副主任骆清华于 11 月 2 日召集各业代表谈话,包括航业、纱业、米业、棉布业、绸缎业、糖业、纸业、营造厂业、华商皂业、装业等 173 个同业公会代表出席。骆清华痛陈:东北同胞在暴日铁蹄之下不惜冒万死浴血奋斗,无非为中华民族争垂绝之人格,为国内同胞作最后之屏障。我们如不予充分接济,"则东北义民必以援应乏绝,尽毙于日人刀锯惨戮之下,不仅失地无收复之望,而敌人必移其残暴之师,席卷东南"。指出援救东北义民,是莫大之慈善行为,希望各业"慷慨解囊,援救为民先锋、为国争存之东北义民"。各业代表听后无不动容,纷纷表示

---

① 《华商纱布交易所响应月捐运动办法》,《民报》1932 年 10 月 28 日第 2 张第 1 版。

于 5 日内成立各业劝募队,认缴月捐,并各领捐册。① 捐务主任王晓籁、副主任骆清华为扩大月捐运动、增加劝募效率又增聘各业领袖顾馨一等 123 人为捐务组干事,并派出干事赴各公会宣传、指导。

捐务组特别制作的月捐运动捐册,刊印有《捐册叙言》。该叙言以救东北难民即救东北、救东北即救中国的民族主义思想激发捐户踊跃捐款。叙言指出:关东三省在中国之形势,"犹人之有首领,去其首领,则人未有能保其生命者。故东三省亡则中国亡,已为颠扑不破之定律"。九一八事变后,已躬历亡国之苦的东北难民(也可谓之义民)誓与强寇不共"三光",忍饥耐渴,拼命边荒,其壮烈不让于一·二八事变时之十九路军,而崎岖险阻,则十倍过之。本会发起救济,"非徒为难民谋给养之资,欲使其一息尚存之身,完东北再造之功",我们今日节衣缩食,"谋拯救东三省难民,即为保全吾人未来之生命计耳"。②

上海东北难民会充满家国情怀的宣言,该会捐务组的有效组织、宣传,上海市商会的各业谈话会,激发了上海商界捐款热情,各业闻风而起,纷纷组织募捐队认缴月捐。

这里把月捐运动开始后首月各业筹办月捐的报道简述于后。11 月 8 日,上海绸缎业公会召开临时执行委员会,决议成立劝募队,全体执行委员为劝募员,全行业月捐以千分之一为最低限度,分向各行庄劝募。③ 该会杭绸组认缴特捐 5000 元,湖绉组特捐 4000 元,府绸组特捐 1000 元,苏绸组特捐 400 元,门市组老介福、大纶等 10 家,定提成特捐,为数也在 5000 元以上,统计该业捐数总额约达 3 万元。④ 11 月 11 日,上海面粉交易所函上海东北难民会,该所及全体经纪人于营业项下提取 15%,按月捐 1000 两,以 6 个月为期,并将当月 1000 两交中国银行代收。中华捷运公司议决月捐 4 项办法:1. 薪水 30 元以上者月捐 1%;2. 50 元以上者月捐 2%;3. 百元以上者月捐 3%;4. 200 元以上者月捐 5%。⑤ 木材业由部分委员先认捐 3000 元;水果地货业议决先认 1000 元;

---

① 《市商会召各业代表谈话发起捐款救济东北难民》,《上海商报》1932 年 11 月 8 日第 2 版。
② 《市商会召各业代表谈话发起捐款救济东北难民》,《上海商报》1932 年 11 月 8 日第 2 版。
③ 《救济东北难民 绸缎业昨开会已成立劝募队》,《上海商报》1932 年 11 月 9 日第 2 版。
④ 《救济东北难民之热烈》,《申报》1932 年 11 月 27 日第 14 版。
⑤ 《各界救济东北难民 月捐运动闻风兴起》,《民报》1932 年 11 月 12 日第 2 张第 1 版。

国货橡胶制品业议决由全体常务委员负责分别劝募；新药业公会特召开临时会议，议决照月捐办法认捐 6 个月；书业公会开会议决全体会员分别认捐月捐数目；运货汽车业议决并立即开展分区劝募；地货业公会常会议决照原征公益捐加收 1 厘作为救济东北难民捐款；金业议决分函各经纪人，并推张锡康等分赴各金号，按月认捐；火腿业成立劝募队，分头劝募；呢绒工厂业、针织业、百货商店业、电器业、煤业、出租汽车业、树柴行业、旅业、彩印业、钟表业、西服业、内河轮船业、花粉业、驳船业、油漆木器业等纷纷召开会议，成立劝募队或落实专人负责劝募。甚至押店业也成立劝募队，并推定叶荣庆等委员专人负责办理。① 洋庄茶叶公会由各庄月认 900 元交市商会汇转。蛋业公会早在 9 月已捐 1000 元，并向各会员募得 935 元，通过代收银行汇往东北。市商会发起月捐运动后，该公会又立即认捐 6 个月。橡皮五金车料公会于 11 月 19 日召开会议，派袁炳元等负责向各业劝募。人力车业公会议决，因会员众多，分南北两市分头劝募。笔墨业公会（派陶正元）、花树业公会（派黄岳渊）接市商会月捐运动函也召开会议，落实专门人员劝募，"成绩殊为可观"。② 铁业公会议决通告同业于营业中提成捐助，自行按月送交收款银行而以收据交会。络麻袋布业主委蔡志阶向各会员及亲友等极力劝募，已募 300 余元。中国呢绒工厂业主席顾九如等连日不遗余力地向各同业劝认月捐。猪行业向各行劝募，每月捐款 1000 元以上。棉布业公会议决，除由该会先行捐洋 1000 元交中国银行转汇外，并以全体执监委员及市场管理委员为劝募委员，分为 7 组，每组 4人，每日轮流向各同业劝募。电机丝织厂业于月捐开始后即汇缴上海银行1300 余元。药材业由常委陈文铭等竭力向各会员劝募，认定每月 200 元。咸鱼业派刘竹青、张子声等为劝募委员，不几日就认缴百余元。③

　　虽然从后来刊印的月捐运动征信录看，有的同业公会并没有逐月如上述报道的数额捐出（是否如报道中所说已单独通过银行汇出，暂时未能查确），但同业公会的月捐确是月捐的重要来源之一。笔者初步统计，工商同业公会的

①　《救济东北难民各公会纷纷劝募》，《上海商报》1932 年 11 月 20 日第 3 版。
②　《积极救济东北难民　各业热心月捐运动》，《上海商报》1932 年 11 月 22 日第 3 版。
③　《救济东北难民之热烈》，《申报》1932 年 11 月 27 日第 14 版。

月捐平均占各月月捐总额的 13.97%(见表 8-3)。[①]

表 8-3　上海市各同业公会(会馆、公所)月捐统计　　　　单位:元

时　间	公会名称	捐款金额	合计	月捐总额	同业公会占比%
第 1 月(1932 年 10 月 26 日至 11 月 25 日)	绸业公所	4000	6179.1	42703.3	14.46
	上海棉布业同业公会	1000			
	上海糖业公会	500			
	上海纸业同业公会	400			
	上海桂圆业同业公会	279.1			
第 2 月(1932 年 11 月 26 日至 12 月 25 日)	钱江会馆	5000	12010.4	68785.24	17.46
	上海市杂粮油饼业同业公会	2000			
	上海绸缎业同业公会山东河南丝绸组	1000			
	典当业同业公会	855			
	漆业同业公会经募	613			
	纸业同业公会	400			
	绸业同人	300			
	纱花号业公会	300			
	油麻同业公会	247			
	鸡鸭行业同业公会	237.5			
	海味杂货业公会	228			
	粱烧酒同业公会	167.9			
	橡皮五金车料业同业公会	150			
	沙船号业同业公会	140			
	柴炭行业公会	115			
	牛羊生皮业公会	100			
	内河轮船业公会	100			
	鲜肉业同业公会	57			
第 3 月(1932 年 12 月 26 日至 1933 年 1 月 25 日)	上海市豆米行业同业公会	2000	8140	88237.26	9.22
	上海泰西食物业同业公会	1000			
	粤帮绸布联合会	1000			

———————————

①　征信录中有些月捐如"绸业同人""积谷堂"等,因不能确定是否属于同业公会(会馆、公所)月捐而没有列入。

续表

时　　间	公会名称	捐款金额	合计	月捐总额	同业公会占比％
第 3 月（1932 年 12 月 26 日至 1933 年 1 月 25 日）	纱业同业公会	720	8140	88237.26	9.22
	上海市碾米业同业公会	500			
	上海市搪瓷业同业公会	500			
	上海市榨油厂同业公会	500			
	纸业同业公会	400			
	熟货业公会	280			
	油麻同业公会	237.1			
	铜锡公会	187			
	上海市飞花业同业公会	185.9			
	上海市油漆木器业同业公会	117			
	柴炭行业同业公会	113			
	上海市箔业同业公会	100			
	搪瓷业同业公会	100			
	牛羊生皮业公会	100			
	柴炭行业公会	100			
第 4 月（1933 年 1 月 26 日至 2 月 25 日）	棉布业公会	2584	6170.2	49186.66	12.54
	豆米业同业公会	1974			
	油麻同业公会	708.3			
	押店业同业公会	373			
	上海市油麻业同业公会	236.1			
	粱烧酒同业公会	164.9			
	箔业同业公会	100			
	蛋业公会	30			
第 5 月（1933 年 2 月 26 至 3 月 25 日）	油豆饼米业公会	2000	6831.8	32773.8	20.84
	南货业公会	1812			
	鲜猪业同业公会	508.3			
	纱业同业公会	365			
	烛业同业公会	356			
	木材业公会	286			

续表

时 间	公会名称	捐款金额	合计	月捐总额	同业公会占比％
第5月（1933年2月26至3月25日）	沙船号同业公会	280	6831.8	32773.8	20.84
	酱园业公会	200			
	上海市桂圆同业公会	190			
	上海市飞花业同业公会	188.5			
	梁烧酒行同业公会	159			
	柴炭行业公会	128			
	箔业同业公会	100			
	牛羊生皮业同业公会	100			
	地毯业公会	62			
	瓷业同业公会	50			
	磁业同业公会	47			
第6月（1933年3月26日至4月26日）	上海市豆米行同业公会	2000	3013	21378.5	14.09
	上海市医师公会	500			
	上海市铜锡业同业公会	385			
	柴炭业公会经募	112			
	西颜料业公会	16			
捐款总计		42344.5		303064.76	13.97

资料来源：根据《上海东北难民救济会月捐运动收支报告书》（上海东北难民救济会1933年8月）统计。

当然，同业公会月捐仅是商界月捐的一小部分，按照前述月捐办法，月捐有商店企业营业提成、员工薪资提成、自由捐助3种（自由捐助交由各业劝募），所以商界的月捐还有大量各工厂企业公司行号、商人个人的捐款。但要从180余页、30万余元的征信录中再统计各公司行号和商人个人的月捐确数及所占百分比几乎是不可能的，除了量大之外，主要是总额之中有60000元是上海市商会、总工会、律师公会、会计师公会主办的救济东北难民游艺会捐拨（下文将专门论述），并有13500元是生活周刊社经募，有10500元属上海市临时救济会拨款，有8000元是东北难民演剧助赈处捐款，总计占了26.53％，要弄清这其中来自商界捐款的比例是困难的。另外，一些以堂号或"无名氏"等的月捐，也很难确定其"主人"的身份。即使真姓实名的捐户，其数量之多，也很难查实商人身份。但商界是月捐的重要来源或主要来源，应该是没有问题的。

月捐运动进入最后一个月，3月31日，上海市商会第32次执监委员会常务会议议决专门设立"筹募援助东北捐款办事处"，以商会常委骆清华为办事处主任，并推定若干银行、钱庄为收款处，同时发表宣言。宣言写道："自东北沦陷，义军喋血苦斗于绝塞，本会爰有联络各界组织东北难民救济会之举。兹据丝光棉织业等七十余公会之声请，以此项月捐，实际输将，商界居其多数。为正名定分，唤起商界之自觉心与责任心起见，正宜专责进行，一空依傍，庶副当仁不让之古训，而收顽廉懦立之实效，拟恳本会另组上海市商会筹募救国捐委员会等语前来。爰经执监联席会议，交由第三十二次常务会议议决，根据各业声请，发表宣言，并于本会设立上海市商会筹募援救东北捐款办事处，推骆委员清华为办事处主任，指定中国、盐业、绸业三银行，同春、恒巽两钱庄，四明储蓄会暨本会财务科为收款处。自此之后，责有专属，事无旁贷，凡我商人，更宜节衣缩食，匡维国难，勉为各界之先驱。"①

显然，上海市商会及下属各同业公会是因为月捐多出自商界而要"正名定分"，在东北难民救济会之外再成立商会筹募援救东北捐款办事处，以"专责进行"。

上海市商会系统既已专门自设援助东北的捐款机关，自然会影响对东北难民救济会最后一个月的月捐。但即便如此，笔者粗略统计，第六个月的月捐中商界占比仍达80%以上。下面是该月月捐中捐款100元以上的清单（该月月捐从1933年3月26日始至4月26日止）：计上海金业交易所4、5、6月月捐3000元，上海市豆米行同业公会2000元，上海各慈善团体赈济东北难民联合会拨助善款1000元，生活周刊杂志社经募700元，上海市医师公会500元，上海锡铜业同业公会385元，恒丰纺织新局二厂工人360.7元，中棉郑记同人223元，恒丰纺织新局三厂工人207.3元，阜丰新厂207.1元，浙江兴业银行、

上海银行、华商证券交易所同人、壁聚公司同人、中国银行、交通银行各 200 元计 1200 元；恒丰纺织新局一厂工人 190.3 元，闸口机厂员工 159 元，中国垦业银行 150 元，福新八厂 142 元，恒丰纺织新局总理处职员工人 139.5 元，上北车房员工 120.8 元，元隆茶栈 120 元，福新二厂 118.3 元，福新七厂 118.3 元，理查同人 116.7 元，大冶厂采矿股 113 元，柴炭业公会 112 元，恒丰纺织新局布厂工人 111.7 元，香港国民银行、中南银行、大陆银行、四明银行、通和银行、中国实业银行、国华银行、国华银行同人、盐业银行、义源盛恒记毛绒号、孙竺女士、中法工商银行账房间、中国通商银行、中孚银行、新华银行、金城银行、牛羊生皮业公会各 100 元，计 1700 元。① 总计百元以上捐户捐款 11664.7 元，占该月总数 21378.21 元的 54.58％，其中可以确定的工商同业公会、工矿企业商号（不包括企业商号职员工人）捐款 9882.4 元，占百元以上捐户捐款总额的 84.72％。这还不包括上海各慈善团体赈济东北难民联合会拨助款 1000 元和生活周刊杂志社经募 700 元中可能有的来自工厂企业商号和商人个人的捐款。

除了月捐运动作为主要的筹款方式，东北难民救济会还发起游艺大会筹款。月捐运动开展近月后，上海市商会为扩大爱国救难宣传、进一步推进月捐运动，上海市商会、上海市总工会、律师公会、会计师公会共同发起救济东北难民游艺大会（以下也称游艺大会），推定王晓籁为会长，杜月笙、史量才、虞洽卿为副会长，并推王延松、林康侯、黄金荣、穆藕初、闻兰亭、秦润卿、袁履登、张啸林、金廷荪、徐永祚、潘序伦、方椒伯等 20 余人为理事。预定自 12 月 15 日始（后改为 18 日），在新世界举行救济东北难民游艺大会，由全上海所有职业的、非职业的艺术团（人士）进行平剧、话剧、歌舞、音乐、电影、运动、国术杂耍、名花、舞星等各种游艺活动，门券 1 元，由上海市童子军挨户劝购。② 11 月 27 日，在《申报》刊出了《游艺救国总动员》第 1 号公告，发表救济东北难民游艺大会宣言。宣言指出：无衣无食，忍饿耐寒，是难民最苦的景况。现在东北难民不但无衣无食，忍饿耐寒，还须为大义所迫，驰驱于冰天雪地中，凭民族自觉的

---

① 上海东北难民救济会编：《上海东北难民救济会月捐运动收支报告书》，第 164—166 页，1933 年 8 月。

② 《救济东北难民之热烈》，《申报》1932 年 11 月 27 日第 14 版。

原则,持弹药不足的枪械,与国际强盗为自卫救国作浴血扑斗。这些不畏强敌视死如归的赴义难民,是中华民族的元气,早与以钱,多与以钱,即可立时多增这元气的力量!我们发起救济东北难民游艺大会,就是抱三户亡秦的决心,做揭竿而起的尝试,为援助东北难民的月捐运动作先锋。宣言号召上海的艺术界,不论是团体还是个人,不论是职业的还是非职业的,都来为救济东北难民游艺大会尽义务——表演;上海的同胞们,不论男女老幼,都来为救济东北难民游艺大会捧场——购券。这不是普通游艺会,是游艺救国的总动员,请大家都来参加这游艺救国总动员![①] 11 月 29 日刊出的《游艺救国总动员》进一步明确指出:九一八以后,我们常听到一个很普遍的呼声——全国总动员。可是直到现在,我们还没有看见全国总动员的事实。所谓全国总动员,应当全国上下一致奔到最前线去,至少要使每个人的精神到了最前线。我们这次举行救济东北难民游艺大会,就是要团聚全上海人的精神,到最前线去。如果你参加了义务表演,你的精神便到了最前线;你如果拿出了一元券资,你的精神便到了最前线;如果你认定了每月月捐,你的精神始终在最前线![②] 12 月 1 日,游艺大会发出了《一元救国预备令》,号召上海各界民众积极购买游艺券,为东北赴义难民筹款,接受爱国救难的宣传。预备令中写道:"我们举行救济东北难民游艺大会的目的,并不是用'请各界享受娱乐的方法'来为东北赴义难民筹款,是用'为东北赴义难民筹款的方法'来发挥游艺救国的精神。"是用游艺救国总动员的方法,将全上海所有职业的非职业的游艺艺人聚在一起,来聚集上海各方面的群众,使他们能在观赏游艺方面,得到爱国救难有力的感想,在观赏布置方面,得到爱国救难沉痛的感想。"我们不是请各界来享受娱乐,是请各界来凭吊将亡的东北,凭吊为国家争生存、为民族生存、为世界人类争生存的将死的赴义难民!"[③]

可见,上海市商会等发起救济东北难民游艺会的根本目的是要通过游艺筹款的方法,宣传爱国救难思想,唤醒国民民族意识,激发民众爱国热情,从而号召民众参与东北难民救济,投身抗日运动。从游艺大会刊载于上海各大报

---

① 《游艺救国总动员公告第一号》,《申报》1932 年 11 月 27 日第 7 版。
② 《到最前线去》,《申报》1932 年 11 月 29 日第 1 版。
③ 《一元救国预备令》,《申报》1932 年 12 月 1 日第 1 版。

图 8-2　上海市商会筹募救援东北难民广告"集中商界救国力量"

的《游艺救国总动员》《制止人祸》《到最前线去》《集中商界救国力量》等大幅宣传广告看,每一广告都贯穿这一主旨,激荡着爱国救难情怀。为达此目的,游艺大会对新世界游艺场地作了精心设计、布置。该会请著名画家张聿光主持、画家江小鹣和孙雪泥等协助设置了"东北小画院",内有破碎的东北地图、关外呼声、马占山血战江桥等宣传画;另请美术家刘海粟设计了大学、中学、职校、小学和个人等各种画园,由美术专门学校教务主任张辰伯及教授宋邦干、黄寄之、徐韬、沈逸千等和该校高材生绘制各种宣传画、石膏塑像,"观之触目惊心,足以发人猛省"。

　　救济东北难民游艺会于 11 月 27 日刊出《游艺救国总动员》首号通告时,也公告了《参加游艺救国总动员办法》,规定:"(一)参加表演办法。凡艺术界之个人或团体,衡之救国救民之责任,俱有参加此次总动员之义务。参加者不论为职业或非职业者,一律欢迎。现本会设总办事处于三马路石路绸业大楼五楼上海商社内，设分办事处于西藏路新世界内。凡参加者，请将游艺各类参加人数以及担任表演日数与时间向上开办事处登记。（二）参加购券办法。凡本市之住宅商号或工厂衡之救国救民之责任，俱有参加此次总动员之义务。兹本会规定以每户购券一张为最低额之义务。券价每张一元，定期由童子军分区分户推销，如蒙热心多购，尤所欢迎。（三）爱国心理测验。本会为测验上海市民爱国心理起见，特在此刊登爱国心理测验券。凡各界仕女愿立时表示其爱国之热忱者，请将姓名、住址及愿购之券数填就，剪寄上海市商会，由该会在大会开幕前，委托中国递送公司派遣穿有黄色制服人员，送券收款。惟在童子军前来销券时，仍需购买一张，此为本会对于爱国心理第一次之测验，务祈一致注意，共同发挥总动员之精神。"①1932 年 12 月 1 日，上海市商会通函各同业公会，自即日起分派童子军推销救国券，希各公会紧急知照所属会员尽力

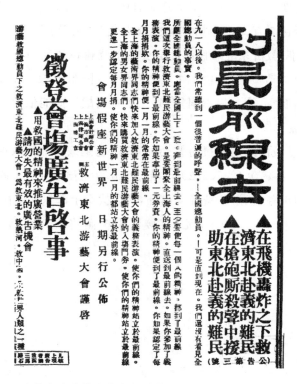

图 8-3　上海市商会等主办的救济东北游艺大会广告"到最前线去"

①　《参加游艺救国总动员办法》，《申报》1932 年 11 月 27 日第 7 版。

购买,以为救济东省难民作助力。当日,132 名童子军 3 人一组分成 44 组,持游艺大会销券公函,分段出发向各商店挨户劝购,取得超过额定的成绩。①

12 月底,上海市商会等为扩大爱国救难宣传,进一步扩大游艺筹款和月捐运动成效,制定了免费参观游艺场宣传品办法,从 1933 年 1 月 4 日至 8 日,只要凭 12 月 31 日前大洋壹角以上的月捐收据,或 1933 年元旦后愿每月月捐二角以上先付壹角的,或工厂行号、学校、工团 50 人以上向游艺大会备函参观的,都可以免费参观新世界游艺场各爱国救难宣传场所,包括"沉痛的美专图画"、"破碎的东北地图"、"壁上的关外呼声"、"悲残的江桥战迹"、"痛心的闸北模型"、"悲壮的石膏塑像"、"可行的救国计划"各部分。②

救济东北难民游艺会卓有成效的爱国救难总动员,"震动莅会者之心",激励了民众的爱国救难热情,游艺会原定会期 15 天,"因观众拥挤",为谋普遍救国宣传起见,延期 7 天至 1933 年 1 月 8 日闭会。1 月 8 日晚在新世界举行的闭幕会,与会者达 2 万人,"会场充满救国空气"。市商会主席、上海东北难民救济会主席理事、救济东北难民游艺会会长王晓籁在致辞中说:此次举行游艺大会,实为救国总动员。现在山海关又告失陷,国难方殷,"我们应一致来救国,第一须提倡航空,第二提倡国货,第三废止内战! 如能依此三项努力做去,则不怕日本横暴"。③

救国动员是救济东北难民游艺会的宗旨,也是该会筹款取得成效的主因。22 天的游艺会,共筹款 124705.29 元,超过 10 万元预定计划。除去场租费、宣传广告费、各项事务费、游艺费等支出外,该会拨交上海东北难民救济会 60000万元,慰劳抗日将士 15349.96 元,直接汇朱庆澜将军 5000 元、方振武将军2000 元。④

---

① 《救济东北难民游艺会昨日销券之成绩》,《申报》1932 年 12 月 2 日第 10 版。
② 《扩大宣传月捐运动之救济东北难民游艺会》,《申报》1932 年 12 月 30 日第 12 版。
③ 《救济难民游艺会成绩圆满闭幕》,《申报》1933 年 1 月 9 日第 12 版。
④ 《救济东北难民游艺会公布收支报告》,《申报》1933 年 7 月 26 日第 2 版。

三、上海商界与各慈善团体赈济东北难民联合会

上海各慈善团体对于全国各地的灾荒赈济无役不从，对这次九一八事变后接连不断的人祸天灾，又奋起救济。他们不但救济流亡关内的难民、撤入关内的抗日将士，而且救济关外依旧受日寇奴役的难民。

鉴于"东北同胞自九一八事变发生横被暴力蹂躏后，……遭遇之惨，非可言喻。现失护持，又无援救，而吉黑两省，又大水为灾"，上海各慈善团体认为应该成立联合救济组织，以便统一救济东北难民事宜，发动上海各界人士开展大规模救济活动。① 1932 年 8 月 23 日，中国红十字会、华洋义赈会、中国济生会、世界红卍会、辛未救济会、中国道德总会、联义善会、惠生慈善社、普善山庄 9 个上海"最有历史、历年赈济各省灾荒成绩卓著"的慈善团体在上海市商会召开大会，宣告经两次筹备大会后的上海各慈善团体赈济东北难民联合会成立。著名商人、慈善领袖王一亭任会议主席，报告大会发起宗旨，会议通过宣言和简章。联合会宣言指出，"自去岁九一八事变以还，将及一载，据新自东北来者言，佥谓同胞遭遇之惨，非复人境，穷无所归，苦无可告，既失护持，又无援救，无人无日不宛转哀号于危难创痛之中。况昊天不吊，吉黑两省，近复大水为灾，哀我同胞，何以堪此？鸣呼，惨矣！故在今日若不披发缨冠而往救之，可谓人非其人，国非其国，救灾恤难，义更何辞？此同人等上海各慈善团体联合筹办东北难民赈济会之所由设也"。因东北地广灾深，宣言号召"海内外父老兄弟诸姑姐妹，念救国必先救民，爱群即以爱己，慨解仁囊，共襄善举"。联合会简章规定：该会"以赈济东北被难同胞为宗旨"；设董事长 1 人，副董事长 2 人，常务董事 15 人，财务董事 7 人，由董事互推之，董事长、副董事长、常务董事组织常务董事会，处理会务，并执行各种会议议决案，财务董事保管赈款赈品，并监督收支；该会设执行、筹募、审核 3 组，各组置主任 1 人，副主任 1—2 人，于常务董事或董事中公推之；该会以云南路仁济善堂为会址。会议推定史量才、

赵晋卿、闻兰亭、王晓籁、黄涵之、屈文六、郑洪年 7 人为提名委员。①

成立大会后,提名委员会公推许世英、王一亭、熊希龄、王正廷、王晓籁、孔祥熙、朱庆澜、杜月笙、史量才、闻兰亭、赵晋卿等 79 人为董事,李云书、徐永祚、盖一涵、黄金荣等 14 人为监察。随后的董监事联席会议,依据章程推定了董事长、副董事长和常务、财务董事(见表 8-4)。

表 8-4　上海各慈善团体赈济东北难民联合会职员情况

序号	姓名	会中任职	主要社会身份
1	许世英	董事长	国民政府赈务委员会委员长
2	熊希龄	副董事长	前国务总理,慈善家
3	王一亭	副董事长	上海面粉交易所理事长、华商电气公司董事长、国民政府赈务委员会常委
4	孔祥熙	常务董事	国民政府财政部长
5	杜月笙	常务董事	法商总会主席、中汇银行董事长、上海市商会监察委员、法租界纳税华人会主席、法租界公董局董事
6	郑洪年	常务董事、筹募组副主任	前国民政府秘书长,暨南大学校长
7	樊光	常驻常务董事、审核组副主任	前外交部总务司长、代理常务次长
8	张兰坪	常驻常务董事	颜料巨商,瑞康颜料号经理、中华劝工银行董事
9	翁寅初	常务董事	翁寅记洋布号主、沪南联义善会总董
10	郭顺	常务董事	永安纺织公司董事兼总经理、纬通合记纺织公司董事长、华商纱厂联合会执行委员
11	王正廷	常务董事、筹募组主任	前外交部长、外交委员会常务委员,中国红十字会副会长
12	张啸林	常务董事	长城唱片公司董事长兼总经理、霖记木行总经理、招商局理事、法租界公董局董事
13	陈其采	常驻常务董事、审核组主任	浙江建业银行董事长、上海湖社委员长

———————

① 《上海各慈善团体赈济东北难民联合会昨开成立会》,《申报》1932 年 8 月 24 日第 13 版。

续表

序号	姓名	会中任职	主要社会身份
14	林康侯	常务董事	全国商会联合会主席委员、上海银行公会秘书长、中央银行监事、上海公共租界工部局华董
15	黄庆澜	常驻常务董事	前上海公益局长、中国济生会副委员长
16	顾吉生	常驻常务董事	丽明机织印染公司董事、箔业公会执委、嘉定银行副董事长
17	席云生	常务董事	杨庆和发记银楼总理、大同行银楼公所总董
18	闻兰亭	常驻常务董事	纱业公所董事、上海证券物品交易所理事、上海市商会执行委员
19	屈映光	常驻常务董事、执行组主任	佛教居士,沪南公共汽车公司董事长、辛未救济会常务董事
20	赵锡恩	常务董事	前上海市商会主席委员、实业部次长,浦东电气公司董事
21	王晓籁	常务董事	上海市商会常务执行委员、主席、中央造币厂副厂长、上海公共租界纳税华人会主席
22	朱吟江	常务董事	前上海县商会主席、木业公会主席、久记木行总理、嘉定银行董事长、通和银行董事长
23	冯仰山	常驻常务董事	曾任亨利银行经理,国民政府赈灾委员、赈务委员会办赈专员
24	黄伯度	常驻常务董事、执行组副主任	曾任国民政府高级副官,赈务委员会秘书长
25	张公权	财务董事	中国银行常务董事、总经理
26	胡孟嘉	财务董事	交通银行总经理兼上海分行经理、上海银行公会常务委员
27	吴蕴斋	常驻财务董事	金城银行上海分行经理、上海银行公会常务委员、太平水火保险公司常务董事、公共租界工部局华委
28	秦润卿	常驻财务董事	上海福源钱庄经理、钱业公会主席、中国垦业银行董事长兼总经理、交通银行董事、中央银行监事
29	胡楚卿	财务董事	上海鼎盛钱庄经理

续表

序号	姓名	会中任职	主要社会身份
30	王延松	常驻财务董事	上海大新绸缎局主、上海绸业银行董事长兼总经理、上海市商会常务执行委员

说明:1.名单据《上海各慈善团体赈济东北难民联合会宣言》,《申报》1932年9月11日第6版。《上海各慈善团体赈济东北难民联合会工作报告书》(1933年印)"本会董事监察题名录"中,所载常务董事除上述人员外,尚有王培元、李子载、钱境平、郭景春、姜佐周5人。1933年2月的《上海各慈善团体赈济东北难民联合会为常董屈文六自东北放赈回报惨状吁募赈款再往救济启事》(《申报》1933年2月21日第2版)所载常务董事,与该会工作报告书相同,估计这5名常务董事是后续增加的。

2.表中人员身份,系该会成立时主要身份。有的曾任职务比较重要,也予以标注,其中离职时间较长的用"曾任"表示,卸任不久的用"前"表示。

3.表中人员的身份主要根据以下资料确认:上海市工商业联合会等编《上海总商会组织史资料》(上、下),上海古籍出版社2004年版;海上名人传编辑部《海上名人传》,上海文明书局1930年版;上海通志馆编《上海市年鉴》,1935年,"名人录";中国征信所:《上海工商人名录》,1936年;陶水木著《浙江商帮与上海经济近代化研究》,上海三联书店2000年版;陶水木编著《近代浙商名人录》,浙江人民出版社2005年版;以及《申报》《新闻报》《时报》《上海商报》等各相关年份资料。

从表中可以看出,赈济东北难民联合会正副董事长、常务董事、财务董事的身份主要是商界和政界人士,政界人士包括时任国民政府赈委会委员长、财政部长、国立暨南大学校长及前国务总理、外交部长等,共9人,占30%;商界人士19人,占63.3%;还有像屈映光、黄涵之原有身份以从政为主,但当时他们给公众的形象是职业慈善家。政界人士中,像孔祥熙属于"工作需要"而挂名常董,实际上并没有参与组织赈务工作,从该会会议记录看,也没有参加过常会或临时会议、联席会议。该会董事长许世英因要主持赈委会本职工作,也难以尽其董事长全职,连该会常会、临时会议也常有缺席。副董事长熊希龄虽然尽力于东北难民救济,但常驻北京主持该会驻平津办事处工作,并没有参与主持该会常务工作,而且该会驻京办的救济工作,包括办事章程、查放办法等都由上海常董会议决。[①]

---

① 该会第二次常会议决设立驻平津办事处,公推熊希龄主持,"所有办事章程及经收散放赈款赈品办法,由本会常董会拟定函达"。《上海各慈善团体赈济东北难民联合会征信录》,1933年10月,第33页。

所以,整个东北难民会的工作主要是在副董事长王一亭的组织、主持及该会常驻常务董事、常驻财务董事的协助下进行的。王一亭长期在上海从事慈善事业,当时任上海慈善团体联合会委员长,是公认的慈善领袖。各慈善团体救济东北难民联合会由中国红十字会、华洋义赈会、中国济生会、世界红卍字会、辛未救济会、中国道德总会、联义善会、惠生慈善社、普善山庄9团体联合发起成立,而王一亭时任中国红十字会常议会议长、中国济生会会长、联益善会会长、普山庄总董、辛未救济会副董事长、华洋义赈会董事、中国道德总会发起人。可以说,正因为王一亭在这些慈善机构中均担任重要职务,才有这些慈善机关联合成立东北难民救济会之举。该会以王一亭任总董的沪上著名慈善机构仁济善堂为会址,也反映了王一亭在该会的地位和作用。

赈济东北难民联合会成立后,积极进行筹募、查放各项事务,而以筹募款物为当务之急。

(一)筹募工作

为广泛、有效筹募赈款赈品,赈济东北难民联合会讨论议决了多项办法,包括:向国内各机关团体及个人募捐;向旅外各地侨胞团体及个人募捐;委托上海本埠及平津各银行、钱庄暨各慈善团体附设该会捐款代收处;在上海本埠及平津各报登载广告,征集赈款赈品;举行慈善大香槟赛马助赈;举行无线电广播,敦劝听众捐赠助赈;商劝上海各业商号举行营业提成助赈;举行慈善球赛助赈;陈列捐筒募捐。[①] 但筹募有时,而灾(难)民救济急如星火,所以在9月25日王一亭主持召开的第4次常会上,一致议决先由发起9善团筹垫15万元(即中国红十字会、华洋义赈会各3万元,红卍字会、辛未救济会、中国济生会各2万元,中国道德总会、联益善会各1万元,惠生慈善社、普善山庄各5000元),主要用于哈尔滨购置棉衣。[②]

向国内机关团体、个人及旅外侨胞团体、个人募捐募物,主要通过不断刊

---

① 《上海各慈善团体赈济东北难民联合会工作报告书》,《上海各慈善团体赈济东北难民联合会征信录》,1933年10月,第3页。

② 《东北四省灾民请赈代表来沪,各善团筹措巨款先行制办棉衣》,《申报》1932年9月28日第9版;《上海各慈善团体赈济东北难民联合会征信录》"会议记录",1933年10月,第35页。

发相关启事、广泛宣传、发放捐册等方法进行。为此,东北难民会连续在《申报》等沪上各大报刊发该会《宣言》《征求冬衣裤启事》《为吉黑水灾惨重筹募急赈启事》《为常董屈文六自东北放赈回报惨状亟募赈款再往救济启事》等等,号召海内外善士,"念救国必先救民,爱群即以爱己,慨解仁囊,共襄善举",并在平津各报征求赈款赈品,又假上海青年会专门召开招待上海中外各新闻记者会,报告东北灾荒及该会成立缘起、宗旨和工作进展,以扩大宣传,并请新闻界鼎力宣传、代为劝募。参加赈济东北难民联合会的各慈善团体,也不断单独刊发启事,征募款物。此外,该会还时常专函相关团体个人,请筹募赈款赈品。如《函上海市面粉公会请代为向同业劝募面粉文》《函国外各侨胞请迅募赈款文》等等。

慈善大香槟赛马助赈主要由该会常董、中国赛马会总董张啸林、杜月笙主持。1932 年 9 月 14 日该会第二次常会议决援照 1931 年各省水灾急赈会成例,在江湾跑马场举行"慈善香槟赛马比赛",请张、杜主持其事。该会连续刊发《上海各慈善团体赈济东北难民联合会为江湾慈善赛马敬请中外慈善士女购券助赈》,公告于 10 月 19 日、26 日在江湾跑马场举行慈善赛马,将所得纯益悉数赈济东北灾难同胞,希望各界踊跃赞助。① 总计两天赛马筹得赈款 21000 余元。

无线电广播敦劝听众捐赠助赈也获得可观的成效。赈济东北难民会的筹赈活动获得上海华商广播电台的支持,上海最早的私营无线广播台创办人苏祖圭、苏祖国联合全上海华商广播电台举行慈善广播特别节目,许世英、屈映光等都利用无线电播音劝募,全沪华商广播电台及各电台职员暨演讲、音乐、歌唱、平剧等明星,昆曲、弹词、滑稽、苏滩、申曲等名家,都热心劝募,联合播音,上海的各界听众,缩衣节食,踊跃捐助。② 从 1933 年 2 月 26 日慈善播音开始到 4 月 28 日结束,获得赈款 73000 余元。③

公司行号营业提成助赈是上海筹赈的固有、重要方式。赈济东北难民会成立并公布筹募办法后,上海机制国货工厂联合会常委、三星棉铁厂张子廉即

---

① 《申报》1932 年 10 月 19 日第 9 版。
② 《许世英向无线电听众敬谢》,《申报》1933 年 5 月 1 日第 13、14 版。
③ 《上海各慈善团体赈济东北难民联合会征信录》,1933 年 10 月,第 4 页。

函至该会,告知三星棉铁厂自 1932 年 9 月 19 日至 22 日 5 天营业收入暨当月全体职工薪资提成助赈。赈济东北难民会随即刊发启事,吁请各公司商号仿照三星棉铁厂办法营业提成助赈。① 于是,上海各公司行号营业提成助赈风起云涌。先施、永安、新新三大百货公司都从 10 月 12 日至 15 日以 4 天营业提成的 5‰助赈,计永安助赈 5403.48 元,先施助赈 3300.78 元,新新助赈 2175元,②上海面粉交易所以营业额的 15‰助赈,以 6 个月为限。③ 上海国货公司、冠生园饮食部、福安公司、二天堂药房、新雅酒楼、亚商公司、双龙茶店、北新书局等商号先后举行营业提成助赈。各公司行号营业助赈计 15000 余元。④

赈济东北难民会还通过举行慈善球赛、慈善义演等方法筹赈。东华体育会举办慈善足球赛筹赈款 4000 元,中华全国体育协进会举行慈善球赛筹得善款 600 元。该会常务董事杜月笙、张啸林联系梅兰芳等著名演艺界人士,举行义演 2 天,以所得券资助赈。由王一亭任总董的著名善团普善山庄也请上海乐善社,并得到三星舞台主赵如泉等支持,假上海三星舞台于 10 月 21 日日夜演剧助赈,"所得券资,悉数救济东北难民"。⑤ 该会还广设捐筒于各报馆、各游艺场所、各大旅社、各大商场、商店及庙宇等,以便民众自由捐助。

通过各种筹募方法,积极进行。赈济东北难民会筹得赈款 382600 余元,赈品、赈药如衣被、鞋袜、粮食、药品等项仅细目就不下数十种。

(二)施赈工作

鉴于东北难民流入关内主要麇集于平津地区,另外,要救济东北境内难民,上海因路途遥远等原因,关于赈品之运输、赈款之汇兑等也有诸多不便。所以,赈济东北难民会一成立,即于 1932 年 9 月在北平、天津分别成立办事处,具体办理东北难民救济事宜,由该会副董事长熊希龄专驻北平筹办出关查

---

① 《上海各慈善团体赈济东北难民联合会谨代吉黑被水灾胞吁请各公司商号仿照三星棉铁厂办法营业提成助赈》,《申报》1932 年 9 月 29 日第 6 版。

② 《上海各慈善团体赈济东北难民联合会鸣谢永安先施新新三大公司营业提成助赈》,《申报》1932 年 10 月 26 日第 6 版。

③ 《东北难民会寄运棉衣》,《申报》1932 年 11 月 2 日第 15 版。

④ 《上海各慈善团体赈济东北难民联合会征信录》,1933 年 10 月,第 4 页。

⑤ 《三星日夜演剧》,《申报》1932 年 10 月 13 日第 13 版。

放各事务,10 月初又加派常务董事屈映光、冯仰山、王培元等先后赴平,会同熊希龄办理一切赈济事项。由于赈济孔亟,而捐款需时,赈济东北难民联合会第 4 次常委会议议决由发起该会的 9 个慈善团体先行筹垫 150000 元作为吉黑两省水灾难民急赈专款,派冯仰山等人出关查放。

1932 年 11 月初,冯仰山等人经长春至哈尔滨,但赈济工作因受到日伪的阻碍,除了哈尔滨外,其他各地均不允前往,于是只得委托当地人士组织的慈善团体代为施放。计拨哈尔滨水灾善后复兴委员会哈币 5000 元;水灾临时义赈会哈币 7500 元;水灾协济会哈币 6000 元;滨江地方慈善会水灾急赈会哈币 3000 元;世界慈善会联合总会哈币 2000 元;黑龙江喇嘛甸子孤儿教养所哈币 3000 元;哈尔滨古香屯粥厂哈币 2000 元;黑龙江水灾急赈会哈币 6000 元;呼伦水灾临时急赈会哈币 2000 元;哈尔滨白俄粥厂哈币 1000 元;此外又购制棉衣 10000 套分拨转放,以资救济。综计此次用款共计国币 60000 余元。[1]

由于九一八事变后,东北难民主要集中在平津地区,加之 1933 年年初日军侵占山海关、热河,逃往北平避难的东北难民愈以增多。为此,赈济东北难民会在北平先后设立粥厂 5 所,以救济东北被难至平灾胞。从 1932 年 11 月中旬粥厂开办,至 1933 年 3 月 31 日止,仅 4 个半月,先后在各厂就食的难民达 1055972 人,总计用食米 2099 石 4 斗 2 升,耗用燃煤 75 吨 320 斤,[2]为维持东北流亡北平难民最低生计起了重要作用。

1933 年初,日本侵占山海关、继侵略热河后,大批难民纷纷逃往秦皇岛、唐山、滦州等地,"难民皆穴地搭楷为窝铺,地质盐卤,热火不然,冰冻地裂,男女老弱,皆互抱取暖,然实无暖,夜深风劲,动辄丧生"。[3]赈济东北难民会推屈映光前往主持查放,屈氏在开鲁、朝阳、山海关、秦皇岛等地,先后借用庙宇或公共场所设立数十处难民收容所,并临时搭盖栅舍数百间,以收栖难民。为保障该会各收容所、临时栅舍难民食粮,以及平津地区其他慈善救济团体所设收容所难民的食粮供应,该会先后派员分赴绥远、大同等地购运赈粮 4854 包。为

---

① 《上海各慈善团体赈济东北难民联合会征信录》,1933 年 10 月,第 6—7 页。
② 《上海各慈善团体赈济东北难民联合会征信录》,1933 年 10 月,第 7—8 页。
③ 《屈文六报告东北灾赈情形》,《申报》1933 年 2 月 6 日第 11 版。

便利运输难民起见,该会特购备大卡车6辆,拨驻北平地区的第29军代为输送。[①] 1933年1月,该会还假开滦矿务局全检矿区房屋,设立难民收容所,聘请英国人齐尔顿、罗旭超为赈济东北难民会驻秦皇岛正、副干事长,办理急赈各事务。这次秦皇岛、唐山一带难民赈济用款7000余元,并施放大量棉衣、毛毯、鞋帽。由于战区各地流行疫病,难民死者甚众,该会因而在战区施放药品数十种,共计80000余件,一面由该会查放人员随时施放,一面转寄各当地慈善救济团体代发灾患难民。[②]

(三)接济、资遣被难至沪的东北义勇军官兵眷属

1933年3月至1934年7月,东北义勇军王德林、苏炳文、李杜等部各将士及眷属取道苏联回国,先后抵沪,赈济东北难民联合会认为各将领为民族争生存而英勇抗日,建有丰功伟烈,对将士及眷属给予热情接济。

1933年3月,东北抗日义勇军将领王德林部及眷属158人抵达上海,赈济东北难民联合会随即派员前往料理。最初联合会将其安置于上海沪海大旅社,后因人数众多、开销浩大,维持困难,经联合会在上海市巨籁达路、蒲石路租赁4处房屋,其中2处作为招待该部之所,另2处一为学校,一为工场。工场分缝纫、刺绣两个部分,各聘教师及管理员教养兼施,衣着之费均由赈济东北难民会按名制发,还特别注意卫生,对每人注射防疫药针及布种牛痘,并聘请医师每日珍视伤病患者。综计招待之费月需1400余元,经各有关团体召开联席会议议决,由各团体分担,其中赈济东北难民会每月负担500元。但实际上其他团体缴款多寡不一、持续不一,后续经费缺口悉数由赈济东北难民会负担。至1934年6月,王德林部及眷属已悉数离沪,联合会以大口每人60元、小口每人30元标准资送其回乡谋生。累计该会对王德林部的救济前后达一年零四个月之久。[③]

东北义勇军将领苏炳文的部队及眷属79人于1933年5月抵达上海,赈济东北难民联合会随即选派会员会同上海市公安局相关职员前往照料,先暂

---

① 《上海各慈善团体赈济东北难民联合会征信录》,1933年10月,第6页。

② 《上海各慈善团体赈济东北难民联合会征信录》,1933年10月,第12页。

③ 《上海各慈善团体赈济东北难民联合会征信录》,1933年10月,第12—13页。

住东方旅馆,后移驻难民会租赁的巨籁达路采寿里 25 号招待所,所需经费供给悉由联合会承担。至 7 月初,苏炳文及各将士眷属先后离沪,联合会按照与王德林部同等川资待遇分别发放经费资送。另有义勇军李杜部眷属共计 40 余人、马占山部眷属 3 人也于 1933 年 5 月抵沪,赈济东北难民联合会于上海巨籁达路采寿里 17 号设立招待所,其经费给养皆由联合会负担。当年 9 月,李杜部眷属也先后离沪。1934 年 7 月,马占山部眷属 3 人会同王德林部眷属一同离沪,所发遣送费皆与王部相同。此外,还有东北义勇军残废士兵 30 余人,由北平来到上海请求救济,联合会成员以该兵士均系为民族争生存而致伤残,给予悉心照料,先拨 400 元为给养之资,旋复拨发旅费 200 元资送遣散。

总之,主要由上海商界组织、主持的上海各慈善团体赈济东北难民联合会,本着"民为邦本,救国必先救民"宗旨,[①]积极筹款筹物,通过委派富有经验的办赈人员,或通过委托当地慈善团体、战区军事官长等各种方式,救济九一八事变后因人祸天灾被难的各类难民、义民,在救济流亡关内难民、日伪统治下的灾民和东北义勇军流沪将士及其眷属中发挥了极其重要的作用,使大批因天灾和战祸流离失所的难民、义勇军将士获得救助。这些救济活动不但有利于维护社会稳定和社会秩序,而且对于收服沦陷区民心、培育民族精神、增强抗战意识和力量都具有积极影响。

---

① 《上海各慈善团体赈济东北难民联合会征信录》,1933 年 10 月,第 14 页。

第九章 上海商界与全面抗战前期上海难民救济

一、严峻的上海难民问题

全面抗战爆发后，"华北方面天津、大沽、烟台、青岛各地外侨及我国民众，均纷纷南来避难"，[①]不少难民逃至上海，上海周边县市居民也因形势日益吃紧纷纷迁入上海。为此，上海市抗敌后援会曾致电江苏、浙江两省政府，要求他们劝止居民迁沪避难，"日来贵省沿京沪路、沪杭路密迩本市各县之居民，纷纷迁入本市，冀免战祸。惟是本市人口膨胀，本达极点，日来闸北居民多南徙至租界，住宅已成问题，若再以附近各县居民迁入，则粮食亦必发生恐慌"，请两省政府"转饬邻近本市之各县县政府，以有效办法，劝止居民向本市迁移，以重秩序而免流离"。[②] 由此可见，其时迁入上海避难者已为数甚多。

8月13日淞沪抗战爆发后，上海市民更是蜂拥涌向租界。有记载描述当天情形说："白渡桥上的人，拥挤得如钱塘江的怒潮，奔腾澎湃地在寻求出路。那时，地上婴儿的哭声，行走迟缓的老弱的男女被压在地下的呼救音，呼儿唤女的悲啼声——这一切的声音，震动天地，惨彻心脾。又因人心慌乱，亟望逃出战区，所以人如蜂拥，老人和小孩，便当作行人的肉垫，做了'冤魂'。难民为了要逃生，衣箱也抛了，被褥也丢了，满路尽是遗弃物，把宽阔的马路，弄得隘狭难走了。"[③]另有报道说：事变前一天，上海"形势突趋严重，难民纷纷由吴淞、

---

① 《满载华北难民发山轮今抵沪》，《申报》1937年8月5日第9版。

② 《抗敌后援会电请劝止邻县居民迁沪》，《申报》1937年8月7日第9版。

③ 朱作同、梅益等编：《上海一日》（第二辑），上海华美出版公司1938年版，第14—15页。

江湾、大场、闸北一带迁出,本市各救济机关各界各团体,奋起从事救济工作,负责彻夜办公"。"昨晨九时起至晚间止,由收容组派大卡车五辆,轮流前往载运难民二千余人,至云南路仁济堂集中,分批一一登记,随即先后遣送各处收容所暂时收容。全市预定收容所达二十余处"。① 有学者统计,仅 8 月 13 日当天,涌入租界的难民就有 6 万余人。直接暴露在炮火下的闸北、虹口、杨树浦、南市和近郊一带的居民避至租界总数在 20 万以上,各收容所顿患人满,后至者竟露宿街头。② 随着战事发展,难民数量也随之剧增,"连日自罗店至宝山、吴淞等处,我军与日寇激战之后,各地民众均纷纷逃避来沪,每日拥挤于六马路慈联会门前请求救济收容之难民,数以千计"。③ 9 月 13 日,仅宝山等地的难民来沪就有数千人之多。随着战区向江浙地区蔓延,江浙难民也大量涌入上海,最高峰时达 70 万人。④

难民涌入上海,首选具有独立统治体系、地位独特的租界,租界内的学校、游艺场、菜场、街头巷尾都成为难民麇集之地,租界人口因此急速膨胀,到 1937 年 9 月中旬,上海租界人口已增至 300 万人,⑤比 1936 年增长近 1 倍。⑥ 另据法租界 11 月调查,虽然此时已有大量难民被收容或被遣返,但界内衣食无靠而露宿街头者仍有 4.8 万。⑦ 当然也有大量难民聚集在租界地区边缘的码头、车站和铁路线附近,以及临近工厂区的棚户区,如药水弄棚户区、南姚棚户区、金家巷棚户区等,以便设法进入附近工厂谋生。当时上海最大的药水弄棚户区,因临近纺织厂、化工厂、机器厂等企业,大批难民避难至此。"由于从苏州河北岸以及虹口、杨树浦逃来的大批难民(包括原来的棚户和非棚户)迁入,

---

① 《时局严重声中救济工作突趋紧张》,《申报》1937 年 8 月 13 日第 10 版。
② 高红霞:《从〈申报〉看同乡组织在淞沪抗战中的难民救助》,载魏延秋选编:《当代学者论淞沪抗战》(中),上海科技文献出版社 2017 年版,第 429 页。
③ 《难民激增,慈联会国际会均增辟收客所》,《申报》1937 年 9 月 4 日第 5 版。
④ 高红霞:《从〈申报〉看同乡组织在淞沪抗战中的难民救助》,载魏延秋选编:《当代学者论淞沪抗战》(中),第 429 页。
⑤ 张景岳:《上海租界的人口与经济变迁》,《社会科学》2001 年第 6 期。
⑥ 1936 年上海租界人口,见邹依仁《旧上海人口变迁研究》,上海人民出版社 1980 年版,第 90—91 页。
⑦ 《字林西报泛论全市难民问题》,《申报》1937 年 11 月 21 日第 2 版。

原来剩下的一些空地马上就挤满了。抗战时期,这里的人口增至 10000 以上。"①至 11 月,上海各收容所收容失业而贫苦无告者仍有 12.6 万人,"此外尚有六十万人左右,仰给于慈善之亲友"。②

数十万难民涌入上海,给上海衣食住行带来巨大压力,也严重危及社会治安,难民砸店劫粮事件时有发生。8 月 16 日,新闸路梅白格路口乾泰昌烟纸店,发生一起其始凶殴、继之数百难民打砸事件,店面被捣毁一空。同一天,法租界奥礼和路安纳金路发生劫粮事件,时"有小车五辆(即羊角车),满装白米,每辆约计五担,由北往南,沿途难民见此,即上前盘诘有无发票? 送至何处? 如能指出方许放行,否则此项米石,必系济敌,因此遂被该难民蜂拥上前,将五辆(车)白米,完全抢夺而去"。③

二、商界的救济:以上海市难民救济协会为例

面对严峻的难民问题,上海租界当局、工商界、各慈善团体、同乡团体和其他社会组织纷纷召开紧急会议,设立专门机构救济难民,上海难民救济协会就是其中最重要团体之一。

上海难民救济协会成立于 1938 年 10 月 18 日,"以采取适宜方法在上海及其他各地筹募捐款,协助上海各救济难民团体及理事会认为合宜之其他方法,办理中国因战事遭难人民之救济与善后为宗旨"。协会选举中外人士虞洽卿、麦克诺登(工部局副总董)、徐寄顾、马歇尔(英商会会长)、凯雪克(怡和公司总经理)、卜雷德(美商会会长)、米恰尔(太古公司总经理)、唐南(法商会代理会长)、李铭、秦润卿、冯炳南、郭顺、吴蕴斋、奚玉书、江一平 15 人为理事。上述理事会成员中的中方人士,均为上海著名商人;西人除麦克诺登外,也均来自商界。成立大会时,该会垫款已达 30 万元,除了国民政府允拨 10 万元,工商各业或认定捐款,或已交捐款的有棉花业 4.5 万元,纱厂业 3 万元,教育

---

① 上海社会科学院经济研究所城市经济组编:《上海棚户区的变迁》,上海人民出版社 1962 年版,第 5 页。

② 《字林西报泛论全市难民问题》,《申报》1937 年 11 月 21 日第 2 版。

③ 《烟纸店及米店纷被捣毁》,《申报》1937 年 8 月 17 日第 6 版。

界节约救难捐 3 万元,轮船业 2 万元,报关业 2 万元,新药业 1.5 万元,黄金大戏院演剧筹款(黄金荣、金廷荪经手)2 万元,假大陆游泳池举行上海各界游艺筹款(乐耕葆经手)2 万元。[①] 可见,除了教育界的 3 万元,其余 17 万元均来自商界。

图 9-1 上海难民救济协会理事长
兼劝募委员会总主任虞洽卿

难民救济协会随后召开的两次理事会,建立、完善了组织机构,推举产生了各级负责人员。10 月 20 日的首次理事会,推举虞洽卿任理事长,麦克诺登、徐寄顾任副理事长,袁履登为秘书长,奚玉书为司库。[②] 10 月 26 日的第二次理事会,推举产生了下属各机构重要职员,即聘请张申之(甬商,上海鱼市场常务理事)、魏伯桢(甬商,中易信托公司、信中贸易公司董事)、方椒伯、刘世芳(刘世芳律师事务所主)为副秘书长,严谔声(上海《立报》馆总经理、上海市商会秘书)为主任秘书,张申之兼总务处长,刘世芳兼财务处长,魏伯桢兼善后处长,徐采丞(上海民生纱厂总经理、中华国产棉布市场公司董事)兼事务处长,严谔声兼宣传处长;会议还议决授权理事长组织劝募委员会,并推定虞洽卿兼委员会总主任,方椒伯、盛丕华(开美科药厂、红棉酒家董事长)为副主任。[③] 可见,该会理事长、副理事长(西人除外)、秘书长、副秘书长和各处处长均为商人。

理事长虞洽卿和秘书长袁履登驻会主持难民救济协会日常事务。难民救济协会的工作主要有以下几方面。

一是创设收容所收容难民。难民救济协会于 1939 年 1 月在惇信路创立

① 《上海难民救济协会开成立大会》,《申报》1938 年 10 月 19 日第 9 版。
② 《难民救济协会发表成立宣言,理事会昨开第一次会议》,《申报》1938 年 10 月 21 日第 9 版。
③ 《难民救济协会二次理事会记》,《申报》1938 年 10 月 28 日第 9 版。括号内的身份,系笔者根据《申报》等资料确认。

第一收容所，建筑经费达 8 万余元，其中协会拨款 2.5 万元，公共租界工部局辅助 2.5 万元，各方捐助 3 万余元，由宁波帮黄延芳规划建筑。所内共分 18 区，可容难民 1 万人。[①] 该收容所后经扩建，至 1940 年 2 月已实际收容难民 1.5 万余人。协会在该所筹备期即聘请该会事务委员会副处长蔡仁抱兼任收容所总管理处处长。[②] 在蔡氏的精心经管下，该收容所"成绩昭著"，舆论评其是沪上雨后春笋般涌现的收容所中"首屈一指、为各收容所之模范"者。[③] 难民救济协会后又拨款在延平路创设第二收容所，收容难民 5000 余人。[④]

图 9-2 惇信路第一难民收容所（大门）

---

① 《惇信路收容所宣告成立，虞洽卿等指示方针》，《申报》1939 年 1 月 24 日第 10 版。
② 《上海难民救济协会收容所之管理政策》，《申报》1939 年 3 月 18 日第 18 版。
③ 《蔡仁抱辞救难职务，当局挽留》，《申报》1939 年 5 月 5 日第 10 版。
④ 《学校汇讯》，《申报》1939 年 11 月 7 日第 7 版。

图 9-3　惇信路第一难民收容所(内部)

这里,笔者想引用该会第一收容所创办 2 个多月后,一名署名"春帆"者的参观随记,以了解该所创办初期情形。"这次我抽暇至该所访问一次,觉得第一所,不仅在名称的次序上称为第一,即从他的成绩上讲,也可以当第一而无愧。""此次当我驱车至惇信路第一所时,极目环顾,俨然一大村落,与平民村之式样,有同样气概,牌楼式之大门,耸立高空,为虞洽卿先生所题之'上海难民救济协会第一收容所'字样。门启处,为一广场,当中甬道,两旁有难民应接室、纠察室、总办公室、服务处、照相室,以及难民区房屋等分列左右。显得整齐清洁,庄严肃静,呼吸为之一畅。""直底处,为消防室,内停有救火车一辆,以保安全,该所设备周全可想见也。""设备情形,有难民十九区,收容难民有五千余人之多。计分第一区为职工区,系职工家属所居。第二区为妇女区,系妇女难民所居住者。第三—七区(又第十一、十四、十八)为家属区,系有家属之难民居住者。第八区为残废区,系残废难民居住者。第九区为单身儿童区,系无父无母儿童居住者。第十区为妇孺区,系无父无夫之妇孺居住者。第十、十三区为单身男子区,第十九区为游民区,系街头游民所居住者。""该所占地颇广,四周有竹墙,为谨慎起见,更围以铁丝网。而厕所、浴室设立颇多,取其方便。经我巡视区域,有服务处,发售难民日用物品;保管处,保管难民给养及物品;娱乐室,供给难民娱乐游戏。此外如厨房、老虎灶、洗衣间等,皆为足迹所经之地。""第一所教育分成人与儿童二种,是由陈鹤琴先生主持其事,当我走进儿童乐园时(即儿童学校),见许多学生正在操演,行列整齐,精神饱满,大家都很高兴。另一部份[分]幼稚儿童,正在上课。"①

二是创办难民医院,免费医治各收容所难民及无告贫民。难民救济协会鉴于上海难民收容所纷纷设立,而缺乏设备完善的医院为难民服务,于1939年春在西藏路创设第一医院,请名医江上峰博士担任院长,萧伯宜、许志义、孔杰及西籍医师虚斯登等各医师主持各科。医院内设内科、外科、小儿科、产妇科、眼耳口鼻喉科及花柳皮肤各科,拥有 X 光及电疗设备,其手术室及化验室各种设备,达到上海各大医院水平。② 这是完全为难民服务的医院,各收容所难民及无告贫民进院医治完全免费。为了培养护士,提高护理水平,医院还附设了护士学校。至1941年3月,该院治愈住院病人已达2万余人,门诊施药达30万号以上。③

三是难民教育、培训、职业介绍与生产等。难民救济协会理事长虞洽卿在该会第一收容所开办时说:该会的"目的在使难民少有教,老有养,中年者授以技术训练,俾各有所归,力能自给,庶不致因难民而成惰民"。④所以,该会救济难民"统筹收容给养以及教育生产诸事",在惇信路第一难民收容所创办有第一难童学校,并在所内设有工场。在延平路第二收容所创办有第二难童学校,由后成为著名儿童教育家的陈鹤琴等主持。

这里,笔者也引用时人参观第二难童学校所记,以观当时该校概况。"第二难童学校是上海难民救济协会所设立,是难胞学府中的俊俊者。校址是位

---

① 春帆:《惇信路第一收容所》,《申报》1939年4月17日第12版。
② 《救济协会第一医院》,《申报》1939年3月16日第12版。
③ 《上海难民救济协会第一医院巡礼》,《申报》1939年12月18日第8版;《上海难民救济协会第一医院启示》,《申报》1941年3月20日第5版。
④ 《惇信路收容所宣告成立,虞洽卿等指示方针》,《申报》1939年1月24日第10版。

于延平路协会第二收容所的东部。""该校的设备,是很简单,教室都是草棚所构成,但是精神方面,都充满着早气蓬勃的气象。教室面积,约可半亩,筑成一长型的统大间,教室里面,都装置着活动的布幕,上课时就利用布幕,分划为八个教室,学生进出,都是有条不紊,每逢到开会的时候,就可把教室里的布幕全部收起,顿时就能变成一个很宽敞的礼堂。""教室里的布置,除黑板和课桌椅以外,四周壁间,也有公民训练标语的张贴和总理遗像的悬挂,每星期一也举行纪念总理的仪式。""该校小学部共分五级,幼儿园计分二级,学生人数统计八百余人,课本的采用与普通的学校也并无两样。最近协会方面为鼓励难童入学起见,除颁行受教儿童概得额外给予饭食外,并考查成绩优良的,还有帽、鞋、衣、袜、面巾等等实用品加以奖励。""幼儿园人数也不下百人,有教师二人……该园的课程也和普通的相同,也有餐点的供给,每人每天豆粉一包。……在晚还有成人教育的设施,目的为扫除文盲,鼓励一般成人难胞,利用业余时间进修,分男女高初级四班,学生人数约百余人,程度自小学至高中不等,按照学力,分别施教","每星期三还有教育电影和幻灯的开放,冀吸引受教成人的兴趣。""该校教师共计十八人,男女各占半数。资格方面,都是大学和高中师范毕业的,学验均丰","该校的一切设施,皆由陈鹤琴、陈宪谟二先生努力经营,所以能得到这样美满的成绩"。[①]

职业介绍也是难民救济协会的重要工作。该会专门设有李文杰任主任的职业介绍组,为具有劳动能力的难民联系、安排适当职业。为此,该会积极联合上海市商会、各同业公会、工部局工业科以及各厂商公司行号,尽先雇用难民,化分利为生产,使各得自立谋生。职业介绍组设立后不长时间内,就介绍500余难民就业。有些难民因没有文化和技能,就业后在试工及学习期内,工资收入微薄,又往返不便,不能及时返收容所用膳,忍饥受饿,又放弃了就业。难民协会理事会又专题讨论议决,"凡难民经职业介绍组介绍职业,如在学习及试用期内,得由该会发给每人每月四元之津贴,以示鼓励。惟以三个月为限,务使各难民于三个月后,均能独立生活,不再依赖慈善机关之给养"。[②] 另

---

① 钱一鸣:《参观难民救济协会第二难校》,《申报》1939 年 11 月 4 日第 7 版。
② 《救济协会介绍组积极推动》,《申报》1939 年 10 月 31 日第 9 版。

外,对于一些社会上难以介绍入职的难民,救济协会安排其在收容所内自办工厂或收容所自身需要的卫生、洗衣等各种服务工作。

四是难民遣送。全面抗战爆发初期,上海难民如潮,救济收容难民成当务之急之一,但长期收容,养成难民情性,殊非社会之福,也非各难民救济机构所能承受。所以,难民救济协会从一开始就成立有"难民善后委员",其"善后"难民的方法,除了介绍社会职业和容纳于救济协会自办或与外界合办的各种生产事业,大量的也是最重要的是资遣难民返乡或投亲友,协会给予适当川资。[①]资遣标准根据路途、物价、交通费用等具体情况而定,从最初的二三元至 12元,到 1940 年 10 月集中遣送时的成人 22 元、年幼者 17 元。1940 年 11 月,难民救济协会决定:除了残废、孤寡、学龄儿童和 60 岁以上的难民,其余一律按成人 22 元、年幼者 17 元标准资送遣散。[②]

上述工作主要是指难民救济协会直接经办的难民救济事业而言的,但该会以"协助上海各救济难民团体"为宗旨,其难民救济工作其实远不止此,供应其他难民救济团体的难民给养、接受其他办理结束的救济机构的难民,尤其是为了保障自身各收容所、难民医院、难童学校的经费,以及其他难民救济团体的难民给养而从事的劝募捐款,都是难民救济协会极其重要的工作。

八一三战事发生后,上海地区有上海国际救济会、上海市救济会、仁济善堂、上海慈善团体联合救灾会(简称慈联会)、上海救济战区难民会、世界红卍字会东南办事处、中国红十字会上海国际委员会和各同乡会诸多机构从事难民救济工作,这些机构的难民给养经费大都由红十字会国际委员会拨付。但主要由于救济经费竭蹶,原承担 14 家难民救济机构难民给养的红十字会国际委员会于 1938 年 10 月决定,自 10 月 31 日起"停止供给难民给养"。在涉及近 10万难民"断供"的情况下,虞洽卿与租界当局及各界联络,发起成立难民救济协会,以接替红十字会国际委员会,继续为相关慈善救济机构救济难民保障给养。[③]

---

① 百强:《难民的善后》,《申报》1939 年 4 月 17 日第 12 版。

② 《少壮难民遣散在即》,《申报》1940 年 11 月 3 日第 10 版。

③ 《救济难胞问题,希望孤岛有力同胞多多捐助》,《申报》1938 年 10 月 16 日第 10 版。该报道说,至 10 月中旬,上海各慈善救济机构收容的难民尚有 12 万人,所需给养包括难民膳食、教育、医药等费,月需经费 30 万元。

图 9-4 　上海慈善团体联合救灾会救济战区难民委员会怀远收容所

在难民救济协会正式成立之前,红十字会国际委员会已在办理结束。救济协会成立后,两会即就收容难民的接续供养问题进行商议、落实。10 月 31日,红十字会国际委员会停止各难民收容所的难民救济工作后,由该会拨发给养的各善团即慈联会、慈联分会、上海国际救济会、红卍字会、白卍字会、至圣善院、江宁六县公所、镇丹五县同乡会、广东同乡会、市联救济会、中华慈幼协会、难童中学等 12 单位共 87 家收容所 68343 名难民的给养,自 11 月 1 日起由难民救济协会供给。① 为此,难民救济协会于 10 月底专门召开相关难民救济团体负责人会议,登记各善团所办收容所的最新难民数,以资核发给养。② 11月 4 日,难民救济协会将第一批难民给养 5 万余元按照标准拨发 11 家慈善救济机关,即慈善团体联合救灾会 23560 元,慈善团体联合救灾分会 18111.75

① 《国际红会办理结束》,《申报》1938 年 10 月 27 日第 9 版。
② 《虞理事长报告难民给养标准》,《申报》1938 年 11 月 2 日第 9 版。

图 9-5 上海慈善团体联合救灾会救济战区难民委员会正大收容所

元,广东旅沪同乡救灾委员会 6309.9 元,镇丹溧扬金五县同乡救灾联合会 291.65 元,至圣善会 229.9 元,江宁六县公所 1371.8 元,白卍字会 323 元,上海第一特区市联救济会 187.15 元,中华慈幼协会 584.25 元,难童学校 105.45 元,世界红卍字会中华东南各联合会总办事处 152 元,总计 51226.85 元,顺利完成了 68000 余名难民给养的接续供应,后续尚须拨发其他关于教育、医药等项救济费用。①

　　难民救济协会不但接续承担了原红十字会国际委员会担负的各慈善救济团体难民收容所的经费,而且随着一些重要难民救济机构的陆续结束,其管理

——————

　　① 《难民救济协会昨先发五万余元分给十一慈善团体》,《申报》1938 年 11 月 5 日第 9 版。这次所拨的仅是难民生活给养,按照如下标准拨付:即米,每 175 磅,价 9.5 元,每百人每日 70 磅,计 3.8 元;麦,每 45 磅,价 2.45 元,每百人每日 10 磅,计 0.549 元;煤,每吨 28.85 元,每百人每日 48 磅,计 0.618 元;蔬菜,每担 110 磅,价 3.38 元,每百人每日 1 元;盐,每磅 0.09 元,每百人每日 1.333 磅,计 0.12 元;油,每磅 0.203 元,每百人每日 1 磅,计 0.203 元。以上 6 种物品,每百人每日给养值 6.29 元。

的难民又移交难民协会。1939 年 9 月,上海最大的难民救济机构上海慈善团体联合救灾会救济战区难民委员会(简称慈联总会)开始办理结束,停止接收难民,其所办的 14 处收容所、18711 名难民着手分 3 期遣散。[①] 1940 年 4 月,由华洋义赈会、中国红十字总会、上海慈善团体联合救灾会、中国济生会、公教进行会、中国佛教会、上海青年会、红卍字会等团体组成的中国国际救灾会也开始办理结束,其收容的难民大多资遣,老弱残废、无可投靠的难民移并难民救济协会收容所。[②]

由于物价腾涨,难民救济协会供养的难民虽经持续资遣和救济机关介绍谋生而减少,但供养费用不减反涨。据可靠统计,至 1939 年 9 月下旬,上海所有难民收容机构仍有 120 所,难民 65396 人,每月伙食给养费需 32.698 万元。如果更新一半寒衣棉被,至少又需 20 万元。[③] 所以,难民救济协会把筹募捐款作为重中之重工作。该会第二次理事会就决定专门成立劝募委员会,推虞洽卿兼任该委员会总主任,方椒伯、盛丕华为副主任,并聘任 360 名"各界各业领袖"、主要是商界要人担任劝募委员,"集全市之力量,作广大之劝募"。[④]

协会劝募委员会于 1938 年 11 月 1 日在宁波旅沪同乡会正式成立,大会议决为加强劝募工作,提高劝募成效,将全体劝募委员分成同业、同乡、自由职业、市民、殷富 5 个组。同业组担任各同业公会劝募捐款事宜,应将劝募方法自行议妥,提请协会同意施行;同乡组担任各同乡会劝募捐款事宜,应自行召集同乡组织议定筹集办法,报协会同意行之;自由职业组担任该业范围劝募捐款,自定劝募办法进行劝募;市民组担任普遍劝募全市民众捐款事宜,由协会制定办法施行;殷富组专任劝募殷富捐款事宜,也由协会制定办法施行。[⑤] 后又增设舞场组,专任劝募各舞厅捐款事宜。

---

① 《慈联总会将告结束》,《申报》1939 年 9 月 15 日第 14 版;《慈联收容所难民业已着手遣散》,《申报》1939 年 9 月 23 日第 9 版。慈联总会的难民遣散工作至 1942 年 3 月最终结束,最后所剩老弱残废孤寡 1000 余人,集中慈养,取名"养济院"。《难胞收容所改名养济院》,《申报》1942 年 4 月 9 日第 4 版。
② 《国际救济会完成任务,月内办结束》,《申报》1940 年 4 月 16 日第 9 版;《国际救济会结束 救难任务圆满》,《申报》1940 年 10 月 17 日第 7 版。
③ 《救难经费困难,善团限制收容》,《申报》1939 年 9 月 27 日第 10 版。
④ 《难民救济协会组劝委会》,《申报》1938 年 10 月 29 日第 9 版。
⑤ 《难民救济协会劝募委员会昨成立》,《申报》1938 年 11 月 2 日第 9 版。

在难民救济协会的指导下,各组劝募委员会先后成立起来,并制定相应章程或劝募办法,开展劝募工作。

同业组实际上就是同业公会组。上海各工商同业公会于 1939 年 2 月 5 日成立同业组劝募委员会,推定委员 32 人,基本上是各个同业公会的负责人,并发表了劝募宣言。次日的首次委员会会议推定金润庠(后因金离沪改推俞佐庭继任)、诸文绮、马少荃为主任委员,另推徐寄顾、俞佐庭、陆文韶、陈子彝、丁方源、许冠零、吴星槎、沈维挺、孙秋屏、张莲舫、郑泽南为常务委员,并推定了总务、稽核、劝募、设计、宣传各科主任,及总干事和设计委员会委员。① 同业组除了号召各工厂公司商号自主捐款救济难民外,还广泛、持久地进行“百一捐”和营业提成。

“百一捐”也称百一提成(俗称难民捐),即由职工薪资总额提取 1%,并由店主(企业主)照职工提成之数再加 1%。例如,某店职工每月薪资总额 500 元,则提捐 1% 为 5 元,另由店主再加提 5 元,共计 10 元。这一办法由化妆品业同业公会主席周邦俊提出,难民救济协会成立大会通过,在同业组劝募委员会成立之前已开始实施。10 月 22 日,上海市商会通告全市各业,从 11 月 1 起实行百一提捐。② 难民救济协会随后通告:全市各银行、钱庄、信托公司代收捐款。全市各业纷起响应,不少行业所定办法,除百一捐之外,再实行其他筹款办法。一个月后汇总的 37 个行业提捐情况是:1. 银行业、钱业、信托业、绸缎业、木材业、印铁制罐业、西颜料业、电器业、桐油苎麻业、纱业、贩制脚踏车业、帽类出口业、衣庄业等公会,均已举办百一提成;2. 五金业,每月认定 1500 元,超过百一提成之数;3. 轮船业每吨抽费 0.5% 及 0.25%;4. 烟兑业及卷烟厂业每箱抽提 1 元;5. 糖业每包抽提 6 分;6. 潮糖杂货业每包抽提 3 分;7. 国药业实行百一提成并营业额抽提 0.5%;8. 药材业抽提 0.3%;9. 呢绒业实行百一提成,另办月捐;10. 米号业加征会费月得 700 元,再由该会补足整数,每月捐 1000 元;11. 豆米业缴月捐 1000 元;12. 金业除百一提成外,再向各同业捐募一次;13. 洋庄草帽业除百一提成外,再办月捐、特捐;14. 典当业除百一提成,再

① 《难救会同业组发表宣言,推定委员共策进行》,《申报》1939 年 2 月 6 日第 9 版;《同业组劝募会进行劝募,昨开首次会议》,《申报》1939 年 2 月 8 日第 10 版。
② 《商会通告各业调查职工薪资总数下月起实行百一提成》,《申报》1938 年 10 月 23 日第 11 版。

另缴月款,暂以 6 个月为限;15. 棉布业除百一提成外,再办理特捐或月捐;16. 转运报关业百一提成并办月捐;17. 新法洗染业除劝募月捐及特捐外,再薪给提成;18. 酒菜馆业、旅业附收 5% 救济费;19. 纱厂业附收每包 0.25 元;20. 蛋业每月认捐 1500 元;21. 海味业、杂货业每月认捐 233 元;22. 杂粮油饼业每月认捐 300 元;23. 木业每月认捐 200 元;24. 五金零件业除百一提成外,每月另认捐 300 元,以半年为限。[①]

上述汇总情况,仅至 1938 年 12 月,后续各业也多实行百一提捐,有的在此基础上再办救济难民捐。例如百货业,除实行百一提捐外,经该业公会议决各会员照进货价值于付账时抽提千分之二作为救济难民经费。[②] 另外,同业组劝募委员会议决,将各同业传统进行的节日筵资如春节、端午等,节省移助救难,每遇节日前夕,该会均通告并函请市商会转告全市各同业公会一体进行。[③]

难民救济协会市民组劝募委员会由林康侯、许晓初、张一尘、陈济成、曹志功、王剑锷、周邦俊、张德钦、顾文生、戴春风、瞿振华、朱启祯、乐耕葆、屠开征、李锦章为常务委员,林康侯任主任委员,陶乐勤为主任秘书。该会募捐对象为广大市民,募捐方法分直接、间接两种。直接劝募即组织劝募队分区进行劝募;间接劝募包括电台播音劝募、分函劝募等。[④] 除此之外,市民组制定并通过难民协会公布了《认养难民办法》,发起认养难民运动。办法规定:认养难民 1 人,月捐难民生活费 2 元,多则类推;认养期分 3 个月、半年、一年 3 种;认养费按月缴足或一次性缴足,由认养人自行选择;可 1 人独力认养数人,也可数人合力认养 1 人,公司、行号、团体都可以以其名义认养难民若干人;各界认养的难民由难民协会依次编号,通知认养者,并令被认养难民佩一符号,上注该难民姓名、年岁、籍贯及认养人,以便认养者随时访问。[⑤] 市民组通过播音劝募,广泛宣传认养难民运动。12 月 26 日至 30 日,市民组商请全市播音界、游艺界举行联合播音劝募大会,各界认养难民极为踊跃,5 天时间募得 15 万元。[⑥] 至

① 《商会督促各业各自筹办集款救难,已办理者三十七业》,《申报》1938 年 12 月 5 日第 9 版。
② 《百货业提货款救难》,《申报》1939 年 1 月 19 日第 9 版。
③ 《节省旧历除夕筵资移款救难》,《申报》1939 年 2 月 11 日第 10 版。
④ 《市民组劝募会成立大会》,《申报》1938 年 12 月 11 日第 10 版。
⑤ 《上海难民救济协会公告第十一号》,《申报》1938 年 12 月 23 日第 13 版。
⑥ 《舞场组招募委员昨日成立》,《申报》1939 年 1 月 11 日第 10 版。

1939年8月中旬,在不到8个月的时间里,认养难民15000余人,捐款逾30万元。①

同乡组也于1939年1月7日在上海银行公会成立了劝募委员会,主任委员许晓初(全国新药业联合会主席),副主任委员许冠群(上海市制药厂业公会主席)、李泽(新新百货公司总经理),常务委员裴云卿、陆文韶、严濬宣、李晴帆、陆才甫、严苍山、尤怀皋、匡仲谋、彭云岑、陈培德等。② 同乡组除了月捐、一次捐,并由各同乡团体组织劝募队进行劝募外,还规定用表演、游艺、赠送扑满(即储钱罐)及其他有效方式劝募,其中的"扑满救难"运动颇具特色。

此项"救难扑满"由徽宁同乡会常委曹志功(药业公会代表、税华人会委员)提出,首先在同乡团体中实行,由同乡组劝募委员会通过各同乡会向会员发放50支装香烟听作为扑满(后由华成烟公司专门改制),倡议每人每日储1元难民捐,定时揭晓,多者制定奖励办法予以奖励。③ 同乡组劝募委员会还专门成立由15人组成的扑满运动推行委员会。扑满运动受到当时舆论的肯定和好评,称"这种储蓄救难,轻而易举,最有意义",这种方法"按日或按月实行节约储蓄,用以救济难民,则一家不多,十家许多,集纳起来,也就很有可观",持之以恒,于救难运动大有裨益。④ 情况确实如此,扑满运动从同乡会推广到广大市民,至1939年6月中旬,扑满运动已募款8万元。⑤

舞场组劝募委员会委员推定袁履登、高鑫宝、谢葆生等为正副主任委员,孙克仁、刘协助、陈占熊、郁克飞、孙济乐、戴仲宁、张春生任常务委员,办公地点设丽都舞厅。这些人员中,除袁履登系难民协会秘书长兼任,其他均系各舞厅(场)的经理。舞场组的征捐办法是:凡酒菜冷热饮食品账单,附收10%救难捐,向舞客征之,账单上加盖"百分之十难民救济捐款收讫",劝募委员会组织

---

① 《二次认养运动》,《申报》1939年8月13日第10版。
② 《同乡组劝募会昨举行成立会》,《申报》1939年1月8日第9版。括号内主任、副主任的身份系笔者查阅《申报》确认。
③ 《同乡团体劝募委(员)会今日成立,函请一致参加,发起扑满运动》,《申报》1939年1月7日第9版。
④ 汉枚:《谈救难扑满运动》,《申报》1939年4月17日第12版。
⑤ 《扑满运动募款已达八万》,《申报》1939年6月13日第10版。

劝募队,至各舞场(厅)宣传、劝募。① 该组劝募会持续轮流在各大舞厅举办慈善伴舞竞赛大会,门票每位 2 元,全部充作难民救济经费,仅第一、二次在云裳、百乐门两大舞厅举行的慈善伴舞大会,就募款 15000 余元。② 至 1941 年 5 月,舞场组劝募会成立 27 个月,共募集难民救济费达 27 万元。③

从上述并不全面的情况看,难民救济协会为供给各难民收容所经费开展的筹募运动,形式多样,动员广泛,卓有成效。协会成立后仅 2 个月,就募集捐款 50 余万元。④ 但随着物价的上涨,每名难民的供养费也从最初的 2 元,增至 1940 年春的 6 元、1942 年初的十几元,所以维持日益艰难;另一方面,难民长期留养在难民所,养成难民惰性,也绝非社会救济之初衷。因此,难民救济协会一方面持续安排难民从事生产事业,同时有计划的不断遣散难民。1940 年 4 月,难民救济协会与各难民所主管救济组织商定:凡年壮难民尽量介绍工作,或予给资遣散,其老弱残废者,集中于惇信路第一收容所,寡妇孤儿则集中于北浙江路慈愿大收容所,以期统一管教,节省经费。⑤ 1942 年春,难民救济协会与慈联会等难民救济机构商定,将仍留养收容所的 1 万名难民,除老弱病残外一律予以资遣,成人发给资遣费 50 元,未成年 38 元,离沪返乡者由协会办理回乡通行证并车船旅费半价证⑥,最后所剩老弱残废孤寡 1000 余名难民,由慈联总会集中留养,⑦上海商界大规模抗战难民救济工作也告结束。

三、上海商界与民食调节

由于大量难民涌入上海,特别是租界地区,租界人口暴增;另一方面,由于战时环境,特别是上海沦为孤岛后,日伪加强了对上海传统米粮供应地的统制

① 《舞场组劝募委员昨日成立》,《申报》1939 年 1 月 11 日第 10 版。
② 《第三次慈善伴舞》,《申报》1939 年 9 月 27 日第 10 版。
③ 《舞场营业鼎盛 难捐破记录》,《申报》1941 年 5 月 23 日第 7 版。
④ 《舞场组劝募委员昨日成立》,《申报》1939 年 1 月 11 日第 10 版。
⑤ 《难胞集中收容》,《申报》1940 年 4 月 14 日第 10 版。
⑥ 《难民收容所结束 难胞一万人遣散》,《申报》1942 年 3 月 8 日第 4 版;《三收容所难民限期遣散》,《申报》1942 年 3 月 13 日第 5 版。
⑦ 《难胞收容所改名养济院》,《申报》1942 年 4 月 9 日第 4 版。

及对上海的封锁,上海米价暴涨。上海中等粳米价格从 1937 年 7 月的每市石 11.83 元,1939 年 7 月涨至 19.9 元,1940 年 6 月至 66 元,1941 年 12 月竟达 238 元(见表 9-1)。

表 9-1　1937—1941 年上海中等粳米市价　　单位:法币元/市石

月份	1937 年均价	1938 年均价	1939 年均价	1940 年均价	1941 年均价
1 月	11.60	18.25	12.70	40.00	107.50
2 月	11.75	15.15	13.20	56.00	102.00
3 月	11.25	13.50	14.00	48.50	117.25
4 月	11.70	13.75	14.00	46.00	120.50
5 月	11.85	12.95	17.30	54.30	148.75
6 月	11.05	13.15	19.55	66.00	134.50
7 月	11.83	13.80	19.90	70.00	136.50
8 月	13.40	14.00	29.00	66.50	150.00
9 月	14.30	13.40	42.50	80.00	155.00
10 月	13.50	12.88	28.00	87.00	154.00
11 月	14.00	12.23	32.00	93.00	194.33
12 月	14.84	11.95	42.50	108.00	238.00
★年均价	12.59	13.75	23.72	67.94	146.53

资料来源:《历年上海中等粳米市价表》,见朱斯煌编:《民国经济史》(下),中国通商银行 1947 年编印,第 543 页。带★号的年均价系根据各月均价计算得出,原表无此栏内容。

米价的持续上涨,引发诸多严重的社会问题。比如,生活无以为继的贫苦市民铤而走险抢米,且越演越烈,至 1939 年 12 月形成高潮,计达数十起,[①]仅 12 月 15、16 日两天,就发生 54 起。《申报》《新闻报》等不时有各地抢米风潮的报道。12 月 16 日的《申报》报道说:昨日"劳勃生路之仁泰公司等米号数家被抢,继又延及康脑脱路、延平路、极司斐尔路、大西路、静安寺路、爱文义路"。[②] 17 日《申报》又报道说:"连日抢米风潮日趋炽烈,最初仅盛行于沪西一带,昨日

---

① 《函请当局保护米商》,《申报》1939 年 12 月 17 日第 9 版。
② 《米价有平落之望,抢米风潮蔓延小店遭殃》,《申报》1939 年 12 月 16 日第 13 版。

蔓延至租界中枢,情形如下。(公共租界者)开封路一百号,成都路一二五号,大沽路六十六号及一九一号,山海关路三二二号及三四九号,白克路三八九号,大中华各米号,及劳勃生路卡德路、宜昌路、胶州路等处,均有抢米事件发生。(法租界)以浦石路鼎泰米店损失最巨,被抢白米一百数十包之多,其他辣斐德路菜市路口义隆米店,亚尔培路福煦路口公大米店,巨籁达路三八七号某米店,及甘世东路某米店,平济和路之□昌,拉都路之大隆等,均被抢去白米多少不等。总计昨日抢米案约十八起,抢去八百担左右,被捕五十余人,而前日(十五)所发生之抢米案件确数,共计为三十六起,有六十二人被拘,共抢去一千三百担。统计两日共发生五十四起,被抢去两千一百担,拘捕一百十二人。"①米价高涨,也使劳资纠纷频发,罢工运动汹涌。1939 年,上海发生罢工事件 121 起,关系厂号 433 家,职工 33433 人;发生未酿成罢工停业的劳资争议 59 起,关系厂号 788 家,关系职工 31073 人②。

米价暴涨严重影响了租界的社会秩序和治安,上海商界与租界当局积极筹议对策,采取措施,解决民食问题。1939 年 8 月 23 日,上海各重要团体负责人集议维持上海民食办法,虞洽卿向各重要团体建议集团订购洋米(主要是越南、泰国等)。他指出:"近日米价之腾贵,为有史以来所创见,市人奔走警告,米价已四十元矣。人心惶惶,不可终日。"米价腾涨的主因是存底不足、交通阻滞、来源稀少,"揆之现状,默揣将来,米五六十元,亦意中事,我人若不速筹善策,则后果不堪设想",解决的办法是大量订购洋米,原价出粜,"以资压平米价"。③ 为此,他与商界黄延芳、郭顺、张继光等特发起上海民食维持会,办理集团订购洋米。民食维持会章程规定:该会专以维持沪市民食为宗旨,不以盈利为目的,由上海市商会、银钱业、米业各公会发起,召集各团体各业公会及地方士绅组织之,推定委员若干人主持会务;为从速订购洋米应急市场,拟先行筹集基金,以备贴补购米之一切损失,并向银钱业接洽商借购米之垫款;各业应

---

① 《抢米风潮蔓延》,《申报》1939 年 12 月 17 日第 10 版。仅 12 月,《申报》关于上海抢米风潮的报道还有:沪西平民纷起抢米,《申报》1939 年 12 月 16 日第 9 版;《抢米应即遏止,法院剀切晓谕抢米犯》,《申报》1939 年 12 月 19 日第 9 版;《工部局筑路工人要求津贴米资》,《申报》1939 年 12 月 24 日第 11 版。

② 沙洲:《近年来的上海劳资纠纷》,《申报》1940 年 12 月 16 日第 8 版。

③ 《虞洽卿氏建议集团订购洋米 使市场供过于求米价自跌》,《申报》1939 年 8 月 24 日第 10 版。

需食米,由各同业公会代向该会委托代购;各业各帮各工厂等委托该会代订食米,每包先收定银若干元,货到出清,不得拖延;凡委托该会代购之米,如因市价低落,延不出货者,除将定银充公外,如有不足,应行补偿,并由保证人负连带清偿之责。① 可以看出,这一章程更确切地说是一个集团订购洋米办法,旨在从速置办洋米,平抑市场米价,打击囤积投机。

为了从速、有效推进集团购米,虞洽卿与黄延芳、郭顺、张继光、王禹卿致函上海市商会,请其分函各同业公会转知各该会会员,一致行动,前往上海市会计师公会登记订购,并自行垫款 30 万元作为订购洋米资金。② 同时,虞洽卿与李馥荪、徐寄庼等联电国民政府行政院长孔祥熙,要求按照中国银行挂牌价格购买英镑一万镑,由沪上各团体联合订购西贡米二万石运沪济急,并特予免税进口,即获孔祥熙电复同意。③ 9 月上旬,虞洽卿利用该笔外汇订购的首批洋米 1.8 万余包(每包 1.25 市石)已运到沪,其中 1 万包由难民救济协会分发各难民收容所,其余 8000 余包由米号业公会分区进行平粜。民食维持会发起的集团购米至 9 月中旬订户已达 60 余家计 1.1 万包以上。④ 同时,上海外商怡和洋行、太古轮船公司也纷纷订购洋米接济米市,加以工部局与日方交涉疏通后,一度开禁内地米粮运沪通道,江浙等地内地米粮运沪数量也有所增加,⑤上海米价即行回落,10 月均价自 9 月份的 42 元回落至 28 元,11 月均价32 元。

但自 1939 年 12 月起,上海米价又呈凌厉上涨之势。上海豆米业公会于12 月 9 日召开执监委员会紧急会议,分析米市形势,筹商标本兼治之策。会议提出的治标之策包括接受工部局意旨,重行规定限价。治本之策包括:1.“建议租界当局、市商会及虞洽卿,召集各公团会商集团订购洋米,庶可增厚力量,加添来源”;2.“请市商会、虞洽卿援照前例转呈财政部,申请法定外汇,至少订洋米五万包,以办平粜而济贫民。”⑥豆米业公会随后将议决的治标治本办法函

① 《筹组织民食维持会》,《申报》1939 年 8 月 24 日第 10 版。
② 《籼米昨已跌价,虞洽卿垫卅万元订洋米》,《申报》1939 年 8 月 27 日第 9 版。
③ 《照中交挂牌结汇订米准购英金一万磅》,《申报》1939 年 8 月 30 日第 9 版。
④ 《洋米订购继续登记》,《申报》1939 年 9 月 14 日第 10 版。
⑤ 《洋米陆续运沪 内地亦已开禁》,《申报》1939 年 9 月 14 日第 10 版。
⑥ 《豆米公会紧急集议》,《申报》1939 年 12 月 10 日第 9 版。

告两租界当局,并函上海市商会,请市商会会同租界当局及虞洽卿议定集团购米办法,购办洋米平抑米价。公函说:"为求民食之充足,仍宜订购洋米,现虽有少数米业行号之订购,尚觉力薄而效微,拟请钧会会同两租界当局暨虞先生,邀集各公团代表商议分别集团订购办法,务期各公团各就所属公司、行号、工厂以及自由职业者,各计其所需,分别集合,大量订购,如是则力宏而效巨,民食既充,米价不患不平矣。"①该公函还请市商会及虞洽卿再办平粜,救济平民。公函说:"前虞先生曾请准法定外汇,订购洋米,举办平粜,虽为数不多,而贫民受惠已非浅。今拟请钧会会同虞先生援照前例,再度呈请财政部,准予拨给法定外汇若干,约可订购洋米五万包之数,……再行举办平粜,救济贫民。"豆米业公会同时还直接致函虞洽卿,请依照前次申请外汇办理平粜先例,再行救济平民及抑平米价。②

根据上海豆米业标本兼治上海民食问题的公开建议,12 月 15 日,上海市商会、华商纱厂联合会及上海银行业、钱业、轮船业、保险业、绸缎业、新药业、华商卷烟业、橡胶制品业、米号业、酒菜业、转运报关业等 30 余同业公会,并邀请工部局华董虞洽卿、江一平、郭顺等集议民食问题,会议推定虞洽卿、徐寄顾、黄延芳、张继光、王禹卿、郭顺等 11 人,发起筹组上海市民食调节协会,共商集资订购洋米等问题。③ 民食调节协会简章规定:该会"以集资购米救济本市米荒为初步目标,(以)筹划方法、解决民食问题为最大鹄的";协会由商业社会各团体代表及社会热心人士发起,以全体发起人及后续愿加入者为会员,由会员大会推选 27—35 人为理事,组织理事会,由理事会推选 5—7 人组成常务理事会,由常务理事互选主席 1 人,为对外之代表,并为理事会主席;协会设顾问委员会、采购委员会、基金保管委员会,聘请专家等组织之,执掌相关事务。④
12 月 18 日,上海民食调节协会举行成立大会,推举虞洽卿、郭顺、徐寄顾、奚玉书、王禹卿、胡咏麒、张继光、裴云卿、吴蕴斋、项康元、黄延芳、林康侯、陆高谊、李文杰、张念萱、曹耕莘、江一平 17 人为理事,并推吴蕴斋、黄延芳、徐寄顾负

---

① 《建议商会集团购米》,《申报》1939 年 12 月 12 日第 10 版。
② 《供应委员会昨商议再度压低米价》,《申报》1939 年 12 月 12 日第 10 版。
③ 《各业筹组民食调节协会》,《申报》1939 年 12 月 16 日第 9 版。
④ 《民食调节协会公布简章》,《申报》1939 年 12 月 25 日第 9 版。

责向银钱业接洽订米垫款。同日,上海银钱两业公会吴蕴斋、徐寄顾、王伯元、裴云卿、潘久芬、王绍贤、王子厚、张竹屿、竹淼生、瞿季刚、叶扶霄、胡锡安、金宗城等举行联席会议,民食调节协会蒉延芳列席,会议一致同意民食调节协会请求,垫款订购洋米,并议决首批垫款 50 万元,凡欲委托订购洋米者,每包须付定洋 20 元,其余由银钱业先垫款。① 12 月 21 日的民食调节协会首次理事会选举虞洽卿、徐寄顾、郭顺、裴云卿、吴蕴斋、王禹卿 6 人为常务理事,并推虞洽卿为常务理事会主席。会议还通过了代订洋米办法及筹募基金办法。②

虞洽卿认为:上海米价上涨的原因是交通阻滞、来源减少、存底日薄,解决的最好办法是筹集资金举办各团体工厂行号集团购米,增厚市场存底,原价出粜本集团内需要的职工成员;但米价既已"创亘古未有之记录",一般贫民已难以度日,所以必须募集捐款开展针对城市贫民的平粜。虞洽卿的主张得到租界当局和各业的广泛认同与支持。上海公共租界工部局在回复上海第一特区即公共租界市民联合会建议两租界购米储粮函时说:"本局在现在之情形下,未能从事储米计划,顷闻已有私人机关购粜洋米,本局深表满意,而敢告贵会者,则本局对于购办洋米者,当给予可能之策励与便利。"③上海米粮业三团体上海豆米业、米号业和杂粮油饼业公会在致上海平粜委员会函中明确表示:"窃自沪地民食发生恐慌以来,救济之策,要不外乎举办平粜与集团购米,此为敝会等所一再主张,而亦为各界人士所共同赞许。"④租界其他各业公会也认为"欲抑低米价,唯有办理平粜及集团购米"。⑤《申报》还就平粜委员会的平粜与集团购米专门发表社评,指出"平粜本质为慈善,集团购米本质为消费合作,二者各有其意义。孤岛居民久已如失怙恃,今乃对于粮食问题若此苦心孤诣,惨淡经营,是中华民族活力与本能之表现,弥足称道矣"。⑥ 这一社评反映了舆论对于平粜与集团购米的态度。

---

① 《银钱业允垫款订米 抢米应即遏止 调节协会计划根本解决民食》,《申报》1939 年 12 月 19 日第 9 版。
② 《调节协会准备订米》,《申报》1939 年 12 月 22 日第 9 版。
③ 《豆米业建议全沪米粮登记》,《申报》1939 年 12 月 27 日第 7 版。
④ 《米业团体建议办法》,《申报》1940 年 1 月 18 日第 9 版。
⑤ 《洋米两万余包抵沪 平粜准期开办》,《申报》1940 年 1 月 19 日第 9 版。
⑥ 社评:《平粜与集团购米》,《申报》1940 年 1 月 10 日第 4 版。

上海民食调节协会应市场需要和社会各界呼声而产生,成立之后,积极采取措施推进集团购米和平粜,双管齐下调节民食。

在集团购米方面。12月22日,上海民食调节协会邀集面粉业、米行业、米号业、纱业、棉花业、绸缎业、棉布业、糖业、保险业、银楼业、针织业、染织业、橡胶业、国药业、航业、纱厂联合会、华成烟公司等20多个行业的代表商议筹集基金订购洋米、调节民食问题。会议追认通过了民食调节协会首次理事会通过的筹集基金办法、代订洋米办法。民食调节协会筹集基金办法规定:为集资购米,救济本市米慌起见,筹集基金国币100万元,由协会发起人向各工商团体、社会团体和有资力的各界人士筹集之,用于垫购洋米、调剂市面;基金由协会基金保管委员会保管,由协会理事会决议通知保管委员会支拨。① 代订洋米办法规定:各团体、机关、公司、厂号愿订购洋米者,应向协会填写申请单并将每包20元的定金一并提交指定的收款机关,订购数额每户每次以50包为最低限额,订购人不得取消或减少其已订购的数额,协会积至相当数量后,即查照洋米市价及水脚费用,由协会电外洋订购洋米,俟洋米运到上海,即通知订购人,如数付清余款后即可出货。② 从12月27日起,民食调节协会开始接受各业订购洋米。次年1月上旬,协会订购的首批西贡洋米6000包已运抵上海。至1940年11月上旬,上海民食调节协会为各工商团体公司行号代为订购的洋米已达610余单位,共27批计6.1万余包,间接推动各界自行订购洋米,也达数十万包。③ 到1941年3月虞洽卿离沪前夕,民食调节协会代为订购的最后一批洋米2000包运抵上海,该会总计代购西贡等地洋米达30批约6.8万包。④

① 《订购洋米基金预定筹集百万元》,《申报》1939年12月23日第9版。一周后即12月29日,各业认筹基金已达82万元,因各业认缴踊跃,民食调节协会将基金增为200万元。《申报》1939年12月30日第9版。

② 《调节协会订米办法》,《申报》1939年12月24日第9版。

③ 《调节协会敬告各界参加集团购米》,《申报》1940年11月6日第10版。

④ 《采储着着进行》,《申报》1941年2月11日第7版。虞洽卿主持的民食调节协会为集团代购洋米总数,笔者暂未查到,但至1940年11月6日,已达27批计6.1万包,《申报》1940年11月6日第10版。1941年2月10日,民食调节协会第30批即最后一批集团购米计2000包运抵上海,这样就仅缺第28、29两批订购洋米的确切数量,如果以前27批的平均订购量来计算这两批的订购数,那么30批总计6.8万包。

民食调节协会组织的集团购米虽"颇着成效",①但上海米价依然屡创新高,至 1940 年 12 月"创亘古未有之记录",且大有续涨之势。虞洽卿对此深表忧虑,而社会人士和新闻舆论对米业界"无不加以指摘,似乎米价之涨,胥为业米者应负其咎"。虞洽卿认为,应该由负责市政责任的租界当局利用行政力量,组织更大规模的集团购米,以抑米价。因此,他于 12 月 5 日致函公共租界工部局,"请会同法租界公董局,即日召集市商会暨银钱两业与米业及纱厂等各业团体代表共同筹商垫款,购办贡米二十万包,以作基本,随时售出若干,补购若干,川流不息。有此仓存,庶可杜绝恐慌,安定市面",希望租界当局采择施行。②

虞洽卿建议租界当局设立公仓,购米 20 万包,川流不息应市的建议是极富建设性的。这样不但可以借助租界行政调动商界各业力量,集中资金,进行大规模米粮购储,增厚并稳定米市存底,也便于租界当局统制米粮,打击囤积投机,终使米市趋稳。

公共租界工部局此前曾对上海第一特区市民联合会关于购米储积的建议表示"米粮仓库之筹设,系经营米业之一部份[分],故应由米商负其责任",而不予采纳。③ 但这次对名孚望重的虞洽卿的建设却极为重视。12 月 8 日,公共租界工部局、法租界公董局即按照虞洽卿的建议邀请虞洽卿暨米业各团体代表召开会议讨论公仓储米问题。虞洽卿在会上说明了设置公仓、储米 20 万包计划,并希望米业认购公仓洋米 6 万包,银钱业 5 万包,其他各业 4 万包,社会热心人士 5 万包,作为公仓之常备储粮。会议一致赞同虞氏主张,议决由豆米业、杂粮油饼业各推代表 2 人,与虞洽卿拟定切实可行的细则。④ 虞洽卿关于租界当局设立公仓储米 20 万包的建议,也立即得到各业响应。实力雄厚的银钱两业公会表示,"设仓储粮,确为当务之急",除赞同虞氏建议外,"慨允储

　　① 《民食调节协会修正代购洋米办法》,《新闻报》1940 年 7 月 7 日第 8 版。
　　② 《虞洽卿昨建议工部局集资购贡米二十万包 川流不息供应市场以安市面》,《新闻报》1940 年12 月 6 日第 10 版。12 月 6 日的上海《前线日报》也以《沪民食前途日臻严重 虞洽卿创立公仓建议囤米二十万包应市》作了报道,报道说:"公仓之议,创自虞洽卿,他向公共租界当局建议设立公仓,囤米二十万包,供应市场,以安人心。"见当日该报第 2 版。
　　③ 《当局函复储粮建议》,《申报》1939 年 12 月 27 日第 7 版。
　　④ 《昨日稳定米市会议一致赞同设立公仓》,《申报》1940 年 12 月 10 日第 9 版。

粮五万包"。① 米业界举行会议,除认储其中的 5 万包外,还即成立了由陈子
彝、邢志刚、朱子香、佘炳文、符前耕等 29 人组成的米业公仓储粮委员会。②

但虞氏关于公仓储米、川流不息应市建议的实施,却进展缓慢,成效并不
显著。12 月 24 日,公共租界工部局再次召集各业代表集议公仓储米办法。会
议议决订购洋米 20 万包设立公仓,其中虞洽卿认购 3 万包,米业杂粮业 6 万
包,银钱业 5 万包,纱厂业 2 万包,面粉业 1 万包,其他煤业、新药及制药业、棉
花棉布等业 16500 包,③其余 13500 包由卷烟业及百货公司等酌量分认,不足
之数,由虞洽卿包购;会议还议决成立公仓管理委员会,"综理其事",委员由建
议人虞洽卿及徐寄顾、王禹卿和公共租界副总办何德奎暨银钱业代表 2 人、米
业代表 2 人、纱厂业代表 1 人共 9 人组成,两租界再各推派 1 人对委员会进行
监督;公仓之管理,集中于一处,买卖账目,按月公布一次,盈亏归公账摊派。④
1941 年 1 月 7 日,上海食米公仓管理委员举行首次会议,虞洽卿、徐寄顾、叶扶
霄、王禹卿及何德奎等 9 委员出席,并有工部局粮食委员会主席马歇尔、法公
董局粮食委员会主席杜培等参加,推定公共租界副总办何德奎为该会主席,徐
寄顾为副主席。会议议决委员会下设采购、保管、销售、运输 4 个组分掌事务;
会议决定聘请奚玉书会计师任公仓司库,聘华籍会计师徐永祚、外籍会计师汤
姆生担任查账,并决定在该月 15 日前,各业照认定数量先缴足五成,以每包价
85 元为标准。⑤ 该会全权掌握在何德奎之手。章程规定:该会会议由主席、副
主席共同或单独召集;会议议决时如可否同数,决于主席;公共租界工部局暨
法租界公董局推举的监督委员得出席委员会会议,并有纠正、制止之权。⑥ 但
公仓储米工作进展缓慢,委员会首次会议确定的缴款认购工作,至 1941 年 2

---

① 《各方自动捐输民食》,《申报》1940 年 12 月 8 日第 10 版。
② 《米业组织公仓委会》,《申报》1940 年 12 月 19 日第 9 版。
③ 即煤业 5000 包,新药业及制药业 2500 包,棉花业 2000 包,棉布业 2000 包,糖业 1500 包,五金
业 1500 包,呢绒业 1000 包,营造业 500 包,木业 500 包。《公仓储米议案昨已决定》,《申报》1940 年 12
月 25 日第 7 版。
④ 《公仓储米议案昨已决定》,《申报》1940 年 12 月 25 日第 7 版。
⑤ 《公仓组织已议决》,《申报》1941 年 1 月 8 日第 9 版。
⑥ 《食米公仓管理委员会简章》,《银行周报》1941 年第 25 卷第 4 期。

月初即超过规定缴足时间半个月后,总计才收到 310 万余元,①还不到应收数之半。其中米业认购 6 万包,应缴款 255 万元,实际才缴 18.06 万元。当时舆论就说"公仓储粮善举,米号参加者颇不踊跃,深盼明了大体,该业领袖从速提倡"。②至 2 月 18 日,公仓委员会也才收到认购仓米款 445 万余元,且迟迟未予订米。所示,《申报》指出"公仓储米二十万包稳定米市之计划,应从速促其实施,可尽先将各业已缴付之款项购办储米,照来价出售,俾使囤户无法操纵居奇,若迁徙时日,则非特米价涨势难遏,且将影响来价而妨碍公仓储米之购储"。③直至 3 月底,公仓委员会才向达孚洋行订购首批仓米 8 万包,原预计 5 月初可运抵上海,但因"船期推迟",直到 7 月 5 日才到达,④距虞洽卿提出公仓储米建议已 7 个月之久,其效率与虞洽卿主持办理集团购米及平粜相比真是相形见绌,而上海米价也已从工部局召集各业会议议决设立公仓时的每石 108元涨至 136.5 元。

在积极推进集团购米的同时,民食调节协会又专门设立了上海市平粜委员会,积极募捐筹集资金,购米举办平粜。虞洽卿认为:集团购米对于增厚市场存底、平抑米价固然有根本性作用,但米价既已迭创新高,连中上之家都难以负担,一般贫民已无以度日,所以必须开展针对城市贫民的平粜活动。1940 年 1 月 4 日,上海民食调节协会邀集各业代表集议调节民食办法,议决设立上海市平粜委员会,"全权办理筹款及平粜事宜",推举虞洽卿、王禹卿、陈子彝、郭顺、张继光、朱吟江、张念萱、曹莘耕、马骥良等 16 人为委员,虞洽卿为委员会主席,暂定平粜捐款 100 万元,向各业劝募,以上海金城银行及福源、同润等钱庄为收款机关。⑤

① 《公仓已收米款逾三百万》,《申报》1941 年 2 月 2 日第 9 版。据 2 月 11 日《申报》报道,虞洽卿"所认三万包,半数(一万五千包)日内可抵埠"。《申报》1941 年 2 月 11 日第 7 版。另据上海食米公仓管理委员会第一期收支表(1941 年 1 月 1 日至 3 月 31 日),虞洽卿缴清了认购的 3 万包(每包 85 元)半数之款 127.5 万元,见《上海食米公仓管理委员会公告(第 1 号)》,《新闻报》1941 年 4 月 28 日第 5 版。
② 《售清囤米限期已届 密查存粮》,《申报》1941 年 2 月 28 日第 9 版。
③ 《米评会今日开会研讨抑低限价》,《申报》1941 年 3 月 2 日第 9 版。
④ 《公仓催款》,《申报》1941 年 3 月 30 日 7 版;《五外沦昨进口到米十六万包 公仓米亦由格兰轮运到》,《申报》1941 年 7 月 6 日第 8 版。7 月 7 日,公仓委员会议续购第 2 批仓米 3 万包,见《公仓米续购三万包》,《申报》1941 年 7 月 8 日第 7 版。
⑤ 《民食协会昨议决设立平粜委员会 筹募平粜捐款壹百万元 已订妥三万包办理平粜》,《中国商报》1940 年 1 月 5 日第 3 版。《设立平粜委员会筹募平粜捐款》,《申报》1940 年 1 月 5 日第 9 版。

　　虞氏创设平粜委员会进行针对贫民的平粜,受到舆论一致赞扬。次日的《新闻报》表示:"很希望平粜早早实现,嘉惠贫民,更希望大家尽力输将,共成盛举。"①《中国商报》也刊文向平粜委员会诸委员表示敬意,并希望他们"一本勇往直前的精神,为贫苦的同胞造福,使平粜的进行,顺利迅速,早日实现"。②《总汇报》则专门发表社论指出:抑低米价是最急切而刻不容缓的救济贫民办法,上海平粜委员会的成立自然有深长之意义;平粜委员会宣言"于最短期内,办理平粜,这自然是一般贫民的福音"。社论希望"全市法团和市民,给予平粜会全力的合作与支持",本"有力者出力,有钱者出钱"的原则,挺身负起社会责任,"这对于国家民族前途也有莫大的助力"。③

　　为尽早举办平粜,平粜委员会立即订购西贡洋米 1.5 万包。但鉴于办理平粜刻不容缓,而所订西贡米抵沪尚需时日,平粜委员会又立即向上海市场购进西贡碎米 1.6 万包,以尽早办理平粜。④ 1 月 21 日,平粜委员会举办的首期平粜便在公共租界和法租界同时进行,平粜委员会委托米号业公会共 100 家米号办理,每处每天限粜 50 包,法币每元购米 6.5 市斤,每人限购 1 元,⑤相当于每市石 25 元,比市场正常米价低 5.13 元。平粜会主席虞洽卿在平粜开始前日接受新生社记者采访时表示:本市米慌以来,"最苦者为一般每日以升斗度日之贫民,此为本会积极办理平粜,以期救济之本意"。⑥ 虞氏并对米号业义务办理平粜、各业及个人踊跃输将捐款及租界当局派警维持平粜秩序,"深表感谢"。首期平粜于 2 月 5 日结束,共粜米 34070 包,嘉惠贫民 80 余万人。

　　募集捐款是举办平粜的基础和保障,只有尽可能多募到捐款,才能弥补平粜亏耗而使平粜持续进行。以平粜委员会第 1 期平粜法币每元购米 6.5 市斤计算,每石 160 斤约合 25 元,即每包售价 30.7 元,而平粜委员会第一批购进

①　吉羊:《关于平粜》,《新闻报》1940 年 1 月 5 日第 21 版。
②　栽森:《说于平粜实行前》,《中国商报》1940 年 1 月 9 日第 5 版。
③　社论:《平粜救济贫民》,《总汇报》1940 年 1 月 9 日第 2 版。
④　《设立平粜委员会 筹募平粜捐款》,《申报》1940 年 1 月 5 日第 9 版;《平粜会筹款订米委托米号业办平粜》,《中国商报》1940 年 1 月 7 日第 3 版。
⑤　《劝募平粜捐款 定额百万元尚缺五十万》,《申报》1940 年 1 月 18 日第 9 版。
⑥　《平粜今日开始 虞洽卿发表重要谈话》,《中国商报》1940 年 1 月 21 日第 3 版。

的平粜米每包成本在 37 元左右,每包亏损 6.1 元。① 所以,虞洽卿及平粜委员会"为持久办理平粜起见,积极向各业劝募平粜捐款"。平粜会成立不到半个月,各业认定的捐款虽然已达 60 余万元,但实际缴款还只有 3 万多元。② 到 2 月中旬,平粜委员会购进用于平粜的西贡碎米已达 8 万包,平粜捐款虽已实缴 567459 元,但远不敷购米成本,难以周转。虞洽卿除自己捐款 1 万元,③并要求各常委"继续劝募,务使达到百万元目标,使平粜得以持久"外④,还把自己价值 150 万元的地产向银行押款百万元用于上海及故乡浙江三北的平粜,并电请四行联合总处电饬上海四行联合分处"准予共同接受押款"。电文说:"重庆四行联合办事总处主席蒋,常务理事孔、宋、钱勋鉴:故乡三北,农产全恃棉花,粮食向赖外给,上年度因服从政府命令,产棉均以低价归农本局收买,农民经济,已极凋敝,食粮又因统制及运输不便之故,高达每石四十余元,无法维持,势将断炊,除另电请求政府救济外,迫不及待,已由同乡集议先行垫款采办洋米运乡办理平粜。又上海平粜委员会由各业及各界热心人士捐款协助,已达三月,推测时势,亦非继续办理不可。和德三北既关乡情,沪市又忝主会务,无从推诿,两处共需运用垫款二百万元,方可周转。现虽承同乡及热心人士协助,尚差半数,一再筹思,拟将和德自置价值一百五十万元之上海头等地产,向本市行庄押借一百万元,以充两处平粜垫款,期间为六月,经接洽后,以事关义举,且有押品担保,各行庄集议,已允承做半数,尚有五十万元,拟请四行担任,为此专电渎陈,敢恳俯准电饬上海四行联合分处,准予共同接受押款,俾底于成。"⑤

随着平粜持续进行,亏损也日益扩大,维持益艰。至 1940 年 4 月 7 日前 3 期平粜结束,平粜委员会亏损已达 79 万余元(见表 9-2),虽然平粜捐款至 4 月 4 日也已实收 76.88 万余元,但仍不足以弥补平粜亏损,而且采购平粜洋米,无论是现买还是定货,都需现款付清,而平粜委员会按期按日平粜后才能回收部

---

① 《平粜米每石价二十五元 照来价每包亏损六元余》,《申报》1940 年 1 月 21 日第 9 版。

② 《积极劝募 持久办理》,《申报》1940 年 1 月 20 日第 9 版。

③ 《上海平粜委员会收款汇报第十八号》,《申报》1941 年 1 月 5 日第 6 版。

④ 《继续劝募持久平粜》,《申报》1940 年 2 月 19 日第 9 版;《平粜捐款续募一百万元》,《申报》1940 年 4 月 14 日第 9 版。

⑤ 《虞洽卿氏见义勇为抵押私产倡导平粜》,《申报》1940 年 4 月 13 日第 10 版。

分米款,所以周转十分困难,其中的资金缺口,全靠捐款划抵和平粜会各常委垫款。至 4 月 4 日,平粜会已购米 11.1 万余包,用款 430 万余元,平粜会各常委的垫款已达百万元。① 因此,上海市平粜委员会曾于第 3 期平粜结束前及第 6 期平粜开始初两次议决并函告租界当局停止平粜。其第 2 次函件说:"办理平粜,所以救济平民,固为人类互助大职,考诸既往,胥为一时权宜之计,端无经年累月长期举办者。敝会同人勉负巨责,……劝募捐款,垫借米本,时至今日,已声嘶力竭,愧难为继。爰经集议,决定于此项余米粜罄,即行停办。"② 租界当局回函虞洽卿说"敬悉贵委员会拟于本年 4 月 7 日以后停办平粜,……值此时艰,贵委员会为社会所尽之力,实于各界均裨益匪浅","特向台端与各委员以及共襄盛举之华籍人士,转致本局感佩之忱"。③ 租界当局希望该会继续办理平粜。④ 上海市豆米业等团体也一再陈请平粜应继续进行。豆米、杂粮油饼两业公会在致上海平粜委员会函中指出:平粜会开办平粜以来,贫民受惠,实非浅鲜。现在"米价及各种物价犹未平落,而春熟收获为期尚远,贫民生活恐慌迄未解除,其有待于救济,仍极殷切。若骤于此时停办平粜,窃期期以为未可,为再备函陈请贵委员会,迅予再度召集全沪各公团,无论前已认捐者或未认捐者,作第二次之扩大劝募运动,集成巨款,继续举办",并表示"敝会等同业,仍愿忝附骥尾,勉竭输将"。⑤ 虞洽卿及平粜委员会遂极力维持。到 1941 年 1 月下旬,平粜委员会在一年之中已举办平粜 8 期,所粜洋米达 194696 包(见表 9-2),嘉惠贫民达千万人次,⑥平粜亏损百万元以上。⑦

① 《平粜委员会昨开会议决继续办理平粜》,《总汇报》1940 年 4 月 7 日第 3 版。
② 《平粜明日起续办 米价昨始下降 平粜余米售罄即告结束》,《申报》1940 年 9 月 18 日第 7 版。
③ 《本局复平粜委员会主席虞洽卿函》,《上海公共租界工部局公报》1940 年第 11 卷第 6 期。
④ 《平粜委员会昨议决续募捐款念万元定一月二日起办理八期平粜》,《中国商报》1940 年 12 月 11 日第 3 版。
⑤ 《豆米业杂粮业两公会主张募款继续办平粜》,《申报》1940 年 4 月 1 日第 9 版。
⑥ 《各方纷请续办第九期平粜》,《中国商报》1941 年 2 月 12 日第 3 版。
⑦ 《当局对取缔物价表示决心》,《申报》1941 年 1 月 19 日第 9 版。

表 9-2　虞洽卿主持上海平粜委员会平粜洋米情况

平粜期数	平粜时间	平粜办法	平粜米数（包）	资料来源	备注
第 1 期	1940 年 1 月 21 日至 2 月 6 日	法币 1 元购米 6.5 斤，每人限购 1 元	34070	《申报》1940 年 1 月 18 日第 9 版；《总汇报》1940 年 4 月 7 日第 3 版。	本期亏损 243813.6 元，《总汇报》1940 年 4 月 7 日第 3 版。
第 2 期	1940 年 2 月 23 至 3 月 13 日	法币 1 元购米 5.5 斤，每人限购 1 元	39400	《申报》1940 年 2 月 17 日第 9 版；《总汇报》1940 年 4 月 7 日第 3 版。	本期亏损 245460.82 元，《总汇报》1940 年 4 月 7 日第 3 版。
第 3 期	1940 年 3 月 19 日至 4 月 7 日	法币 1 元购米 5.5 斤，每人限购 1 元	28226	《申报》1940 年 3 月 20 日第 1C 版；《总汇报》1940 年 4 月 7 日第 3 版。	本期亏损 305541.2 元，《总汇报》1940 年 4 月 7 日第 3 版。
第 4 期	1940 年 7 月 16 日至 8 月 5 日	法币 1 元购米 4 斤，每人限购 1 元		《中国商报》1940 年 7 月 16 日第 3 版；1940 年 8 月 6 日第 3 版。	
第 5 期	1940 年 8 月 20 日至 9 月 8 日	法币 1 元购米 4 斤，每人限购 1 元		《申报》1940 年 8 月 13 日第 8 版；9 月 5 日第 7 版。	第 4、5 两期粜米 2 万包，亏损 15.7 万元。《中国商报》1940 年 9 月 18 日第 3 版。
第 6 期	1940 年 9 月 19 日至 10 月 1 日	法币 1 元购米 4 斤，每人限购 1 元	25200	《申报》1940 年 9 月 19 日第 8 版；10 月 2 日第 7 版；10 月 15 日第 10 版。	
第 7 期	1940 年 11 月 1 至 9 日	法币 1 元购米 4 斤，每人限购 1 元	28000	《申报》1940 年 11 月 1 日第 1C 版；11 月 9 日第 9 版。	
第 8 期	1941 年 1 月 7 至 19 日	法币 1 元购米 2 市升，每人限购 2 元	20000	《中国商报》1941 年 1 月 7 日第 3 版；《申报》1941 年 1 月 20 日第 9 版。	

　　全面抗战前期，上海商界成立民食维持会、民食调节协会、平粜委员会等民食调节机构，旨在保障上海（华界沦陷后指租界地区）的米粮供给、平抑米价上涨、救济贫民生计，虽然由于日伪的粮食统制与封锁禁运、法币超发、汇率下跌及运费上涨等原因，上海米价仍呈越调越涨之势，但商界的民食调节努力，对于保障上海米粮供应、抑制米价过快上涨，特别是保障贫民最低生活，仍然起了重要作用。

参考文献

一、慈善、赈灾机构的征信录、报告册、纪念册等

1.《北京国际统一救灾总会报告书》,1921 年、1922 年。

2.《浙江壬戌水灾筹赈会报告书》,1923 年。

3.《浙江金华县壬戌水灾征信录》,金华县赈灾善后事务所、金华县义赈协会 1923 年编印。

4.《淳安义赈协会征信录》,1923 年。

5. 中国华洋义赈救灾总会丛刊:《民国十七年度赈务报告书》,1928 年7 月。

6. 豫陕甘赈灾委员会编:《豫陕甘赈灾委员会征信录》,1929 年铅印本。

7. 豫陕甘赈灾委员会驻沪办事处编:《豫陕甘赈灾委员会驻沪办事处征信录》,1929 年。

8. 晋冀察绥赈灾委员会编:《晋冀察绥赈灾委员会报告书》,1929 年。

9. 上海市慈善团体财产整理委员会编:《上海市慈善团体财产整理委员会报告册》,1931 年。

10. 国民政府救济水灾委员会江苏赈务专员办公室编:《苏赈纪要》,1932 年。

11. 国民政府救济水灾委员会编:《国民政府救济水灾委员会报告书》,1933 年。

12. 国民政府救济水灾委员会编:《国民政府救济水灾委员会征信录》,1933 年。

13. 上海东北难民救济会编:《上海东北难民救济会月捐运动收支报告

书》,1933 年 8 月。

14.上海各慈善团体赈济东北难民联合会编:《上海各慈善团体赈济东北难民联合会工作报告书》,1933 年。

15.上海各慈善团体筹募黄河水灾急赈联合会编:《上海各慈善团体筹募黄河水灾急赈联合会征信录》,1934 年。

16.上海筹募各省水灾急赈会编:《上海筹募各省水灾急赈会工作报告》,1934 年 5 月。

17.上海筹募各省水灾急赈会编:《上海筹募各省水灾急赈会赈款赈品收支报告册》,1935 年。

18.《上海筹募豫皖鄂灾区临时义赈会报告书》,1934 年 9 月。

19.中国华洋义赈救灾总会编:《民国二十三年度赈务报告书》,1935 年铅印本。

20.上海筹募各省旱灾义赈会:《旱灾汇编》,1935 年。

21.《上海华洋义赈会常年会务报告书》,1937 年。

22.上海各慈善团体赈济东北难民联合会编:《上海各慈善团体赈济东北难民联合会征信录》,1933 年。

二、资料汇编、政府公报、方志等

1.民国北京政府:《政府公报》,1915 年、1920 年。

2.《中国济生会试办章程》,1918 年铅印本。

3.北洋政府内务部印行:《赈务通告》,1920 年。

4.民国《南浔志》,1922 年印本。

5.《浙江公报》,1922 年。

6.黄庆澜:《上海华洋义赈会预防浙江水灾计划书》,上海华洋义赈会 1925 年刊印。

7.《河北省政府公报》,1928 年。

8.国民政府赈务处:《各省灾情概况》,1929 年 3 月。

9.河南省赈务会:《河南各省灾情状况》,1929 年 8 月。

10.《陕西省政府公报》,1929 年。

11. 邱培豪编：《湖社十周纪念特刊》，湖社事务所 1934 年。

12. 上海市通志馆年鉴委员会：《上海市年鉴》，上海通志馆 1935 年。

13. 吴馨等修、姚文枏等纂：民国《上海县志》，1936 年铅印本。

14. 实业部中央农业实验所：《实业部中央农业实验所特刊》，第 13 号，1936 年 8 月。

15. 李庚白修、李希白纂：《新安县志》，1939 年。

16. 广东省文史研究馆：《广东省自然灾害史料》（增订本），广东省文史研究室 1963 年内部发行。

17. 中国人民银行上海市分行编：《上海钱庄史料》，上海人民出版社 1960 年版。

18. 中国第二历史档案馆编：《中华民国史档案资料汇编》第三辑农商（一）（二）、军事（三），江苏古籍出版社 1991 年版。

19. 财政科学研究所、中国第二历史档案馆：《民国外债档案史料》（一），档案出版社 1990 年版。

20. 中国红十字总会编：《中国红十字会历史资料选编（1904—1949）》，南京大学出版社 1993 年版。

21. 李明勋、尤世玮主编：《张謇全集》，上海辞书出版社 2012 年版。

22. 周秋光编：《熊希龄集》，岳麓书社 2008 年版。

23. 浙江省政协文史资料委员会编：《浙江文史集粹》，社会民情卷，浙江人民出版社 1996 年版。

24. 上海大学、江南大学乐农史料整理研究小组：《荣德生文集》，上海古籍出版社 2002 年版。

25. 上海市工商业联合会、复旦大学历史系编：《上海总商会组织史资料汇编》，上海古籍出版社 2004 年版。

26. 上海市工商业联合会编：《上海总商会议事录》，上海古籍出版社 2006 年版。

27. 古籍影印室编：《民国赈灾史料初编》，国家图书馆出版社 2008 年版。

28. 殷梦霞、李强主编：《民国赈灾史料续编》，国家图书馆出版社 2009 年版。

29.孙善根、邹晓昇编:《秦润卿史料集》,天津古籍出版社2009年版。

30.马强、池子华主编:《红十字在上海资料长编(1904—1949)》,东方出版中心2015年版。

31.郑州市地方志编纂委员会编:《郑州经济史料汇编》,中州古籍出版社1992年版。

三、近代报刊

主要有:《申报》、《新闻报》、《大公报》(天津)、《民国日报》(上海)、《时报》《益世报》、《中央日报》、《上海日报》、《上海商报》、《中国商报》、《银行周报》、《总汇报》、《全浙公报》、《时事公报》、《时事月报》、《越铎日报》、《新浙江》、《民报》、《嘉言报》、《民立报》、《宁绍新报》、《东方杂志》、《振务月刊》、《救灾周刊》、《直鲁赈灾委员会旬刊》、《湖州月刊》(《湖州》)、《上海总商会月报》、《钱业月报》、《宁波旅沪同乡会月报》、《上海公共租界工部局公报》等。

四、论著

1.茗水外史:《沈敦和》,集成图书公司1911年版。

2.娄东、傅焕光:《江苏兵灾调查纪实》,上海商务印书馆1924年版。

3.胡宣明:《中国公共卫生之建设》,上海亚东图书馆1928年版。

4.李元信编纂:《环球中国名人传略》(上海工商各界之部英汉对照),上海环球出版公司1944年版。

5.王孝通:《中国商业史》,商务印书馆1936年版。

6.朱斯煌编:《民国经济史》,中国通商银行1947年编印。

7.上海社会科学院经济研究所城市经济组编:《上海棚户区的变迁》,上海人民出版社1962年版。

8.邹依仁:《旧上海人口变迁的研究》,上海人民出版社1980年版。

9.胡明思、骆承政主编:《中国历史大洪水》,中国书店出版社1989年版。

10.李文海等:《近代中国灾荒纪年》,湖南教育出版社1990年版。

11.徐鼎新、钱小明:《上海总商会史(1902—1929)》,上海社会科学院出版社1991年版。

12. 李文海、周源:《灾荒与饥馑:1840—1919》,高等教育出版社 1991年版。

13. 李文海等:《近代中国灾荒纪年续编(1919—1949)》,湖南教育出版社1993年版。

14. 李文海等:《中国近代十大灾荒》,上海人民出版社 1994 年版。

15. 苏智良:《中国毒品史》,上海人民出版社 1997 年版。

16. 邓拓:《中国救荒史》,北京出版社 1998 年版。

17. 熊月之主编:《上海通史》第九卷《民国社会》(罗苏文等著),上海人民出版社 1999 年版。

18. 夏明方:《民国时期自然灾害与乡村社会》,中华书局 2000 年版。

19. 邹荣庚主编:《历史巨变 1949—1956》,上海书店出版社 2001 年版。

20. 赵春明等主编:《20 世纪中国水旱灾害警示录》,黄河水利出版社 2002年版。

21. 郭绪印:《老上海的同乡团体》,文汇出版社 2003 年版。

22. [日]小浜正子著,葛涛译:《近代上海的公共性与国家》,上海古籍出版社 2003 年版。

23. 冯筱才:《在商言商:政治变局中的江浙商人》,上海社会科学院出版社2004 年版。

24. 余新忠等:《瘟疫下的社会拯救——中国近世重大疫情与社会反应研究》,中国书店 2004 年版。

25. (美)顾德曼著,宋钻友译:《家乡、城市和国家——上海的地缘网络与认同,1853—1937》,上海古籍出版社 2004 年版。

26. 蔡勤禹:《民间组织与灾荒救治——民国华洋义赈会研究》,商务印书馆 2005 年版。

27. 池子华、郝如一主编:《中国红十字历史编年:1904—2004》,安徽人民出版社 2005 年版。

28. 穆家修等编著:《穆藕初先生年谱》,上海古籍出版社 2006 年版。

29. 彭善民:《公共卫生与上海都市文明:1898—1949》,上海人民出版社2007 年版。

30.任云兰:《近代天津的慈善与社会救济》,天津人民出版社2007年版。

31.宋钻友:《广东人在上海(1843—1949)》,上海人民出版社2007年版。

31.钱茂伟、应芳舟:《一诺千金:朱葆三传》,中国社会科学出版社2008年版。

32.张自力:《健康传播与社会——百年中国疫病防治话语的变迁》,北京大学医学出版社2008年版。

33.周秋光:《红十字会在中国(1904—1927)》,人民出版社2008年版。

34.高红霞:《上海福建人研究(1843—1953)》,上海人民出版社2008年版。

35.薛毅:《中国华洋义赈救灾总会研究》,武汉大学出版社2008年版。

36.宋钻友:《同乡组织与上海都市生活的适应》,上海辞书出版社2009年版。

37.周秋光:《近代中国慈善论稿》,人民出版社2010年版。

38.蔡勤禹、李娜:《民国以来慈善救济事业研究》,天津人民出版社2010年版。

39.王娟:《近代北京慈善事业研究》,人民出版社2010年版。

40.高鹏程:《红卍字会及其社会救助事业研究》,合肥工业大学出版社2011年版。

41.曾桂林:《民国时期慈善法制研究》,人民出版社2013年版。

42.孙善根编著:《中国红十字运动奠基人沈敦和年谱长编》,浙江大学出版社2014年版。

43.周秋光主编,周秋光、曾桂林等著:《中国近代慈善事业研究》,天津古籍出版社2013年版。

44.郭常英编著:《中国近代慈善义演文献及其研究》,社会科学文献出版社2018年版。

45.孙善根编著:《秦润卿年谱长编》,宁波出版社2019年版。

六、论文

1.王方中:《1931年江淮大水灾及其后果》,《近代史研究》1990年第1期。

2. 张水良:《第二次国内革命战争时期国统区的三次大灾荒及其对社会经济的影响》,《中国社会经济史研究》1990 第 4 期。

3. 李文海:《中国近代灾荒与社会生活》,《近代史研究》1990 年第 5 期。

4. 吴德华:《试论民国时期的灾荒》,《武汉大学学报》(社科版)1992 年第 3 期。

5. 张礼恒:《略论民国时期上海的慈善事业》,《民国档案》1996 年第 3 期。

6. 刘五书:《论民国时期的以工代赈救荒》,《史学月刊》1997 年第 2 期。

7. 李学智:《1923 年中国人对日本震灾的赈救行动》,《近代史研究》1998 年第 3 期。

8. 熊月之:《〈上海通史〉总序》,《学术月刊》1999 年第 5 期。

9. 莫子刚:《略论 1927—1937 年国民政府的救灾政策》,《四川师范大学学报》(社科版)2000 年第 1 期。

10. 周秋光:《民国北京政府时期中国红十字会的慈善救护与赈济活动》,《近代史研究》2000 年第 6 期。

11. 张景岳:《上海租界的人口与经济变迁》,《社会科学》2001 年第 6 期。

12. 蔡勤禹:《民国社会救济行政体制的演变》,《青岛大学师范学院学报》2002 年第 1 期。

13. 蔡勤禹:《试论近代中国社会救济思想》,《东方论坛》2002 年第 5 期。

14. 刘招成:《华洋义赈会的农村赈灾思想及其实践》,《中国农史》2003 年第 3 期。

15. 池子华等:《民国时期河北灾荒防治及成效述论》,《中国农史》2003 年第 4 期。

16. 毕素华:《民国时期赈济慈善业运作机制述论》,《江苏社会科学》2003 年第 6 期。

17. 陶水木:《北洋政府时期上海慈善资金来源初探》,《档案与史学》2004 年第 1 期。

18. [韩]朴敬石:《南京国民政府救济水灾委员会的活动与民间义赈》,《江苏社会科学》2004 年第 5 期。

19. 陶水木:《北洋政府时期上海的慈善组织与慈善事业》,熊月之等主编

《透视老上海》,上海社会科学院出版社 2004 年版。

20.胡惠芳:《民国时期蝗灾初探》,《河北大学学报》(哲社版)2005 年第 1 期。

21.孙语圣:《民国时期的疫灾与防治述论》,《民国档案》2005 年第 2 期。

22.陶水木:《北洋政府时期旅沪浙商的慈善活动》,《浙江社会科学》2005 年第 6 期。

23.李勤:《南京国民政府时期救荒中的腐败问题析论》,《华中科技大学学报》(社科版)2006 年第 2 期。

24.任云兰:《论华北灾荒期间天津商会的赈济济活动(1903—1936)——兼论近代慈善救济事业中国家与社会的关系》,《史学月刊》2006 年第 4 期。

25.孙语圣:《民国时期救灾资源动员的多样化——以 1931 年水灾救治为例》,《中国农史》2007 年第 3 期。

26.汪华:《慈惠与商道:近代社会慈善组织兴起的原因探析》,《社会科学》2007 年第 10 期。

27.周秋光、曾桂林:《中国近代慈善事业的内容和特征探析》,《湖南师范大学社会科学学报》2007 年第 6 期。

28.任云兰:《地方精英与慈善事业:近代天津的个案研究》,载《中国社会历史评论》2008 年第 9 卷。

29.林涛、喻满意、许哲娜:《逃离烽火:抗日战争期间的政府、城市、同乡会和难民》,《城市史研究》第 28 辑,2012 年 9 月。

30.孔祥成、刘芳:《民国时期救灾组织用人机制与荒政社会化——对 1931 年国民政府救济水灾委员会的调查》,《学术界》2010 年第 5 期。

31.李凤华:《民国时期河南省灾荒的义赈救济探析》,《中州学刊》2013 年第 1 期。

32.郝平:《1928—1929 年山西旱灾与救济略论》,《历史教学》2013 年第 11 期。

33.朱浒:《李文海与中国近代灾荒史研究》,《中国社会科学报》2017 年 5 月 8 日第 8 版。

34.梁诸英:《民国时期淮河流域的民间灾荒救济》,《华北水利水电大学学报》(社科版)2017 年第 6 期。

35. 房利:《灾荒冲击下的乡村社会冲突——以近代淮河流域为中心的考察》,《中国农史》2017 年第 2 期。

36. 李凡、叶瑜:《〈近代中国灾荒纪年续编(1919—1949)〉中 1920 年灾荒记录分析》,《古地理学报》2017 年第 2 期。

37. 陶水木:《上海,中国近代的慈善中心》,《文汇报·文汇学人》2018 年 3 月 23 日。

38. 李国林:《民国时期上海慈善组织研究(1912—1937 年)》,华东师范大学中国近现代史专业博士学位论文,2003 年。

39. 石莹:《近代中国教会慈善事业研究》,湖南师范大学中国近现代史专业硕士学位论文,2009 年。

40. 郭少丹:《1928—1930 年晋豫陕旱灾探析——以〈申报〉为视角》,湘潭大学中国近现代史专业硕士学位论文,2012 年。

41. 尹芳:《王一亭与近代慈善事业》,杭州师范大学专门专业硕士学位论文,2012 年。

42. 尚阳:《北京政府时期粮食问题研究》,山东师范大学中国近现代史专业硕士学位论文,2012 年。

43. 蒋勇军:《国民政府时期的工赈研究(1927—1949)》,湖南师范大学中国近现代史专业博士学位论文,2015 年。

45. 康健哲:《九一八事变后东北难民救济问题研究》,湖南师范大学中国近现代史专业硕士论文,2019 年。

46. 陈生伟:《1928—1929 年山西旱灾及救济研究》,湖南师范大学中国近现代史专业硕士论文,2019 年。

后　记

　　20 年前,我在完成处女作《浙江商帮与上海经济近代化研究》书稿后的"后记"中写道:"常有学者在他们的论著后记中表白:书稿完成后,身心犹如长途跋涉后顿失重负。可我在经历几个寒暑终于完成这部书稿后,心情却依然沉重。"今天,我匆匆赶写完这部书稿后,心情也像 20 年前写"后记"时一样。

　　本书是浙江省哲学社会科学规划重点课题"上海商界与民国灾荒救济研究"的成果。在高校和科研院所从事业务工作的人,大多会像我一样,对科研课题有着爱恨交加的感受。在当今的科研考核机制下,我们不得不常去争取各级各类课题,以至于因为手头课题集中,常常成为课题的"俘虏"——为应付课题主管部门的结项催促而疲于奔命地赶做课题。匆匆赶就的书稿,与拥有充裕时间从容打磨出来的成果相比,其质量大多会黯然失色。所以,每当被催促结项、自忖难以按照预期质量完成书稿时,又常常会感叹:要使不是立项课题,那该有多好!

　　本书稿近一年多时间的撰写工作,就是在两次结题催促下进行的。今天虽然赶撰完稿,但书稿的结构与内容,与原来的设计已有不小的调整,不得不忍痛割舍了一些章节。因为写得匆忙,自然会影响总体质量,书中差错或不妥之处,或也难免。在书稿即将付梓之际,我正以忐忑、沉重的心情,期待专家学者的批评指正。

陶水木

2020 年 7 月 28 日于桃源小镇沁兰苑